U0524108

# 北京伽蓝记

释永芸　岳红　著

商务印书馆
The Commercial Press

2015年·北京

图书在版编目(CIP)数据

北京伽蓝记/释永芸,岳红著.—北京:商务印书馆,2015
ISBN 978-7-100-10751-8

Ⅰ.①北… Ⅱ.①释…②岳… Ⅲ.①佛教—寺庙—史料—北京市 Ⅳ.①B947.21

中国版本图书馆 CIP 数据核字(2014)第 228660 号

所有权利保留。
未经许可,不得以任何方式使用。

## 北京伽蓝记

释永芸 岳红 著

商 务 印 书 馆 出 版
(北京王府井大街36号 邮政编码100710)
商 务 印 书 馆 发 行
北京新华印刷有限公司印刷
ISBN 978-7-100-10751-8

| 2015年3月第1版 | 开本 880×1240 1/32 |
| 2015年3月北京第1次印刷 | 印张 13⅛ 插页 1 |

定价:40.00元

上方寺　龙泉寺

大觉寺

香庵
三山界安珠
香长宝
法
恩寺

柘寺

戒台寺

兜率寺
云居寺（距京约70公里）

两晋

隋代

唐代

辽、金、元

明清

红螺寺（距京约方向60公里）东北方向

银山塔林（距京约45公里）西北方向

上方寺　龙泉寺

大觉寺

碧云寺　卧佛寺　万寿山

香山寺

三山庵　证果寺　处秘摩崖
香界寺　文　龙泉寺
长安寺　殊
宝珠洞　　灵光寺

大钟寺

西黄寺　柏林寺
五塔寺　护国寺　广化寺　通教寺
万寿寺　　白塔寺　雍和宫
　　　　　广济寺　永安寺　智化寺

法海寺
慈恩寺

天宁寺　报国寺　普度寺

法源寺
慈悲庵

戒台寺

潭柘寺

兜率寺

云居寺（距京约70公里）西南方向

两晋

隋代

唐代

辽、金、元

明清

# 目录

**推荐序** | 跨文化研究的佛学之路 _I    李庆本

佛光因缘写"伽蓝"    阎纯德
——《北京伽蓝记》序 _Ⅲ

直示佛法的一大公案 _Ⅸ    林谷芳

**自序** | 人生的偶然,历史的必然    永芸
——从《洛阳伽蓝记》到《北京伽蓝记》_001

## 壹 | 佛教传入中国的融合与开创_007

❶ 历史轨迹_008

❷ 文化再造_014

❸ 学术思潮_019

## 贰 | 两晋时期北京兴建的寺院_027

❶ 比北京城还老的潭柘寺_028

❷ 红霞映泉的红螺寺_047

❸ 天宁寺_059

❹ 和平寺_064

**叁 | 隋代北京兴建的寺院**_067

❶ 树立法幢戒坛的戒台寺_068

❷ 珍藏千年石经的云居寺_084

**肆 | 唐代北京兴建的寺院**_101

❶ 丁香赋诗的法源寺_102

❷ 供奉佛舍利的灵光寺_124

❸ 卧佛寺_134

❹ 崇效寺_139

❺ 银山塔林_141

❻ 宝应寺_147

❼ 凤翔寺_148

**伍 | 辽、金、元时期北京兴建的寺院**_149

❶ 汉藏融合的白塔寺_150

❷ 弘慈广济的都市梵宇广济寺_164

❸ 大觉寺_179

❹ 龙泉寺_186

❺ 黄寺_190

❻ 报国寺_194

❼ 圣安寺_196

❽ 灵照寺_198

❾ 广化寺_200

❿ 柏林寺_208

⓫ 护国寺_211

⓬ 香山碧云寺_213

⓭ 延寿寺_217

⓮ 慈悲庵_219

⓯ 普度寺_222

## 陆 | 明、清时期北京兴建的寺院_223

❶ 清皇室行宫的雍和宫_224

❷ 北京唯一的尼众道场通教寺_244

❸ 夕照寺_251

❹ 法海寺_254

❺ 智化寺_258

❻ 五塔寺_263

❼ 承恩寺_266

❽ 拈花寺_269

❾ 长椿寺_272

❿ 隆安寺_274

⓫ 万寿兴隆寺_276

⓬ 广圆寺_277

- ⑬ 大悲观音寺_278
- ⑭ 小龙华寺_279
- ⑮ 通州普渡寺_281
- ⑯ 圣恩禅寺_283
- ⑰ 福佑寺_284
- ⑱ 法华寺_287
- ⑲ 大钟寺_288
- ⑳ 嵩祝寺和智珠寺_292

## 柒 | 集中区域分布的佛教寺院群_295

- ❶ 皇家御苑的佛寺与佛堂_296
- ❷ 房山区寺院群_318
- ❸ 海淀区寺院_328
- ❹ 西山八大处_342
- ❺ 石景山区寺庙_357
- ❻ 门头沟寺院群_362
- ❼ 朝阳寺及周边寺院群_372

## 捌 | 北京佛教大事记_375

## 后记 | 遇见永芸法师_400　　岳红

参考文献资料_403

推荐序

# 跨文化研究的佛学之路

2008年9月,经阎纯德教授的介绍,永芸法师到北京语言大学在我的指导下做访问学者,并选修了2008—2009年一个学年的博士课程。永芸法师对佛教文化有很深的研究,并勤于笔耕,已经有多部著作出版。我对佛教文化虽十分敬仰,却并没有多少研究。所以虽名为导师,实际上我们两人之间亦师亦友,我从她身上也学到不少的东西。我给博士生开有一门课,叫跨文化研究,永芸也选了这门课。课堂上,在讨论的时候,她总是有不少想法引起大家浓浓的兴趣,也正是因为她在,所以课堂气氛异常活跃。

永芸的这本《北京伽蓝记》的确寄托着大家的期望。开始的时候,我建议永芸开展佛教在北京传播史的研究。这显然是一个十分庞大的计划。而永芸在北京的时间只有一年,所以完成起来显然有很多困难。后来我们商定可以以北京的寺庙为着力点，通过北京寺庙的变迁沿革来透视佛教在北京的传播历史。这显然具有可行性。永芸的选题也得到了阎纯德教授和韩经太教授的肯定和鼓励。选题确定后，永芸利用课余时间，亲自跑了许多在北京的寺庙进行实地的调查。她对佛教的虔诚，她对事业的执着，使我非常感动。

本书对北京的寺庙进行了较为翔实的介绍，而且有自己的感受和见解凝聚在里面，具有很大的可读性，对于了解北京佛教的发展和沿革有极大的帮助。

我衷心祝愿永芸有更多的大作问世。

李庆本

2010年11月5日于哈佛大学

推荐序

## 佛光因缘写"伽蓝"
### ——《北京伽蓝记》序

永芸法师寄来她的论文《北京伽蓝记》，给了我一份惊喜和感动。我对《北京伽蓝记》的书名十分赞赏，因为它让我想起北魏杨衒之的名著《洛阳伽蓝记》。洛阳城里城外七十多处寺庙的始末兴废以及相关历史事件、社会经济、风俗人情等都在书中得以淋漓尽致的呈现。寄托了作者对于北魏王朝"城郭崩毁，宫室倾覆，寺观灰烬，庙塔丘墟"的深沉哀悼，也蕴含着对于王公贵族耗财佞佛、"不恤众庶"的批评。又以写永宁寺"高风永夜，宝铎和鸣，铿锵之声，闻及十余里"的叙事清晰，描写秀丽，读之难忘。

如今，永芸法师经过对北京寺庙的考察与研究，向社会贡献一部北京的"伽蓝记"，不禁让人喜出望外。"伽蓝"是梵语佛寺的别名，俗称"寺庙"。但是，法师不用"寺庙"、"寺院"，而用"伽蓝"，这既是佛教文化的历史承接，又是对于这块净土的真诚礼赞。

我所以感动，是因为想起法师当初来北京"研修"的感人过程。作为作家的出家人，她已经成绩卓著，但却执意再北上"求学"。作为佛门弟子，她住着窄小的房舍，每天早课之后，匆匆食以粗茶淡饭，便从较远的京西住地，挤上"沙丁鱼罐头"般的公车，漂流在浩荡的车流人海，激流勇进地再向东绕个大大的弧形线，然后才到京北的大学，赶在住校的硕士生博士生之前走进教室。论年龄，我想她比年轻的师弟师妹大了一倍，但她与所有人都亲如手足。潇洒、惬意、浪漫的学子喜欢这位法师，他们一起交流学问，跟随她一起跋涉山水，遍访北京的古寺庙，或是独自风尘仆仆地前往那些佛教圣地考察、研究。我想她给予他们的不仅是精神，大概还有无法言传的"佛"的神圣。

宗教文化是人类最古老而又年轻的，生生不息的文化。当人类还在襁褓之中的时候，就已经开始无意识地创造了"宗教"。千百年来，众生因为苦难而寻找光明，漫长的黑夜，人类期待着黎明；沉重的磨难中，人类期盼着生存的温饱与安宁。

作为世界三大宗教之一，佛教虽然诞生在印度，但传入中国后，与儒道融合，成为中国文化的三大基石之一。基督教有上帝，伊斯兰教有真主，而佛教则是唯一的无神宗教，它似哲学而非哲学、通科学而非科学，让人以慈悲为怀，让人止恶扬善，"诸恶莫作，众善奉行，自净其意，是诸佛教。"佛教仿佛是专门照耀普通人的，所以也是陪伴百姓生存最真诚的信仰。中国人最常见的道德行为，那些人性之美，都有佛的光照。诚如星云大师所言："佛法如暗夜明灯、苦海宝筏，能为人生带来光明与幸福。"

我在北京生活五十多年，但北京究竟有多少寺庙，我说不清。虽然我曾到过闻名遐迩的潭柘寺、白塔寺、红螺寺、戒台寺、广济寺、卧佛寺、雍和宫、大觉寺、灵光寺、法源寺，然而它们的历史沧桑，也如大多数北京人一样，所知甚少。

现在，永芸法师和岳红的这部著作引领我做了一次深入的造访，让我详实地走进历史，了解了兴衰与变迁。

法师说，她能到北京，写出《北京伽蓝记》，这一切全靠因缘。说起因缘，我与法师相识，也是因缘。

1990年我在法国巴黎执教期间，参加越南的一次佛事活动，从法国友人那里第一次听到星云大师的名字。2006年11月，"二十一世纪中华文化国际论坛"在台北辅仁大学举行，那一次，对大陆学者来说是一次难得的因缘。无论是在台北金光明寺、嘉义和高雄，我们都沐浴在佛光的温馨之中。就是那一次，得知星云大师麾下还有报纸《人间福报》和电视台"人间卫视"，佛光山的"佛光普照三千界，法水长流五大洲"的庄严宣示，实际上就是一座文化灯塔。

大家受邀在佛光山小住几天，我还特别参加过一次终生难忘的"过堂"，虽然大家未能亲晤大师之佛面，但浸淫在那样的氛围中，我的灵魂已经感受到一次从未经验过的"净化"。且梦中感悟，一气呵成赋诗《佛光颂》。

一年之后，在北京蓝旗营的万圣书园，由作家林佩芬引荐为《人间福报》约稿而来的永芸法师。我答应为她组织关于胡适、鲁迅、徐志摩、任继愈、季羡林、宗璞、杨绛等人的文章。这些文章都是大陆学界名家撰写，也都陆续在《人间福报》得以发表。这是我们因缘结下的果实，也是海峡两岸文化一次无声的认真交流。

永芸法师为了落实人生的一个愿景，进入北京语言大学人文学院攻读博士学位课程，怀着"想为北京佛教留下历史"的使命，征得导师李庆本教授与韩经太副校长的首肯，拟定了对于北京佛教文化历史的发掘与研究。2009年的佛诞节，在一个春暖花开的美丽季节，永芸法师带领十多位师生风尘仆仆地跑到位于八大处的灵光寺，让我们在人山人海中领悟人类真与善的朴素情怀。

翌年春，由她发起的"走春茶会"在夕照寺以"茶、禅、乐"的方式呈现了一个温馨的聚会。那天下午，"一说二说三说天下，梦想理想心想事成"的标语悬挂在夕照寺前，这个旨在"众缘和谐"的文化活动吸引了众多的名流和媒体记者。法师的演讲让人感动，她传达的精神令人鼓舞。

在与永芸法师的接触中，除了出家人具有的佛陀教导精神，她的勤奋好学、谦虚谨慎、平易近人，也为我们这些凡夫俗子所敬佩。当她告诉我她要去"走江湖"（江西、湖南的寺院考察）时，我心里实在为她担心。但是，她却说："出家人，以寺庙为家，有佛陀相伴，不孤独，无危险……"如此境界，令我敬佩得五体投地。

生活里，永芸法师也不是将自己"孤立"于百姓之外，而是欢喜地融入我们，常见她在马路上与人"侃侃而谈"。这个"我们"，既有中国人，也有外国人；她不是在"传教"，而是在"传心"。我知道，她的身影漂流在北京的人海中，其精神栖息在幽深的寺庙里和图书馆深藏着的文化丛林中。匆忙的行踪，展示了她的丰富人生。滚滚红尘，她期盼着北京的平安，世界的和平。

如今，法师又以这部《北京伽蓝记》真切地告诉人们，即使像北京这样历史久远、充满帝王之气和政治色彩的古都，也都笼罩在浩荡的佛教文化之中。通过对北京寺庙寺院的考察与研究，不仅向人们展示了佛教在北京地区传播的历史，也细腻地记录了历史风雨中寺庙的沧桑。"佛教传入中国的融合与开创"一章可谓言简意赅，不到一万字的概说，竟准确地将佛教发展的历史轨迹：诞生、成长、传播、繁荣，在中国的影响、与儒道的融合等，说得淋漓尽致。其后的章节，将佛教的每一个阶段的历史与其发展的相关情况，说得有明确的交代，加之对于寺庙、寺院的具体描述、介绍研究，整体构成一部严密的为佛教立传的著作。

这部书稿除了强烈的学术性，辅以文学性的散文笔法，生动活泼，并以"寺院缘起、地理方位、历史脉络、宗派演进、建筑特色、文物传奇、出入名人……"的格式，书写了北京佛教历史。

星云大师曾说，当年那个"两眼热泪落发的小女孩"永芸法师，追随他耕耘佛教文化经年，在其灵魂上历练过生死涅槃、云水禅心，感觉过"一日生一日死的修持解脱"。现在这个曾经闯过荆棘丛林的"小女孩"，依然耕耘在佛教文化的园地里。北京一年，我们也得以见证了她的耕耘和跋涉！

在佛光山，由于星云大师的关怀，永芸法师怀抱于文化的热忱和使命，秉持爱心与坚持，为了佛光山，为了弘扬佛教文化，《人间福报》、佛光出版社和人间卫视，都有她的汗水与智慧。除此之外，她还出版《梦回天台远》等六本散文集和默默奋斗五年时间编著的《走过台湾佛教五十年》。

不要"热闹的掌声",更不要"闪亮的光环",我想大概这就是出家人"修"炼出来的品性吧!她的真诚,她的忘我,她的历练,她的精神终于又一次如愿以偿,将我们所期待的《北京伽蓝记》贡献给北京和佛光山。

阎纯德

2010年11月17日于北京

推荐序

# 直示佛法的一大公案

谈佛法，必及于造像，尽管"但见诸相非像，即见如来"，但相为意表，造像所及，佛法乃多在其中，所以言大乘必及于菩萨，说密教必论之明王，不仅方便，更契合中国人不喜抽象思维、禅家修行因事成理的本质。

因事成理，造像如此，伽蓝亦然。伽蓝之造，为造像之所住、僧徒之所居、佛事之所用，虽未如造像般于佛理之聚焦，却更活生生映现着佛法在世间的总总，可惜历来谈造像者众，说伽蓝者少，在了解佛法的传布与映现上，不能不说是一种遗憾。

谈伽蓝者少，一因它未若造像般聚焦，另外也因它涉及更多历史文化的轨迹，起落兴替，未若造像直指不动的核心，在此好有一比，造像是戏，而伽蓝正如戏台，戏是核心，戏台却可多所替换，关注的程度自然有别。

然而，换个角度看，戏台所发生的种种，不也正是一出出的戏吗？且这戏还更真实、更贴切。所以说，伽蓝虽未直指核心，但映现的种种却更如实，参伽蓝，如禅家所言，是参活句，不是参死句，在此只取一点：道场的兴替起落，不就让众生对佛法所提的成住坏空更有领略吗？

兴替起落，帝都伽蓝所映现的最能起人观照，毕竟，佛法的传布与世间的种种脱离不了关系，政治走向则是其中的一大变数。如何应对，有权有势，结果如何，有起有落，有心人原可在此得有甚深的因缘观照，千年前的《洛阳伽蓝记》如此，今天永芸法师的《北京伽蓝记》亦然。

于是，这书就不仅是北京寺院的内行导览，也不只是今人循古人迹的问道指南，帝都伽蓝的起落，在有心人眼中，永远是直示佛法的一大公案。

林谷芳

自序

# 人生的偶然，历史的必然

——从《洛阳伽蓝记》到《北京伽蓝记》

## 《洛阳伽蓝记》的美学呼唤

重拾书架上的《洛阳伽蓝记》，展读一千五百年前因官派而回到洛阳古都的那位南北朝后魏抚军司马杨衒之，当他俯视落日余晖下的洛阳城所发出的千年一叹。他明着写洛阳寺院，却是一部活生生的南北朝兴衰史。

台大中文系教授林文月，在1985年发表的《〈洛阳伽蓝记〉的冷笔与热笔》，给予此书极高的文学评价：杨衒之所撰的《洛阳伽蓝记》，实在是瓖宝奇书，很值得重视。……就整体而言，《洛阳伽蓝记》是以空间为经、时间为纬，时空交织，又糅和其他极丰饶的人文因素而成的一部奇书。……呈现如此清丽典雅的效果……风采之流动……可与司马相如之长赋、大谢之山水诗遥相媲美。

是宗教情操？是文化使命？是历史呼唤？当年中国北方大都会洛阳的历史，就在这个名不见经传的杨衒之笔下，为后人留下了涵盖历史、地理、宗教、文学、风俗等多彩多姿的风貌。

一如林教授所言：冷笔以写空间，故条理井然，是《洛阳伽蓝记》极具研究价值处；热笔以写时间，故好恶分明，是杨衒之有别于后世修史之枯淡处。冷热交织，遂令这部稀世珍贵的奇书呈现特殊面貌而永垂不朽。

从史料分析，杨衒之不是初来洛阳，而是重返洛阳。因为他曾眼见过去洛阳的灿烂，今日再见，不禁感怀："城郭崩毁，宫室倾覆。寺观灰烬，庙塔丘墟。墙被蒿艾，巷罗荆棘。……京城表里，凡有一千余寺，今日寥廓，钟声罕闻，恐后世无传，故撰斯记。"（见其自序）

是这些景象触动了一个文人志士的悲心？有别于史家修史的严谨、地理方志的枯燥，杨衒之以南北朝盛行的骈丽之文，突显了文学之美，呈现历史斗争的残酷、因果报应的昭彰，读后令人唏嘘，也藉此镜鉴一个城市的崩毁，一个帝国的兴灭。

这是一个知识分子的良知，以一己微弱之笔的呐喊，欲在紊乱的历史中留下人间是非公理。

## 《走过台湾佛教五十年》的编纂经验

"看得到的，是已经过修饰的历史；看不到的，是更多被遗忘、湮灭的历史……"

这是我在1996年为《走过台湾佛教五十年》一书写编后语的开头两句话。在看过《洛阳伽蓝记》作者文中藉寺院写历史之后,那些不能畅言的隐喻,只有过来人,才能了解历来写史人的悲心大愿和抑郁的苦痛。

我想就是像杨衒之"恐后世无传,故撰斯记"的那份使命吧!《走过台湾佛教五十年》编辑过程的辛酸而没有放弃,是因背负了这么多人的信任和期许,还有并肩作战的几个"傻子"的坚持。五年后,当这本书终于出版时,已是多少沧桑!

而我的信念,无非就是为下一世纪的佛教留下一个伏笔。在缅怀前贤先烈时,是否有人想过在这大江大河浮沉的高僧大德?有曾参与革命者,有为保护佛教寺院而殉教者,那种无我无畏的精神,在这历史长河中,谁来为他们树碑写史?这或许也是推动着我,走入另一个历史时空的动机?

## 《北京伽蓝记》出书的二三事

来到北京,是我人生一个意外的插曲。但这偶然的机遇,却是历史必然的牵引。

1992年暮秋,第一次到北京参加"敦煌吐鲁番国际学术会议",刚下飞机,同行的人都对北京颇感失望。没有空调的面包车,缓慢地在尘土飞扬的路上颠簸,不时还闪过牛车、自行车。

但，金秋的夕阳照在两旁白杨树上，穿着印有"北大"的T恤、说着一口京片子的年轻学子，却是那样青春昂扬。也许是年纪相仿，我竟欢喜地融入他们，也卷着舌侃侃而谈。心想："终于到了北京，我是中国人，这是我的祖国啊！"

那一次，大会特别带我们去了云居寺考察房山石经，与千年石刻相遇，那一幕至今还镂镌在我的记忆。那一次，北京对我来说是黑白的历史。

之后，几次往来大陆，参访佛教圣地遗迹，潭柘寺、戒台寺、长城、故宫、天坛……这几年，一次一次令人惊叹！奥运后的北京，一下子从黑白进入了彩色的现代，并跃上世界国际舞台。中国，已是不可小觑的巨人！

2009年，农历年元宵刚过，因有一年参学的假，我再度来到北京。感谢阎纯德老师推荐北京语言大学比较文学与世界文学所所长李庆本老师作为我的博士导师。

在北语的日子，阎老师嘘寒问暖，年节怕我一个人独在异乡，总是邀我一起过节吃饭。佛诞节还随喜和我们十几个同学一起去灵光寺浴佛，他有长者的敦厚又不失赤子之心，让学生如沐春风。

衷心感谢这一路李庆本老师给我的指导和鼓励，我参与他2008、2009级博士生的课，也听了很多讲座，并观摩硕士生开题、博士生的论文答辩，让我知道如何进行自己的论文。

学习结束时，在李老师的办公室和韩经太副校长、阎老师一起讨论定案了我的论文《北京伽蓝记——佛教在北京的历史发展和宗派演进》。这本《北京伽蓝记》也正是由这篇论文衍生而来。

这本书能完成，有很多人的精神鼓励和实际参与，我选修硕士班英文时认识的倩倩、隽隽、毛毛三位小友对佛教有兴趣，我带着她们做初步收集资料和整写，型塑基本架构。我的师长、同学、朋友，给我意见、提供资料，陪同一起走访寺院，甚至从一些老北京人口中得到的片段记忆……到最后帮我审稿（感谢中国佛学院的宗性法师和中国佛教文物图书馆的吕铁钢老师对《北京佛教大事记》的整理和勘误）、改稿、校对、设计……是这些千手千眼菩萨，一起在写历史。尤其我的师父、国家宗教局蒋坚永副局长以及阎纯德、李庆本、林谷芳等老师，还有未能一一列名者，希望藉此一并致谢。

去年中秋认识作家岳红，因彼此对文学的相契而惺惺相惜，共同策划了很多想在中国推动的"文化梦"。她跟着我到处奔走，我没有特别教她佛法，但相信聪慧如她，日久熏习，佛教早已融入她的心灵。

我回佛光山销假领职后，和岳红讨论这本书，她承诺一起来完成。我们两地Email往返讨论，当我审视她埋首计算机前孤军奋战所传来的文稿后，不禁闪烁泪光，眼前浮现"一千多年来，杨衒之这本书始终是极孤独地悬挂在历史的长空中，独自闪烁着寂寞幽冷的光芒"。（王文进：净土上的烽烟——《洛阳伽蓝记》）

在这本书中，我们基本上隐藏了踏查寺院后的个人情绪针砭，期以散文的笔触，统一以"寺院缘起、地理方位、历史脉络、宗派演进、建筑特色、文物传奇、出入名人"的格式，书写北京城的佛教历史。

我希望，作为一个长期从事佛教文化工作的比丘尼，有缘回到祖国，继《走过台湾佛教五十年》后，单纯地"想为北京佛教留下历史"的使命，能让这本书也如王文进教授对《洛阳伽蓝记》的最佳诠释："兼具地志的正确，历史的批判和文学的优美三种性格。"

永芸

## 壹 佛教传入中国的融合与开创

## ❶ 历史轨迹

佛教起源于印度,二千六百余年前,一个印度边境小国的王子悉达多,抛弃世间荣华富贵的享受,到森林中修行,在菩提伽耶的菩提树下金刚座上证悟到宇宙人生缘起的真理,成为"觉者佛陀",创立"佛教"。时为公元前六世纪,那正好也是大思想家辈出的时代。

佛陀在人间说法四十九年,涅槃后,其弟子大迦叶为令正法久住,召集五百位已证果的阿罗汉共同结集佛陀的言教。此后四百年间,衍生了不同的部派,经过几次的经典结集,三藏十二部经教渐次完备。

到公元前三世纪的孔雀王朝时期,阿育王统一印度,大力护持佛教,广建佛塔、集结第三次经典,推广佛教普及全印度外,并派遣传教师到现今的阿富汗及中亚细亚、斯里兰卡、缅甸等地弘扬佛法,将佛教发展成世界性宗教,同时产生跨文化的影响。后来随着中土丝路的开拓,佛教也开始逐渐东传。

## 1. 佛教的东传

佛教最初传入中国的时间，众说纷纭，一般以《魏书·释老志》[1]、《佛祖统记》[2]的记载为志：永平七年，汉明帝夜梦金人，听到太史傅毅说："西方有圣人者出，其名曰佛，陛下梦见的必定是这位佛陀。"心中大喜，于是派遣蔡愔、秦景、王遵等十八人，前往西域寻求佛道。永平十年，蔡愔一行人在中天竺大月氏国遇到僧人迦叶摩腾、竺法兰，便邀请他们到中国弘法。两位法师用白马驮着佛像和六十万言的梵本经典到洛阳。永平十一年，明帝下令在洛阳西雍门外为迦叶摩腾二人建白马寺，而他们翻译的《四十二章经》成为中国佛教史上第一本佛经[3]，从此，佛、法、僧三宝具足，展开了佛教东传的首页。

---

[1]《魏书》卷一一四《释老志》：及开西域，遣张骞使大夏还，传其旁有身毒国，一名天竺，始闻有浮屠之教。哀帝元寿元年，博士弟子秦景宪受大月氏王使伊存口授《浮屠经》，中土闻之，未之信了也。后孝明帝夜梦金人，项有日光，飞行殿庭，乃访群臣，傅毅始以佛对。

[2]《佛祖统纪》卷三十五（大正四十九·三二九中）：七年，帝梦金人丈六项佩日光，飞行殿庭，且问群臣，莫能对。太史傅毅进曰：臣闻周昭之时，西方有圣人者出，其名曰佛，帝乃遣中郎将蔡愔秦景，博士王遵十八人，使西域访求佛道。

[3]《高僧传》卷一《竺法兰传》（大正五十·三二三上）：愔于西域获经即为翻译《十地断结》、《佛本生》、《法海藏》、《佛本行》、《四十二章》等五部，移都寇乱，四部失本不传，江左唯《四十二章经》今见在，可二千余言，汉地见存诸经，唯此为始也。

历史轨迹

## 2. 传入的路线

佛教传入中国的路线，一般分为西域陆路及南方海路。最初传入中国的，大都是走西域丝绸之路。

陆上丝路：从印度西北部的犍陀罗（即今巴基斯坦、阿富汗东部一带）经由中亚往东行，越过葱岭（今帕米尔高原），进入西域（新疆），再经玉门关、河西走廊传入中国，之后再发展至韩国、日本与越南，一般称此为北传佛教，又称大乘佛教。

海上丝路：从南印度经斯里兰卡海路，再传至缅甸、泰国等地，部分支派经华南进入中国南方，此系一般称南传佛教。这条著名的海上丝路主要展现上座部佛教，又称小乘佛教。

还有一条路线，就是从东印度（含孟加拉及尼泊尔），越过喜马拉雅山传入西藏，再传入青海、蒙古，即今所谓的藏传佛教，或称密教。

## 3. 译经事业

东汉年间，继迦叶摩腾、竺法兰之后，来自安息、月氏、天竺、康居等西域地区的安世高、支娄迦谶、竺佛朔、安玄、支曜等人相继东来，主要从事译经事业，其中支娄迦谶、安世高为此时期最重要的译经家。

安息国僧人安世高来到洛阳，译有《安般守意经》、《阴持入经》等三十余部佛经[1]，是将禅观带入东土的第一人。由于通晓汉语，其所翻译的经典，梁代慧皎法师在《高僧传》称说："义理明晰，文字允正，辩而不华，质而不野。"

支娄迦谶（简称支谶）所翻译出的二十余部佛典，多属大乘典籍，是将大乘佛教传入中国的第一人。其演说般若缘起性空的《道行般若经》，是般若类经典在中国最早的译本，《般舟三昧经》则是净土经典的先驱。

与魏地佛教相较，吴地译经更具规模。支谦和康僧会来自西域，在汉地成长，长期熏陶，能将两地文化融合，这是印度佛教在汉地本土化的标志。康僧会儒释道会通、大小乘兼具，尤其制作梵呗、建寺、设佛像，在中国佛教史上算是首创。

自安世高译经以来，所译经典缺乏系统的整理，道安第一次进行整理编目，并考证译者。道安还统一了出家人的姓氏，以"释"为姓至今。

被誉为中国佛教四大译经家之一的鸠摩罗什从西域来到东土，在凉州十七年，对中土民情已熟悉，也通晓了中国语言文字。后秦姚兴礼请罗什到长安，被礼为国师，在国立译场逍遥园大兴译业。

罗什一生所译经论凡三百余卷，义理圆通，多为后来形成的佛教各学派、宗派所宗，对中国佛教的发展影响深远。由于具文学素

---

[1]《高僧传》卷一（大正五十·三二三上）案释道安经录云：安世高以汉桓帝建和二年至宪帝建宁中二十余年，译出三十余部经。

养,译文简洁流畅、易读,受到很高的评价。

　　罗什所译的般若类经典,有系统地展示了龙树的般若性空之学,其中以《大品般若经》最为重要。《中论》、《百论》、《十二门论》三论为三论宗之所宗,故被尊为三论宗之祖,加上《大智度论》,成为四论学派。此外,所译的《阿弥陀经》为净土宗所宗。《法华经》、《成实论》分别是天台宗、成实学派的根本要典。《坐禅三昧经》系诸家禅要之纂集,促成了天台止观的成立及禅宗的诞生。《梵网经》是大乘律的第一经典。《心经》、《金刚经》、《阿弥陀经》、《维摩经》等经皆深入民间,流布极广。

　　当时跟随罗什译经弟子号称三千人,对中国佛教的贡献首推僧肇和道生。僧肇于般若学,道生于涅槃学,都有独创之见。

　　东晋的慧远在动乱中南下,于庐山自成一佛学中心。他与罗什探讨般若的书信,后结集成书。由于南方佛教的禅典律典都缺,慧远派弟子西行求经,带回梵本,请佛陀跋陀罗译出《达摩多罗禅经》,促使禅学在南方流行。慧远的佛学思想体系是多方面的,他本质上虽是般若学,同时也注重禅修和净土信仰。

　　东晋另一位重要的经师法显,以近六十岁的高龄,西行求法。历经万难,游历了西域、印度等三十余国,学习梵文,并抄录经律典籍,回国后在道场寺与佛驮跋陀罗等人开始译经。译有《摩诃僧祇律》、《大般泥洹经》、《杂藏经》、《杂阿毗昙心论》,并将西行求法的见闻,写成《佛国记》,对当时印度、中亚、斯里兰卡等地区的历史、风俗习惯及地理情况等,皆做了详尽的描述,是一部珍贵的文献，广受各国学者的重视。

二百多年后的唐代玄奘，为求完整的原典，于唐贞观元年从长安出玉门关，走丝路，克服万般艰险，三年多后才进入印度。他在那烂陀寺跟随佛学权威戒贤大师学《瑜伽师地论》，并行脚参访整个南亚，走遍五印。在曲女城无遮辩论法会上，十八天没人敢来辩难。玄奘不战而胜，威震全印，被誉为"大乘天"。十七年后，带回大小乘经典梵本，终于载誉归国。

唐太宗在洛阳接见玄奘，依其意愿，在长安弘福寺译经。十几年共译出三百七十五部经论，并开创了中国的法相唯识宗，此学说日后也影响了其他宗派。玄奘游历的见闻，由弟子辩机撰述的《大唐西域记》，成为后世研究历史、地理、考古的珍贵资料。

## ❷ 文化再造

中国与印度都是世界文明古国，经由佛教的传入，带来跨文化的多元面貌。相较于政治、战争的入侵，这种软实力的传播所及，彼此互补，反而创造了丰美的文化果实。

### 1. 译经与文学

丰富多彩、超越时空、充满想象力的印度文学随着佛经的翻译传入中国，影响所及，促进了之后的小说、诗歌、戏曲与平话的发达，带动了前所未有的新文学体裁的发展。

以罗什为代表的新译佛经，标志着翻译文学的里程碑，很多佛经从文学的角度来看，本身就是优美的文学作品，像《维摩经》、《法华经》，提供了新的思维方式、语言词汇，甚至铺陈、用典，一些佛教的诗、偈、赞、铭、论等作品相继出现。

倡导白话文的先驱胡适，在《胡适文存》里有一段话："佛教的译经师用朴实平易的白话文体来翻译佛经，但求易晓，不加藻饰，造成一种白话文体，佛寺禅门成为白话文与白话诗的重要发源地。给中国学史上开了无穷新意境，创了不少新文体，添了无数新材料。"

梁启超也在《翻译文学与佛典》一文中说："我国近代之纯文学若小说、若歌曲，皆与佛典之翻译文学有密切关系。"另在《佛学研究十八篇》提及："佛教传入中国后，中国文学中增加了三万五千字、新名词。"

国学大师钱穆在一次公开演讲上说："《六祖坛经》是复兴中华文话九种必读经书之一。"

早期从事译经事业的僧人，通晓汉语者，由自己作主笔。未精通汉语者，由文学素养深厚的汉人助译，建立了中国佛教的特色，同时带来了无数外来语。在不断演进过程中，也形成了许多新的名词与成语，大大地丰富了汉语词汇的内容，例如：

昙花一现、一弹指顷、一尘不染、一厢情愿、一念之差、一心不乱、一手遮天、一刀两断、不二法门、三头六臂、三生有幸、四大皆空、五体投地、六根清净、六道轮回、七手八脚、胡说八道、十恶不赦、千差万别、吉祥如意、称心如意、本来面目、顽石点头、大千世界、神通广大、心心相印、心猿意马、掌上明珠、借花献佛、天女散花、天花乱坠、花花世界、镜花水月、水中捞月、皆大欢喜、有口皆碑、聚沙成塔、对牛弹琴、执迷不悟、作茧自缚、当头棒喝、枯木逢春、看破红尘、真相大白、水到渠成、借花献佛、狗急跳墙、指点迷津、醍醐灌顶、抛砖引玉、雁行鱼贯、坐井观天等，都是从佛教名相演变而来的，或是从经典撷取而来，或是从佛教故事衍生而来，或是禅门语录中新拓的词汇。

此外，也有充满浓厚佛教思想、在民间广为流行的俗谚，如"佛要金装，人要衣装"、"放下屠刀，立地成佛"、"家家观世音，户户弥陀佛"、"平时不烧香，临时抱佛脚"等，在在说明佛教在中国社会里，产生了潜移默化、移风易俗的效果。

### 2. 变文与小说

唐代开始有小说文体，因"唐人乃作意好奇，假小说以寄笔端。"（胡应麟《笔丛》三十六），唐代传奇在中国小说史上的贡献巨大，后因佛教的影响，变文话本普遍流行，促成宋、元以后平话和章回小说发展灿烂。诸如沈既济的《枕中记》、李公佐的《南柯太守传》及清朝蒲松龄的《续黄粱》、曹雪芹的《红楼梦》、吴承恩的《西游记》等作品，均受到佛教的苦空无常、因果报应、轮回思想的影响。

随着佛教思想的开展，讲经不再只限于佛教内部的佛理研究，而扩及名士文人。儒家经师在晋道安时制定的讲经仪式，其参与之僧职分为五种：法师（释经）、都讲（唱经或诵经）、维那（纠仪）、香火（行香）、梵呗（歌赞），已有迹可循。

"变文"以佛教经典为主题，以诗歌和散文结合的形式陈说故事,是一种活泼的民间文学。敦煌所出的变文写本,一为讲唱佛经与佛经故事,一为讲唱中国历史故事的史传变文,变文一般公认为俗讲之底本。

由于这些通俗化的发展,由讲经、唱导、俗讲,让佛教的思想义理藉此而深入民间,但却为正统佛教所不能接受。这些被中国文化所融合的影响,加速佛教在本土生根,成为生活的一部分,带动中国的俗文学、小说、戏剧、艺术等方面,是不容否认的一页辉煌历史。

### 3. 音乐与艺术

梵呗,是佛门中以清净梵音来歌咏佛法、赞颂佛德的一种方式,能令诵者、闻者获大利益。佛世时,有一位长得又矮又丑但音声却如天籁的呗比丘,他的梵呗之声能感动人畜。一次,波斯匿王率大军准备捉拿杀人狂央掘摩罗,行经祇洹精舍时,耳际忽然传来呗比丘悠扬悦耳的梵呗声,顿时,大象、马匹都停下来倾听,不肯前进,士兵也听得出神。由于军队马匹都被微妙慈悲的梵音所摄,波斯匿王也油然生起慈心,撤回了军队,消弭了一场原本即将发生的战祸。

佛教东传不久,有人便用印度的声律制成曲调来歌唱汉文的偈颂,将起源于印度的梵呗汉化,《高僧传》中说:"天竺方俗,凡是歌咏法言,皆称为呗;至于此土,咏经则称为转读,歌赞则号为梵呗。"[1]也就是说印度的梵呗,传到中国后,分为转读与赞呗二种形式。

我国梵呗起源,相传为曹魏陈思王曹植游鱼山(山东省东阿县境)时,忽闻空中梵天之响,清雅哀婉,其声动心,于是摹其音节,写为梵呗。南北朝起,佛教出现"转读"、"梵呗"、"唱导"等多种文学艺术形式,扩大佛教民间的影响。

佛教艺术在中国的发展,初时亦受犍陀罗希腊风格与印度影响,至唐宋则完全中国化。由于佛菩萨的造像庄严净美,以经文义理命意作画,融会思想境界,南北朝时期的发展奠基,让隋唐的佛教艺术达到辉煌成就。

中国佛教艺术的发展过程:从汉魏初期以佛菩萨像之描绘为主,到东晋依佛典命题之经变相图创作,如《维摩示疾》、《弥陀净土变》等,至北朝开凿石窟,窟内壁画多描写经变。著名的石窟有敦煌莫高窟、炳灵寺石窟、麦积山石窟、云冈石窟、龙门石窟。位于河北省的响堂山石窟的特色是刻有石经,一号窟刻有《华严经》,二号窟刻有《般若经》,三号窟刻有《无量义经》,四号窟刻有《法华经》。这种石经的出现,启发了后来北京的房山石经。

另外,北朝的寺塔建造、佛画艺术也堪称一绝。类似"洛阳永宁寺的佛塔,京师外百里就能遥见",在《洛阳伽蓝记》一书多有深刻描述。这些佛教艺术的成就,成为中国文化艺术的珍贵资产。

---

1 《高僧传》卷十三(大正五十·四一五中)

## ❸ 学术思潮

基本上，佛教是外来宗教，一个外来宗教想要在当地生根，必面临本土化的适应、融合的过程。代表中国思想主流之儒家思想发展至隋唐，一度与盛极一时的佛教思想彼此冲突。佛教宗派繁衍、高僧辈出、理论深入人心，本土的儒家思想可谓面临空前挑战。但儒释二教透过彼此之融会，最终儒家又发展出宋明理学，中国传统文化思潮另辟新局。

隋唐佛教在稳定的政治环境中达至鼎盛，各大宗派创立，渐趋本土化，翻译经典是思想的移植，创立宗派是思想的更新。

最初将印度佛教中的概念与中国传统思想中相应的概念加以比附，以中国文化来理解印度佛教的格义佛教，发展到名僧与名士清谈的魏晋玄学至南北朝广泛研究大、小乘各种经论的过程，中国的佛教产生了学术思潮的革命转化。

由于接受传统思想的改造，佛教思想的中国化倾向日益明显，为适应社会实际需要，中国佛教要求独树一帜，进一步摆脱印度佛教思想的影响。

### 1. 隋唐盛世 百花齐放

南北朝佛教时期因各朝皇帝有奉佛者、有毁佛者，有重义理者、有重修持者，形成不同特色的发展，奠定了隋唐佛教宗派学说创立的深厚基础。

隋朝为巩固自己的统治，在采取各种政治措施的同时提倡佛教。唐初虽有佛道之争，但因武则天崇佛，颁布"释教开革命之阶，升于道教之上"[1]，且接待各方来的译经僧并迎请神秀入京，促成禅宗、华严宗的快速发展。

禅宗是中国最重要的宗派，可说是中国佛教本土化的产物。达摩渡海而来，以《楞伽经》授予慧可，至五祖弘忍，改变坐禅的传统，所谓"挑水担柴"都是禅，这种把日常劳动和俗务融入禅法的学说，对传统佛教产生重大改革。

继承弘忍衣钵的是后来形成北宗禅的神秀和南宗禅的惠能。

神秀时代以《大乘起信论》一心开二门说建立自己的禅法思想，又神秀被召入京，受华严思想影响，使其传统经典依赖和渐次修习的特点相延续，较多保存传统佛教的色彩。北宗禅的繁荣和鼎

---

1 《唐大诏令集》卷三载，天授二年（六九一年），武则天下制：释教开革命之阶……自今以后，释教宜在道法之上。缁服（僧人）处黄冠（道士）之前。

盛,是在皇室、贵族、官僚的支持下实现,但与此同时惠能的南宗禅却开创另一新局。

《六祖坛经》记载惠能说法内容,是流传至今最重要的禅宗文献。惠能给禅下的定义是"外离相曰禅,内不乱曰定",禅是内心的体悟,不在于枯坐冥想。所谓"无念为宗、无相为体、无住为本",主张"定慧等学",提倡"一行三昧",建立"顿悟成佛"说。惠能这种"自信自力、自我觉悟"的全新派别,给中国佛教思想一个开创性的思维革命,带动日后禅宗"一花开五叶"的百花齐放。

神会是树立南宗禅的关键人物,他公开向北宗禅宣战,取得正统之地位,唐武宗灭佛后,北宗禅一蹶不振,更扩大了南宗禅的影响。

唐朝国势强盛、文化繁荣,成为东方文明的中心。因此佛教在唐朝也处于鼎盛时期,当时主要的宗派有:天台宗、三论宗、唯识宗、华严宗、净土宗、禅宗。而寺院经济、译经事业、经录编纂、文化艺术等发展,随着大唐国家势力的对外扩张使得佛教文化进一步向国外传播。

## 2. 宋代禅净 元代藏传

从五代末到宋初,社会大变动,长期分裂的形势宣告结束,新的统一局面形成。在中国封建社会由前期向后期转折的关键时期,佛教面临着严峻的考验。

永明延寿的《宗镜录》,总结了宋以前中国佛学的得失,指出未来发展的道路。后来禅宗所提倡的"禅教一致、禅净合一、禅诵无碍、禅戒并重"都能在他的思想脉络中找到答案。

《宗镜录》对后世佛教产生深刻持久的影响。宋代的净土信仰已非一宗一派,而是佛教各宗派的共同趋向。禅与净土的结合,天台与净土的融会,戒律与念佛的并修,成为这股潮流的主流,进一步普及到民间。

历史上,儒、释、道三教之间既有斗争又有融合,三教思想长期互相吸引、融合,随着北宋的统一而进入新的阶段。

北宋建立起的理学思想至南宋朱熹集大成,在形式上以儒家为旗帜,内容上则实现三教的融合。宋代禅宗特别重视与世俗生活相应的仪规制度、宗教修养,主张在现实生活中获得精神解脱。

两宋时期官僚士大夫参禅形成佛教主流,蔚为风气。佛教以其独特的哲学思辨、心性学说、止观修行的思想掳获了在官场上精神压抑苦闷的士大夫。尤以苏轼、黄庭坚、王安石等被贬的官场文人,他们留下很多参禅之作,不但反映当时被禁锢的心境,亦成为后世佛教文学的经典之作。

宋太宗恢复中断近二百年的译经事业,于太平兴国寺译经院西侧建印经院,开始印刷大藏经,并将二院合称"传法院"。官、私刻印藏经之风兴起,促进了印刷技术的发展,民间佛籍流通因此大增。北宋时期,密教崛起,很多译出的密教经典有违中国儒家思想,太宗、真宗都曾诏令不准翻译,译出后也遭焚毁。

契丹国建立后,加强对汉文化的吸收和移植,辽太宗耶律德光取得燕云十六州(今北京西南),佛教进一步受到重视。辽代的佛教宗派,因道宗通晓梵文,对华严学颇有造诣,并对僧伽设有考选制度，促进了佛学研究，所以华严宗、密宗、律学、净土皆盛。辽代佛教的另一盛事就是《契丹藏》的雕印成功并传入高丽。

元朝建都燕京（今之北京）后，以八思巴为国师、帝师，推动了藏传佛教在藏、蒙和北方汉民族地区的传播，加强了西藏和中央政权的关系。帝师不只是藏传佛教和西藏地方的领袖，也是全国佛教的首脑。藏传佛教的喇嘛在元代享有各种政治、经济特权。

元代虽以藏传佛教为国教，但对其他汉地的儒释道，乃至外来的伊斯兰教、基督教也不排斥。

### 3. 明清的居士弘讲

明清是中国佛教的衰微期。在理学的制约下，佛学研究衰退，佛教为满足一般信徒的现世利益，与儒、道，乃至民间信仰、神话传说等更加紧密结合。

清王朝对藏传佛教的支持，是统治政策的一部分。三教合一、禅净双修，念佛往生西方极乐净土的思想深入民间，世俗佛学兴起。

清末民初，弘扬佛法的中心已由寺庙转向在家居士。学者、思想家无不竞相研究佛理，政治家也涉略佛典，龚自珍、魏源、杨仁山、郑学川、梁启超、谭嗣同、章太炎等人游走于儒佛之间。而出家僧众如敬安、太虚、印光、月霞、谛闲、弘一等大师，也深感佛教危机，发起言论，护教卫教。

这些僧俗二众在各大学宣讲佛教哲学，开创了近代佛教文化传扬的新局面，逐渐使佛学社会化、系统化、理论化。居士佛教成了中国近代民主革命思想中不可忽略的环节。

**4. 现当代的人间佛教**

中国佛教发展史，就是一部佛教思想与传统文化融合的历史。

辛亥革命以后，佛教由丛林转向社会，佛学转为科学研究，在家学者邓伯诚、许季平、梁漱溟、汤用彤、熊十力、周叔迦、蒋维乔等，走上高等学府宣说佛法。佛学经过这一代人的努力，开风气之先，为近代佛教掀起一股新气象。

从八指头陀敬安禅师到太虚大师，将出世的佛教转为入世的爱国爱教，佛教掀起了改革兴教的热潮。太虚公开提出"教理革命、教制革命、教产革命"口号，注重人生佛教、建立人间净土。这些当年所谓的"新言论"骇人听闻，引起各方批判。改革虽然失败，但给当时及日后佛教留下启示与影响。

民国二十六年"七七事变"中日战争开始，太虚呼吁国内外佛弟子共赴国难，佛教组织"僧侣救护队"，在战时发挥很大影响力，寺院也暂做"难民收容所"。太虚又组织"佛教访问团"，出访缅甸、印度、斯里兰卡，让佛教"走出去"！

在几番战乱中，僧界发起自动兴学、自护寺产，渐从"寺僧佛教"发展成"社会各阶层民众佛教"。近现代的佛教思想改革，有其时代背景的推进。佛教开始注重现实人生，强调"以出世思想做入世事业"，终致形成了"人间佛教"的崛起。

中国对外战争胜利不久，内战又起。1949年，僧众各奔赴台湾、香港、海外各地避难，造成中国佛教另一波的外传。

然而，"中国佛教会"在台复会后，未能发挥实际功能，促使来台的有志僧众另辟天地，耕耘出佛教文化、教育的生机，发挥弘法宣教的功能。

1963年，中佛会由白圣、贤顿、净心、星云等大师组织"中国佛教访问团"，前往新、马、泰、菲、中国香港、日本、印度等地宣教，得到印度总理尼赫鲁接见，消息传回台湾，终于得到当局的重视。

台湾的佛教有了这些大陆来的僧伽的努力，文化、教育、慈善、修持等走入人间的推动，开创一番新局。尤其星云大师将佛教弘传全世界，落实"人间佛教"的各项推动，在生活中带动了"人间佛教学"的研究，已成现当代佛学的主流思潮。

## 贰

## 两晋时期北京兴建的寺院

# ❶ 比北京城还老的 潭柘寺

**先有潭柘寺，后有幽州城**

潭柘寺位于北京市门头沟区潭柘山，距市区35公里。因寺后有龙潭，山上有柘树而得名。提到潭柘寺，人们自然而然就会想到那句"先有潭柘寺，后有幽州城"的燕京俗语，由此可知潭柘寺比北京城还要古老，是北京现存最古老的寺院。

潭柘寺最早的名字叫嘉福寺，建于西晋永嘉元年（307年），是佛教传入北京地区后修建最早的一座寺庙。当时佛教还未能被民间所接受，因而发展缓慢。以后又出现了北魏和北周两次"灭佛"，因此嘉福寺自建成之后，一直未有发展，随着时间的流逝而逐渐破败。

唐代武则天万岁通天年间（696—697年），居住在幽州城北的佛教华严宗高僧华严和尚"持《华严经》以为净业"，他诵经讲法的时候，整个幽州城的人都来聆听，情形犹如庙会，一时名闻幽州城，很多信徒踊跃捐助，希望他在幽州开山立宗。见此情形，幽州都督张仁愿也捐资并帮助华严和尚重修嘉福寺。华严和尚来到潭柘山，购买了嘉福寺附近西坡姜家和东沟刘家的土地，以原寺为中心，重修和扩建寺庙。

华严和尚带领僧众填平了寺内一个叫"青龙潭"的大水坑，修筑起殿宇，开拓出了潭柘寺的雏形。当时，寺院后山有两眼泉水叫"龙泉"和"泓泉"，在后山龙潭合流后再向南流，恰好流经寺院，这股泉水不仅满足了寺院日常的生活用水，又灌溉了附近的大片农田，因此，华严和尚将重建后的寺庙取名"龙泉寺"。正是因为有了这龙泉水，寺庙附近后来才出现了平原、南辛房、鲁家滩等村庄。

### 华严和尚开山祖，立宗领众共熏修

被尊为"开山祖师"的华严和尚带领徒众在龙泉寺修行，以华严经为净业，使当时的潭柘寺成为幽州地区第一座确定了宗派的寺院，并逐渐发展兴盛，在幽州地区产生了很大影响。

到了唐代会昌年间，因为唐武宗李炎崇信道教，在道士赵归真和权臣李德裕的怂恿下，下令在全国排毁佛教，当时的龙泉寺也没能幸免，从而荒废。直到五代后唐时期，佛教重又兴起。著名禅宗高僧从实禅师来到潭柘山，带领僧众拓荒整旧，重修寺院，改华严宗为禅宗，并率弟子在寺内讲经，声名远播，常常有千人听法，香火鼎盛，使龙泉寺彻底摆脱"武宗灭佛"的阴影。

**金帝整修敕建 确立禅宗地位**

发展到辽代中期，由于幽州地区律宗大盛，禅宗退居次位，因此，龙泉寺的佛教地位有所衰微。直至信奉禅宗的金代统治，禅宗在中都（今北京）地区有了很大发展。金熙宗是第一位到龙泉寺进香的皇帝，皇统元年（1141年），这位皇帝不仅进香礼佛，还拨款对龙泉寺进行了整修和扩建，这件事对后代皇帝产生了很大影响，并争相效仿，使龙泉寺的宗教地位快速提升，寺院香火日益繁盛。金熙宗同时大规模地对龙泉寺进行整修和扩建，将龙泉寺改为"大万寿寺"，从此，开创了皇帝为潭柘寺赐名和由朝廷出资整修潭柘寺的先河。

金大定年间，皇太子完颜允恭代表其父金世宗到潭柘寺进香礼佛，当时的住持重玉禅师为此特写下了《从显宗幸潭柘》一诗，记述了当时的盛况，后于明昌五年（1194年）镌刻成碑，立于寺中，现此碑犹存，镶嵌在金刚延寿塔后边地阶的崖壁上。

此后的住持、临济宗大师广慧通理禅师开性，九岁时于龙泉寺出家、云游古刹，遍访高僧，学习禅宗律法，大定初年被潭柘寺善海禅师带领僧众恭请回潭柘寺任住持，他任住持期间也是在朝廷的资助下，得以对潭柘寺进行了长达十一年的大规模整修和扩建，使潭柘寺的殿宇堂舍焕然一新。同时开性大师又整顿寺院僧务，制定《寺中规条》，弘扬佛法，潭柘寺的禅学从此中兴，开性成为金中都地区公认的禅宗临济宗领袖，潭柘寺充当了临济宗中兴寺院的角色。开性大师终老于寺中，著有《语录》三篇，圆寂后被佛门尊为"广慧通理"禅师。

自开性之后，潭柘寺高僧辈出，其弟子政言、善照、了奇、圆通、广温、觉本等人，后来也都成为临济宗的名僧。其中高徒政言禅师继任潭柘寺住持后，"开法席，讲禅学"，弘扬临济宗佛学，并著有《禅说金刚歌》、《金台录》、《真心真说修行十法门》等著作。另一位著名临济宗大师相了，自幼出家，钻研禅学，造诣很深。明昌年间，应岐国大长公主之请，出任潭柘寺住持，使潭柘寺"宗风大振"，在归老潭柘寺之前，还先后担任过天王寺、竹林寺等名刹巨寺的住持，在中都地区有着很高的声望，被公认为是当时临济宗的代表人物。

## 妙严公主为父出家，礼忏拜砖成为文物

元代的潭柘寺最有影响的应该是美丽的公主出家之事了。忽必烈女儿妙严公主认为她的父亲连年征战，杀戮过多，决定替父赎罪而来到潭柘寺出家。出家后的公主每日在观音殿内跪拜诵经，"礼忏观音"，年深日久，竟把殿内的一块铺地方砖磨出了两个深深的脚窝。后来妙严法师终老于寺中，墓塔就在寺前的下塔院。她礼忏时的"拜砖"也一度作为珍贵的历史文物供奉于潭柘寺的观音殿内。

元代末期崇信佛教的元顺帝对当时名冠京城的潭柘寺也极为青睐，曾邀请潭柘寺时任住持雪涧禅师享用御宴，并且由皇妹亲自下厨，礼遇之高前所未有。

**皇帝后妃信佛，道衍影响格局**

到了明朝，潭柘寺始终得到皇室的恩宠。从太祖朱元璋起，历代皇帝及后妃大多信佛，由朝廷拨款，或由太监捐资对潭柘寺进行多次整修和扩建，使潭柘寺确立了今天的格局。明成祖时期，因朱棣与高僧道衍的因缘，潭柘寺备受皇家厚爱。道衍原是明初重臣姚广孝，被明太祖朱元璋挑选从侍燕王朱棣，朱棣削藩时，按照姚广孝的谋划，起兵"靖难"，从而夺取了皇位。朱棣继位后，封姚广孝为僧录司左善世、庆寿寺钦命住持，后又加封为太子少师，赐名"广孝"，仍参与军政大事。姚广孝功成名就之后，辞官归隐潭柘寺修行。修行期间，明成祖朱棣曾到潭柘寺探望。道衍与潭柘寺的因缘对北京城也产生很大影响，据说当年修建北京城时，姚广孝任设计师，设计灵感就来自潭柘寺的建筑布局，北京城的许多地方都是模仿潭柘寺修建而成，太和殿更是仿照并扩大了潭柘寺的大雄宝殿重檐庑殿顶，井口天花绘金龙和玺。后来姚广孝因奉旨主持编纂《永乐大典》而离开了潭柘寺，但他修行时的住所少师静室遗址至今留存在潭柘寺。

在明代，潭柘寺曾进行过多次大规模的整修和扩建，是潭柘寺历史上修建最繁盛的时期。宣德年间，"孝诚皇后首赐内币之储，肇造殿宇"，对潭柘寺进行整修和扩建。从正统三年二月到第二年九月，潭柘寺又大兴土木，在皇室的资助下，扩建寺院，广造佛像。在此期间，英宗皇帝"诏考戒坛"，潭柘寺受命修建戒坛，英宗皇帝赐名为"广善戒坛"，越靖王朱瞻墉还在寺内建造了一座高大的金刚延寿塔。正统四年,明英宗"颁大藏经五千卷"给潭柘寺。弘治十年(1497年),司礼监太监戴义出资作为工食费,并奏请明孝宗拨款,对潭柘寺再次进行整修和扩建。正德二年(1507)三月到次年九月,潭柘寺又进行了历时一年半的整修,"殿庑堂室焕然一新,又增僧舍五十余楹",再一次扩大了寺院的规模。万历年时,由神宗皇帝朱翊钧钦命的潭柘寺住持达观大师,与朝廷关系密切,经常奉诏进宫为皇室讲经说法,从而使潭柘寺与朝廷的联系更不同以往。万历二十二年(1594年),神宗皇帝母亲慈圣宣文明肃皇太后又出资,由达观大师主持对潭柘寺进行了大规模的整修,增添建造了方丈院等房舍八十余间。

明代的二百多年时间内,皇室除了对潭柘寺大兴修建,皇帝还多次为寺院赐名,因而潭柘寺的名称几经更改。明宣宗赐名"龙泉寺",天顺元年(1457年),明英宗"敕改仍名嘉福寺",但无论怎么改,民间仍依俗称其为潭柘寺。

**外籍禅师驻锡,弘法传戒兴盛**

明代的潭柘寺不仅佛教兴盛,也成了大明王朝对外交流的重要场所,许多外国人久慕潭柘寺的盛名而来。日本的无初德始、东印度的底哇答思、西印度的道源禅师等著名僧人也来此学习并终老于此,为潭柘寺留下很多佳话。

无初德始禅师为日本信州人,幼年在本州岛出家,研究禅宗佛学。青年时随日本商船来到中国杭州灵隐寺学习,"深得单传之旨，后东归，国人景仰，尊为禅祖"。明初洪武年间，德始再次来到中国，遍参名山高僧，后与姚广孝一见如故，结为挚友。永乐十年（1412年），姚广孝向明成祖朱棣推荐了德始禅师，明成祖任命德始为潭柘寺钦命住持。在任住持期间，德始禅师拿出自己多年的积蓄，对寺院进行整修。除此之外，他还用献王布施的百两黄金，建造了一座金彩庄严的西方三圣殿。并四次主持道场，弘扬临济宗佛法，受到佛教界内外的尊崇，在明代佛教史上有很高的地位。

东印度底哇答思是一位尼师，于洪武初年随其师父板的达到中国游历，得到过明太祖朱元璋的召见并亲赐度牒。底哇答思曾在南京"随方说法"，进出皇宫内苑，为后妃们讲经。1435年底哇答思来到潭柘寺。她认为这里就是她所理想的"西天佛国"，遂在寺院西侧建造了一座庵堂，作为自己的终老之所。在潭柘寺期间，底哇答思尼师出资重新油饰了潭柘寺的大雄宝殿，并经常用自己的资财救济贫苦百姓，深受寺僧和附近百姓的尊敬，九十岁时在潭柘寺圆寂，佛门尊其为"政禅师"。

西印度道源禅师在本土出家，精通戒律，学有所成。在北京地区佛教界颇有名气。明英宗钦命道源禅师为传戒宗师住持潭柘寺，在寺内修建戒坛开坛传戒，成为潭柘寺广善戒坛的开山祖师。

"明代四大高僧"之一的达观真可大师跟潭柘寺也有着很深的渊源。达观大师师从临济宗第二十八代传人笑岩大师，对各宗派兼融并重，广蓄博收，学识十分渊博，创造出方便阅读的《方册大藏经》。驻锡潭柘寺期间，除了讲经说法，整饬佛规外，还在寺内建造了"一音堂静室"，作为自己的静修之所。写下过许多赞咏潭柘寺的诗文，并有《续写高僧传》、《续灯录》、《紫柏尊者全集》等三十卷著作流传于世。由于曾反对宦官征矿税而遭记恨，在万历三十一年的"妖书大案"中受牵连入狱，惨遭刑杖死于狱中。

**清代跃升皇家寺院，住持皆由皇帝钦命**

清代的潭柘寺在诸帝王心中的佛教地位与明朝相比有过之而无不及，潭柘寺更由京郊名刹而跃升为皇家寺院，并且寺院的每一任住持几乎都由皇帝钦命。康熙二十五年（1686年），康熙皇帝钦命与自己相交多年的律宗大师、时任广济寺住持的震寰和尚为潭柘寺住持。享誉京城的震寰和尚到任潭柘寺之后，"法侣景从，云合雾集，檀越辅辏，不可亿算"。他主持创建毗卢阁、三圣殿、斋堂、重修大雄殿、圆通殿、药师殿、伽蓝殿、祖师殿、钟鼓楼、山门牌楼等工程。光大法门，弘扬律仪门风，使潭柘寺一时轮奂，崖壑交辉，成为西山诸刹之冠。益发器重他的康熙帝曾三次临幸潭柘寺。震寰和尚住持的第一年秋天，康熙皇帝驾临潭柘寺进香礼佛，并且留住数日，赏赐给潭柘寺御书金刚经十卷、药师经十卷、沉香山一座、寿山石观音一尊、寿山石罗汉十八尊。六年后又亲拨库银一万两，整修潭柘寺。从康熙三十一年秋到三十三年夏的近两年时间里，整修了殿堂共计三百余间，使这座古刹又换新颜。康熙三十六年，康熙皇帝二游潭柘寺，亲赐寺名为"敕建岫云禅寺"，并亲笔题写了寺额，从此潭柘寺成为北京地区最大的一座皇家寺院。康熙三十七年，康熙皇帝为牌楼亲题匾额，并赐给潭柘寺桂花十二桶和龙须竹八缸，就是现今所谓的"金镶玉"和"玉镶金"竹。

清代钦命潭柘寺第二任住持、止安超越法师升座时，康熙又赐给镀金剑光吻带四条，安装于大雄宝殿殿顶。止安超越禅师生平奇迹颇多，曾有"说三皈使虎驯服"等奇事，因为怕流涉怪诞，命令门徒"不以语人"。止安禅师任住持期间曾监造东西厢房，两角门，建震寰和尚塔，康熙四十一年夏（1702年）病逝。

第三任住持林德彰律师于康熙四十一年钦命。林德彰律师住持潭柘寺期间，带领僧众持诵参礼从无一时懈怠，并绕寺内舍利塔念佛不辍。如此几年后的一天，舍利塔突然放光，并每年如此，远近见闻无不归心。林德彰律师住持潭柘寺的二十余年时间里，对寺院兴造最多，监造观音殿、文殊殿、祖师堂、龙王殿、大悲殿、孔雀殿、地藏殿、少师静室，建止安和尚塔及下院奉福寺塔。

林德彰律之后，潭柘寺由著有《律宗灯谱》的恒实源谅律师住持，曾得到帝后的特加荣宠，乾隆皇帝曾赐给他一尊金护身佛，为了迎接这尊御赐的赤金护身佛，潭柘寺黄土铺道二十里。受具于潭柘洞主座的静观圆瑞律师继任住持后曾于雍正年间入选藏经馆，整理《大藏经》。圆具于恒实和尚座下的了然行律师属于大器晚成，遵循戒规、无作妙色，让僧众敬佩不已。这些历代高僧大德成就了潭柘寺的佛教名望和人心归向。

**历代皇帝游幸，赐礼墨宝丰厚**

因为是皇家寺院，清朝诸帝来潭柘寺拜佛的脚步前赴后继，不绝于尘。雍正年间，一向深居简出的雍正皇帝也专程到潭柘寺进香礼佛。乾隆七年（1742年），乾隆皇帝第一次游幸潭柘寺，"赐供银二百金、匾额九、楹联二、诗二、章幅子一轴、法琅午供一堂"。潭柘寺也处处留下乾隆墨宝，甚至其御笔心经和手书诗篇也赐给了潭柘寺。嘉庆皇帝也像其前辈一样，崇信佛教，他到潭柘寺礼佛、赏景之余，留下一首《初游潭柘岫云寺作》五言诗。

清朝末期，潭柘寺依然以严谨的佛教戒律传承着佛教传统。世人熟知的纯悦觉正和尚担任住持期间，坚持开坛传戒度僧直到民国时期，在北京地区佛教界享有盛名，并在民国早期参与拈花寺开坛传戒事宜。

### 过渡时期文物开放，"文革"浩劫后重整传法

民国之后的潭柘寺又迎来了新的历史时期。纯悦觉正和尚在清末和民国时期完成了潭柘寺佛教的过渡之后，茂林和尚成为民国中后期的潭柘寺住持，解放前后一直在寺内主持寺务。

1949年前后的政府高层都与潭柘寺有着或深或浅的因缘，1929年蒋介石来北京时，还专程到潭柘寺去进香。

1950年，北京市园林局接管了潭柘寺，稍加整修后，作为名胜古迹景区向游人开放，成为北京市首批开放的七个公园景区之一。六年后，全国人大朱德委员长到潭柘寺视察，指示有关部门修建一条从门头沟通往潭柘寺的公路，为前来潭柘寺提供交通便利。

1957年夏，陈毅副总理到潭柘寺参观视察。当年的10月28日，

潭柘寺蟠龙形象水道

经北京市人民政府批准，潭柘寺被列为北京市首批重点文物保护单位。1964年春，全国政协委员、末代皇帝溥仪到潭柘寺参观考察。

"文革"开始后，潭柘寺与全国所有寺庙一样遭受了空前浩劫，殿宇被砸毁损坏，珍藏文物流失，妙严公主的"拜砖"也被砸坏。1968年底，潭柘寺被迫关闭，停止开放。潭柘寺住持茂林和尚也移居广化寺并逝于广化寺。

"文革"结束后的1978年，北京市政府拨款重修潭柘寺。这次重修整修了殿堂，重塑了佛像。当年夏季，潭柘寺重新迎请法师到寺内主持法务。1980年8月1日正式对外开放。

在很长一段时间内，潭柘寺虽然有僧众进香礼佛，但始终没有重要的佛事活动，基本上作为一处寺庙观堂类人文景区接待游客，直到1997年初才正式恢复宗教活动，从此潭柘寺的浴佛传灯等佛事活动不断。

2001年6月，国务院确定潭柘寺为全国重点文物保护单位。2003年夏季，潭柘寺举办一系列庆典活动，庆祝建寺1696周年，潭柘寺创建于西晋永嘉元年（307年）这个考证结果得到各界认同。来自房山的佛舍利从庆典日起在潭柘寺连续展奉一百零八天。2004年9月23日，四百年前由潭柘寺两位比丘传到北京市大兴区白庙村，并由村民世代口传心授流传下来的三百多首工尺谱古佛乐，在十几位年逾古稀的老人徐徐吹奏，和着禅韵禅乐念诵团的齐声唱诵中又重新回到潭柘寺。2007年9月9日，潭柘寺举行了隆重的建寺1700周年庆祝活动。

历史上的潭柘寺除了寺庙本院以外还有数座下院，其中最有名的是位于门头沟区永定镇栗园庄的奉福寺、位于北京阜成门内的栴教寺和位于阜成门外的海潮观音庵，此外还有永定镇四道桥村的龙王庙等几座规模较小的下院。潭柘寺拥有大量庙产，仅在清代时上报户部领取了凭证文书的土地就有280公顷，有房九百九十九间半，未上报户部的土地也不在少数，此外还有大量的林区和山场，在北京城里还有许多房产。

**北京占地最大寺院，香林净土枝叶掩映**

如今的潭柘寺保持了明代佛寺的总平面布局与规模，寺内占地0.02平方公里，寺外占地0.11平方公里，再加上周围由潭柘寺所管辖

潭柘寺古树参天

的森林和山场，总面积达1.21平方公里以上，仍然是北京郊区最大寺院，寺内现有房舍943间，其中古建殿堂638间，保持着明清时期的风貌。

寺院坐北朝南，殿堂随山势高低而建，错落有致，全寺建筑布局可分为三大部分，主要建筑全都建在南北中轴线上。中轴线最南面是一座巨大木牌坊，三间四柱三楼式形制，顶上都覆盖着黄色琉璃瓦，檐下装饰有斗拱。木结构全部彩绘，前、后额都是康熙御笔金字，分别是"翠嶂丹泉"、"香林净土"。牌楼下端两边有一对雄壮威武的石狮，前面有形状奇特的两棵古松，树梢相连，枝叶掩映。经过牌楼，通过一座叫做"怀远桥"的单孔石拱桥后，就是砖石结构的山门，山门为歇山顶式，面阔三间，三座券门都用汉白玉石雕花，正中空门上悬着康熙御笔匾额"敕建岫云禅寺"。

山门两侧为蓝琉璃瓦顶的红色院墙，左右两边"佛日增辉"、"法轮常转"的琉璃字在阳光下熠熠生辉。山门内建筑依地势而建，一重高过一重。从山门进去第一进院落是天王殿，钟、鼓楼分列两边。天王殿面阔三间，绿琉璃歇山顶，檐下装饰有斗拱，大殿内供奉四尊高约三米的巨大彩塑神像，门前一口直径1.85米、深1.1米的铜锅是潭柘寺两宝之一。此锅是寺僧熬粥用具，锅底有"容砂器"，随着熬粥时的不断搅动，砂石会沉入锅底的凹陷处，固有"泼砂不漏米"之说。

过了天王殿就是居全寺建筑中最高地位的大雄宝殿，也是潭柘寺最大型的建筑。面阔五间，从檐庑殿顶，黄琉璃瓦绿剪边，上下檐均装饰有斗拱。上下檐分别悬挂"清净庄严"和"福海珠轮"金字大匾。殿前有宽大站台，四周石栏围绕，有汉白玉石垂带踏步可供上下。正脊两端各有一巨形碧绿琉璃鸱吻，各系以金光闪闪的鎏金长链，气势轩昂。传说龙生九子中鸱吻属水，可镇免火灾。锁以长链是因为康熙皇帝初来潭柘寺，在马上看到鸱吻跃跃欲动，大有破空飞走之势，于是命人打造金链子将它锁住。此鸱吻为元代遗物，色彩鲜艳，形象生动自然，在古代配件中极为罕见。大殿内正中供奉神态祥和的释迦牟尼佛，佛像背光上雕饰有大鹏金翅鸟、龙女、狮、象、羊、火焰纹等。佛像下面是石质须弥座，左右两侧分别立有清代雕刻精美、木质漆金的阿难、迦叶佛像。

大雄宝殿后面两侧是两棵气势宏伟的银杏树，东边一棵植于辽

建岫雲禪寺

潭柘寺正门

代，已有千年历史，仍枝叶繁茂，生机盎然，30米的树冠浓荫遮盖大半庭院，树干需几人合抱才能围拢。据说这棵树在康熙皇帝来潭柘寺时曾新生出一个侧枝以表庆贺，乾隆下诏将这棵树命名为"帝王树"。与帝王树对称的西边那棵树，树干丛生，据说每出一位帝王此树就增生一干，人称"配王树"。整个中路松树都高大雄伟，插入云霄，还有娑罗树、玉兰树和各种名贵花木、果树等。

中轴线终点是一座楼阁式建筑，为康熙所命名的"毗卢阁"。阁为二层硬山木结构建筑，高15米，面阔七间，山挑大脊，山墙的两侧有台阶直通上一层。下层室内有木质漆金菩萨五尊，均带有背光。殿内挂有乾隆手书大匾"圆灵宝镜"和励宗万所题"寺枕龙潭，七祖分支传妙法；山连鹫岭，九峰环翠拥诸天"楹联。站在最上层，举目远眺，远处群山如黛，近处全寺尽收眼底。

**远山如黛曲水流觞，寺有二宝消灾解厄**

寺院东部是由庭院式建筑组成的方丈院和清代皇帝行宫，主要建筑有方丈院、行宫院、廷清阁、流杯亭、舍利塔、地藏殿、圆通殿、竹林院等，碧瓦朱栏，绿竹葱秀，颇有江南园林意境。行宫院中有一座方形流杯亭，重檐四角攒尖，绿琉璃筒瓦，黄琉璃宝顶，名为"猗玕亭"，匾额为乾隆所题。亭内巨大的汉白玉石基上，雕琢着弯弯曲曲的蟠龙形象水道，像龙头，又像虎头，当泉水流过时，放下带耳的酒杯（古时叫"羽觞"）浮于水上，任其漂浮，酒杯随水流转，止于某处的人则取而饮之，与浙江兰亭的"曲水流觞"有异曲同工之趣。

流杯亭北边是一片青翠的修竹，名为龙须竹，是1696年康熙所赐，现已是潭柘寺特有珍品。东跨院东套间内，有一口大铜锅，锅口直径4米，锅深2米。煮一次粥，用米十担，据说不管多少人也吃不完这锅粥，这就是所谓"添人不添米"之说的由来。

寺院西部院落大多由寺院式殿堂组合而成，主要建筑有楞严台、戒台、观音殿、龙王殿、祖师庵、大悲坛、写经室、西南斋等，一层层排列整齐，庄严肃穆，瑰丽辉煌。观音殿是全寺最高处建筑，面阔三间，红墙绿瓦，巍峨壮丽。歇山黄琉璃瓦顶，檐下装饰有斗拱，廊下悬挂一块金字横匾，上为乾隆皇帝手书"莲界慈航"。大殿内供奉的观音菩萨端坐于莲花座上，敛目合十，逸秀端庄。观音殿西侧有龙王殿，殿前廊上有潭柘寺"两宝"中另一宝的复制品：一条长约1米、重达150公斤的石雕大鱼。这鱼远看似铜，击之能发出清脆乐音。传说是南海龙宫之宝，龙王送给玉帝。后来人间大旱，玉帝送给潭柘寺消灾。一夜大风雨时，石鱼从天而降，掉在院中。据说石鱼身上十三个部位代表十三个省，哪省有旱情，敲击该省部位便可降雨。古人说它是一块宝石，其实是一块含铜量较高的陨石。

**源起龙潭巍峨清幽，柘树千章已不复见**

潭柘寺前还有一个著名塔院，保存了金、元、明、清历代不同风貌的僧塔共七十五座，是北京数量最多、保存最好的一处塔林，可谓"北京第一塔林"。塔林中的塔为砖、石结构，平面六角形或圆形，多层密檐式。塔院四周密林围绕，绿荫幽深，别有一番情境。塔院分上、下两层，上塔院有藏式砖塔十座，下塔院有藏式砖塔十三座，都建于清代。其中建于清康熙三十八年（1699年）的震环大师塔颇具特色，纯砖结构，单层覆钵式，基座特别高大，占全塔高度一半，装饰十分简单，覆钵呈球形，耸肩线条比较圆滑。此塔造型挺拔，风格秀逸，为墓塔中珍品。

作为潭柘寺名称起源的龙潭，位于寺后面的集云峰上，山间橡树葱郁，奇花异草遍地丛生。山上有一座围有栏杆的水池，池中龙泉涓涓不绝，清澈见底，喝一口甘甜清冽。

至于寺名中的柘树，是一种罕见的树种，而且浑身是宝，据说这种树可以治许多种病，因此远近的人们不断来此剥皮挖根，致使柘树已寥寥无几，险些绝种，再也看不到史书记载的"柘树千章"的情景了。1949年政府采取了保护措施，才使这一宝贵树种得以保存下来，目前也只作为名寺应景之物，供人们观赏。

时间静静流淌，潭柘寺始终以巍峨殿宇、清幽庭院、超凡景色、名树异木静静地诉说着历史，于无声无息中显示着"气摄太行半，地辟幽州先"的皇家寺院气派。

## ❷ 红霞映泉的 红螺寺

**珍珠泉大螺蛳 相映京华丛林**

红螺寺位于北京市怀柔区北部的红螺山，因该寺所在山下有一珍珠泉，相传泉水深处有两颗色彩殷红的大螺蛳，每到夕阳西下螺蛳便吐出红色光焰，故山得名"红螺山"，寺俗称"红螺寺"，是我国北方最大的佛教丛林，据说也是京华气功的发源地。

红螺寺初建于东晋咸康四年，当时中国北方正处十六国时期后赵的统治时期，西域高僧佛图澄来到东土中国传教，受到后赵皇帝石勒、石虎叔侄的优待，遂在后赵国境内弘法授徒，广建寺塔。佛图澄是经朝廷正式批准在中国授徒（中国人出家为僧）的第一人，享寿116岁，在中国弘法三十余年，先后建寺近千所，红螺寺即其中之一。

**高僧驻锡 法筵大开**

佛图澄也是以"神异"著称的第一个僧人。据《高僧传》记载，他是一位精通咒术、了悟禅机、神通广大的高僧，能洞察过去，预知未来。西晋末年，佛图澄受梦中感应来寻找中国北方佛教发祥地，二十余年没有结果。东晋咸康四年，他跟随后赵石勒、石虎北征时来到渔阳城（现怀柔地区），发现红螺山山形上部如舞动双翅的大鹏金翅鸟，下有佛祖成道"触地印"的瑞像，此山暗契圣教，瑞显佛仪，恰合他感梦之境，于是留在此地，当年即创建此寺，取名"大明寺"，即现在的红螺寺。

红螺寺从建寺那一天起，就开启了与历代皇帝亲密关系的历史，在佛教界一直享有极高的声誉和地位。有了佛图澄这个来自西域的开山鼻祖传道，大明寺的佛教影响很大。到了唐朝初年，红螺寺首当其冲为太宗李世民所用，充当祈福安民的角色。大唐初年太宗对少数民族实行的"怀柔政策"，是自汉代以来统治者首次将"以战为主"改为"以和为主"的政策。在李世民的恩允下，北方少数民族八千多靺鞨族人内迁到怀柔桃谷山定居。唐皇朝拨款将红螺寺进行了大规模扩建，希望红螺寺能为皇室社稷降祥赐福，以求国泰民安，民族和谐，天下统一。

到了金代，金世宗完颜雍也同样重视红螺寺的政治作用，在金大定二年（1162年），将当时皇室最权威的圣安寺住持、高僧佛觉禅师派往红螺寺住持。一直在圣安寺讲学的佛觉禅师，到了红螺寺继续讲经说法，法席盛大，使红螺寺成为与圣安寺同宗同派的佛寺。

红螺寺正殿

元代成吉思汗时期，虽然元人信奉的是藏传佛教，但因为大圣安寺与皇室的渊源，红螺寺也同样受到了统治者的保护和宠重。元代皇室祠庙大圣安寺做了四十年住持的高僧云山禅师，是元代的佛学泰斗，经常受到皇帝的召见和请教，被朝廷授予"荣禄大夫大司空"的官衔，是皇上的政治顾问，常解答皇帝对有关时政的咨询。在元至正十二年（1352年），皇上恩准云山大师归老红螺寺。

云山大师到红螺寺后，用累朝所赐的金银珍宝，又向社会募集部分银两，对红螺寺进行了两次修缮，并且在北地严寒不宜竹的怀柔地区，栽种了大面积的翠竹，形成一片郁郁葱葱的竹林静修之境。

## 风水宝地 赏竹观松

云山大师在红螺寺的开导示众，使红螺寺佛教文化再一次兴盛，成为十方丛林，同时还是云游僧人学习进修佛学知识的寺院，各地众多僧人纷纷来此参道，红螺寺西侧的甘涧峪沟内建有寺庙群，号称"二十四庙七十二庵"，都是红螺寺所管辖的下院。为了保护红螺寺，元朝廷更以法典《大扎撒》为依据，发布镌刻"榜示碑"并安放于寺庙山门墙上。"榜示碑"概述了红螺寺本系皇家寺院，是为皇室祈寿祈福的地方，各色人等不得对本寺非礼骚扰，并确定了寺庙的界限和土地树木等，不得侵占、砍伐。

到了大明王朝，皇室对汉传佛教崇奉有加，每逢重大事件也必做佛事。明英宗正统二年（1437年），英宗的大姐顺德长公主大婚，皇室为成婚大礼大修佛事，出资重修了红螺寺。明正统年间，皇帝英宗朱祁镇来寺降香时，看到佛顶放光，认为是护国赐福的祥瑞之像，龙颜大悦，特为红螺寺重赐新名"护国资福禅寺"。天启五年（1626年），明熹宗皇帝朱由校赐红螺寺一口天启大铜钟，大铜钟上镌刻皇帝敕赐的钟铭。

红螺寺到了清朝则进入了它的鼎盛期，受到非常的重视和保护。清摄政王多尔衮为保大清江山永固，朝拜红螺寺后亲笔题匾"大光明藏"，并挂于大雄宝殿。康熙三十二年（1693年），玄烨到红螺寺游览，对竹林赞赏有加，还指令随行人员清点了翠竹的株数为613株。来年康熙帝又圣驾红螺寺降香，在寺前竹林西侧的山亭中设御座赏竹，使红螺寺赏竹成为流传千古的一桩雅事。著名文人朱遵、王鱼详等经常到圣安寺联句吟诗的风气也很快传播到红螺寺，因而出现了众多文人齐集红螺寺，举办赏花、诗会等文化活动。

红螺寺的声名远播也曾经吸引过慈禧太后的目光。嘉庆年间，慈禧太后朝拜红螺寺时，对红螺寺神奇的"竹林"、"古银杏"和大殿后的"藤缠松"景观赞不绝口。在寺南的青龙山观看寺庙全景时，发现红螺寺群山环抱，藏风聚气，祥云笼罩，是一处风水宝地，当即许愿香火旺盛的红螺寺能保佑大清江山，并重赏了红螺寺。慈禧写了"福"、"寿"两个大字，挂于寺院东跨院的客堂，回宫后不久又差人送来了"四扇玉屏风"、"九曲莲花灯"两件重宝。

为了保护红螺寺庙产，嘉庆年间，朝廷在大雄宝殿前设立了"四至石碑"，碑文中明确标志红螺寺八个方向的范围界限。

## 净土道场 声名远播

在朝廷的重视之下，清代的红螺寺佛教地位益发重要，高僧辈出。净土宗第十二代祖师际醒大师精通经史，遍习圆觉、法华、楞严、金刚诸经。嘉庆五年（1800年）到红螺寺创建净土道场，时称法门第一人。际醒大师以净土宗讲经说法，劝人念佛，四方学者云集，声名远扬。朝鲜及东南亚地区的僧人也不远万里，前来求经学道，致使红螺寺声名远播，香火日盛，时有"海内净土首推红螺寺"之誉。除了讲经说法，大师还苦心经营，勤俭持寺，为红螺寺的长久之计，大师募置大量土地，并创造"福田制"这一善举。当时红螺寺共拥有田地约三百六十公顷，这些田地都以低租价让农民耕种，收取的廉价租金除部分供自用外，其余的均用于为百姓做善事。大师还在寺内设"舍粥厂"赈济孤贫，每年腊月二十五为附近穷苦百姓送白面，开设药房炮制观音普济丹，舍药救人。"舍粥、送面、施药"三件善事还形成制度，并长期坚持下来。

## 印光、弘一净土缘 南有普陀北有红螺

在红螺寺历史上另一位著名高僧印光大师对中国佛教的影响更加深远。大师"初读程朱书，受其辟佛之影响，病目几丧明，得闻佛经，始悟前非"。后于21岁时，礼道纯和尚出家。勤习功课，功读发愿文和龙舒净土文，从中悟出念佛及了生脱死之道，即专修净土，心不离佛。光绪二十三年（1897年），印光禅师26岁时，从湖

北竹溪莲花寺不辞万里劳苦，来到名闻遐迩的红螺寺这个净土道场参学、深入研究经藏，妙契佛心，道业精进，并增修"净土十要"等著述。1932年移居苏州报国寺，闭关完成普陀、五台、峨嵋、九华四大名山的修葺。后来前往浙江普陀山法雨寺，建立专修净土道场，并创立"弘化社流通法宝"。为此，世间留下了"南有普陀，北有红螺"之说，印光大师被誉为"民国以来第一尊宿"，列为净土宗第十三代祖师。

近代著名高僧弘一大师对印光大师执弟子之礼，说印光大师为"当世第一高僧。品格高洁严厉，为余所最服膺者"。尊崇礼敬无以复加，一生拳拳服膺，对大师身教言教奉行不渝，对净土法门深信、切愿，并力行之，在净土修学上有极高的成就。正是佛教史上这两位高僧的师生缘，促使弘一大师为红螺寺留下了"造一方净土，结万众善缘"等众多的匾额、墨宝。

进入民国时期直至解放以后，红螺寺与北京的其他寺庙遭遇了同样的动荡命运。所不同的是，红螺寺曾一度被改为学校使用。"文革"期间，寺庙的核心建筑大雄宝殿于1972年被拆毁，集中存放在殿内的大量文物、法器、佛经等几乎全部丢失。此后，寺庙多年无人问津，破败不堪。后来作为园区开放也仅仅是以自然景观接待游客，直到1990年被公布为北京市重点文物保护单位，才开始进行保护性的开发建设，逐步修复了殿堂、罗汉园、观音寺等，大量植树栽花美化环境，不断增加完善旅游配套设施，同时还投巨资在红螺山西侧复建了"山西庵"、"三皇庙"、"朝阳寺"、"天溪庵"、"圣泉山观音寺"等五处红螺寺下院，并融入了"儒、道"

等中国传统文化，使红螺寺佛教文化有了补充和延伸。

1993年4月，怀柔县文物管理所清理普同堂地下室时，发现了际醒祖师舍利塔，找到了十三颗舍利和三颗牙齿。至今供奉于红螺寺。

**走过解放 逐一修复**

现在所谓的红螺寺已作为风景区呈现，红螺寺景区分红螺山、红螺寺、观音寺、五百罗汉园等六个景区。红螺寺坐北朝南，依山而建，布局严谨，气势雄伟。寺院占地百亩，主要建筑在中院，以山门、天王殿、大雄宝殿、三圣殿为轴心，设有东西四所配殿：千手观音殿、伽蓝殿、际醒祖师殿、印光祖师殿和诵经房数间。东院为接待处，西院为方丈退居寮和十方堂。

红螺寺大门前是气宇轩昂的四柱三门式巨型牌楼，牌楼雕梁画栋，上方有"京北巨刹"四个大字。正门上高悬一副楹联："一脉珠泉参妙谛，双峰螺岫证如来。"大门内影壁上书"须弥胜境"四字。

进入山门，曲径步入一片郁郁葱葱的竹林。此竹林正是元代云山禅师所栽植，距今已有六百多年历史，因深得康熙、乾隆二帝的喜爱和敕令呵护而得名"御竹林"，也是红螺寺"三绝"之一。

走出曲径通幽的竹林，再攀上高高的石阶就到达红螺寺主建筑群。第一进天王殿匾额上写着"护国资福禅寺"，殿里供奉着神态各异的四大天王，背后供奉护法神韦陀菩萨。

第二进大雄宝殿已依原样式进行了修复，正面供奉佛祖释迦牟尼、药师佛和阿弥陀佛，东西两侧为十八罗汉像。大殿内东侧悬挂着明代天启乙丑年（1626年）皇帝御赐的大铜钟，名为"天启大铜钟"，大钟为青铜材质，高1.716米，口径为1.036米，重约一吨，双龙钮莲瓣罩顶，底边有八卦方位图形，铸造工艺细致精美。钟表面铸满整部《金刚经》，字体均为楷书，清晰规整，布局严谨。释迦牟尼像背后供奉一尊自在观音像，观世音菩萨一足下垂，一足盘膝，手拿柳枝，姿势逍遥自在，是三十三种观音像中的一种。侍者龙女和善财童子分立左右。

**紫藤寄松 千年银杏**

大雄宝殿后面有红螺寺三绝之二"紫藤寄松"，一株树龄数百年的平顶松，树高六米多，有九个分枝，平直地伸向东侧的四面八方，下面用十余根木料支撑，平顶松附近，有两株碗口粗的紫藤如龙蛇飞舞一样绕生在松树上，形成一个巨大的伞盖，遮阴面积四百多平方米。每年春末夏初，藤萝花如串串紫色珍珠一样，挂满枝头，碧绿的松枝与紫色的藤花相继争奇斗艳，整个寺庙香气扑鼻。

红螺寺三绝之三是大雄宝殿前两棵神奇的古银杏树，树龄在一千一百年以上，树高三十多尺，树围达七米。春天雄树开满淡黄色的小花，秋天不结果，雌树春天不开花，秋天却果实累累。

最后一进是三圣殿，里面供奉阿弥陀佛、观世音菩萨和大势至菩萨。殿内两边墙上为二十诸天护法神的壁画。

罗汉园是由居士捐塑的五百罗汉像分布排列的树林，沿着去观音寺的道路，放眼右边，似有漫山遍野之势，不过每个罗汉都披着

红螺寺罗汉园中的罗汉像分布于树林中

布做的蓑衣，也是由居士和信徒捐赠，听说蓑衣分颜色不同的几套，隔一段时间会更换一次。

观音寺坐落在红螺山前坡海拔360米的橡树林中，元代云山禅师曾在此隐居修炼。观音寺始建于金代，原寺早年被毁，现在的殿宇是1995年在原址上修复而成。观音寺坐北朝南，有山门殿、送子观音殿和会乘殿三重殿，分上下两院，中间有一百〇八级台阶相连。山门殿内供奉两尊护法金刚，也就是民间所谓的"哼、哈"二将，形象凶猛。送子观音殿内供奉的是送子观音，会乘殿正中供奉观世音菩萨，左右为文殊菩萨和普贤菩萨。

红螺寺整座寺庙处于群山环抱之中，松林面积近六百亩，百年以上古松万余株。树木茂密，遮天蔽日，确有"碧波藏古刹"的优美。这里植物繁多，有各类树木七十余种，植物品种多达七百，是一处天然植物园。

## 塞外风光 尽收眼底

由红螺寺登上海拔813米的红螺山顶，红螺寺全貌尽收眼底，密云水库和万里长城也依稀可见，登临纵目，心旷神怡。

遗憾的是，现在的红螺寺尚未归还佛教界，仍属文化文物局管理。每年春节期间有"红螺庙会"，二三月间举办梅花展，四五月份是牡丹紫藤花节。除此之外，没有任何隆重的佛事活动。

可惜了这个有着一千六百多年悠久历史和深厚佛教文化底蕴、

一直被奉为佛教圣地的寺庙,不仅昔日香火鼎盛不再,甚至难觅僧人影踪。

目前被委派管理红螺寺的怀柔人海峰法师虽然对佛学也有一定造诣,但也只是作为管理处的工作人员,主要从事公关和导游工作。也许他和更多的僧信都在期盼着红螺寺佛事复兴的一天吧!

## ❸ 天宁寺

天宁寺位于（原）宣武区西二环天宁寺桥西北广安门外北面，始建于北魏孝文帝年间，是北京城里历史最悠久的寺庙。

天宁寺的名称更改次数相当多，刚建成时叫"光林寺"，到隋代文帝时改称为"宏业寺"，唐代玄宗开元时（公元712年）改为"天王寺"，这一名称用得稍久，现在的山门前西侧还立有"唐代天王寺"石碑。到了辽代，契丹人所建王朝雄踞于长城内外，占有中国半壁河山，并在历史上第一次将北京城作为统治中心，辽天祚帝的叔叔耶律淳历时十个月主持建造了高大雄伟的舍利塔，可惜称帝三个月即驾崩，所建宝塔成了这个短命王朝的唯一纪念，也是北京作为五朝古都最古老和唯一的地面见证物。天王寺在金代中都皇城曾是唯一大寺，所以在金世宗、章宗时修建得更为辉煌，并改名为"大万安寺"。在元朝初年，辉煌的"大万安寺"随同豪华的金中都毁于兵火，几乎化为灰烬，只有舍利塔安然无恙，傲然孤立。

明朝时，成祖下旨重修，至宣德年间改名"天宁寺"，正统年间再次重修并一度改为广善戒坛，但不久又恢复了天宁寺名，一直沿用至今。

天宁寺作为北京城区最古老的寺院，在清康熙、乾隆年间及民国时期都得以重修过。新时期又分别于1992年和2002年进行过修缮，但都无法恢复昔日辉煌，寺院建筑由原来的中、东、西三路变为仅存的中路，依次有山门殿、接引殿、舍利塔院。2002年至2007年为期五年的修缮，使山门殿、乾隆碑、接引殿、伽蓝殿和舍利塔都恢复了往昔的风采。

山门前矗立两株高大古槐，山门上书"敕建天宁寺"。殿内前供弥勒佛，后站持杵韦陀。后面面阔五间的接引殿内供奉接引佛，寓意接引众信徒进入佛门广结佛缘。大殿前有碑刻数方，其中有乾隆年间重修天宁寺碑。接引殿后为舍利塔院，高大的舍利塔耸立院中。

天宁寺最珍贵也最神秘的还是保存完好的八角十三层密檐式舍利砖塔，这座建于辽代的古塔通高57.8米，为北京最高的密檐式砖塔。砖塔建在一座巨大的四方平台上。平台上是两层八角形平台塔基，塔基上为雕有莲花、狮头等各种图案的莲花座。莲花塔座上为高大的塔门层，塔门层以上为密檐塔层，十三层是皇家特许的最高级别。早年的天宁寺塔每层还悬挂有铜塔铃，全塔共3400个，每当有风吹过，塔铃叮当作响，声音悠扬悦耳，飘荡数里。春节时皇帝率领百官到天宁寺点燃360盏灯供佛，祈求一年风调雨顺、国泰民安。百姓于飞火流萤中聚众观灯，史留"灯明三百六十点，风撼

天宁寺山门前矗立高大古槐气势非凡

天宁寺的舍利砖塔局部雕刻

三千四百铃"的壮丽描写。可惜到清代后,塔顶坍塌,铜铃也逐渐零落。唐山大地震时,古塔也被殃及,致使塔刹震落。

天宁寺塔身雕塑是按《圆觉经》布置圆觉道场,建筑和装饰则是根据《华严经》经意设计成象征大日如来的"华藏世界",充分显示辽代尊崇华严宗、融合显密教的佛教特色。砖塔雕塑造型优美、手法细腻,建筑学家梁思成赞其"富有音乐的韵律"。

就是这座美丽、珍贵的砖塔,因为建于辽代这个"迷失的王朝",从而与生俱来就承载了很多的神秘。明清时期"梵宫塔影"曾被列入当时京城"宛平八景"之一。每天中午时分,即使大士殿中门关闭,太阳光依然穿门缝照入,天宁寺塔的全部塔影恰好映在其中。古人云:"此非塔影,乃舍利珠光上聚,摄入塔影,即佛光也。"

另外,砖塔既为舍利塔,而且据说是隋文帝获献佛陀真身舍利才颁旨在中原三十州各建一塔秘藏,天宁寺乃其中之一,那这座辽代砖塔下是否有安放佛舍利的地宫也成为天宁寺最大谜团。

而在最近一次的大规模修缮中,接引殿东侧金刚砖下发现的一口空无一物、缸壁却有大小两个规则圆洞的倒扣大缸引起了专家们激烈的争论,广大市民的各抒己见更增添了天宁寺的神秘。

也许正因为这些谜团,吸引着人们一探究竟的脚步。而处于繁华都市中却独拥清静的寺院环境从来都令人神往。从明末始,天宁寺就已成为京城赏菊、拜佛的最佳去处。九九重阳,秋高气爽,市井百姓、达官贵人、善男信女纷纷前往。正所谓:"天宁寺里好楼台,每到深秋菊又开。赢得倾城车马动,看花齐待玉人来。"直至今日,天宁寺地区仍是北京秋季菊花交易的重要市场。

值得一提的是,天宁寺周围聚集着道教的白云观、基督教珠市口堂、天主教宣武门南堂和伊斯兰教牛街礼拜寺等五大宗教的著名活动场所。这种大都市"宗教文化区"现象世界罕见。

1988年1月,天宁寺塔被公布为全国重点文物保护单位,天宁寺也重新恢复宗教活动,目前是禅净双修的尼众寺院。监院法恩法师主持了2002年这次为期五年的大规模修缮工程,2007年7月7日,天宁寺举行了盛大的佛像开光仪式。天宁寺继续以对佛的虔诚守护着悠远的神秘。

## ❹ 和平寺

　　和平寺位于八达岭南麓龙凤山脚下的花塔村内，又名花塔寺，史载由唐代名将尉迟恭监建，太宗李世民御笔亲书"敕赐和平寺"名。不过，在古代却有"先有和平寺，后有潭柘寺"之说，但没有确切考据，只留有晋初时僧人自养放生的两只白鸽飞落此地而建寺的传说。

　　和平寺处在龙凤山坳之下，山峰险峻，景色秀丽，巧妙利用自然环境建造而成。历经唐、宋、元、明、清各代的修建，形成四合院结构的宏伟规模，神堂、僧房、房屋共九十九间半，建筑面积一千五百多平方米，殿堂错落有致，遮掩于古树参天之中，现已是北京市重点文物保护单位。

　　虽没有确凿证据证明和平寺早于潭柘寺，但寺院的历史悠久却是触目可及，处处都有古树古物，散发着浓浓古意。

　　走进山门，和平寺的第一层是一个两千多平方米的广场。据说

和平寺又名花塔寺，处于龙峰山坳下

解放前场面红火的西八村庙会就在这个广场上举行。广场中间一棵一千三百多年树龄的古槐，枝繁叶茂，树围超过三米，是北京市一级保护名木。

从广场踏上三十四级石阶后是寺庙的第二进院，院内花草树木繁多，西禅房门前一棵白皮松树，需三人才能抱拢。如此粗壮的白皮松树在京西罕见，是国家一级保护树木。

从院落中间登上十四级台阶，是寺院最高层，主要由三座大殿构成，中间如来佛祖殿檐下悬挂雍正皇帝亲题的"大地金沙"匾额，殿内正中如来佛祖端坐于莲花宝座之上，文殊、普贤分立左右，两边是形态各异或坐或站的十八罗汉。与众不同的是，此殿门后边还有一位罗汉,相传是过路僧,进门休息被如来点化成佛,故而和平寺有十九罗汉。

大殿四壁画满了壁画,在香烟缭绕中栩栩如生。大殿正前方有两棵银杏树,直径一米多,高十多米,左雄右雌,两树不能分开,否则雌树就不挂果,两树相依相伴,历经千年风风雨雨依旧郁郁葱葱,硕果累累。

和平寺过去是京北佛教活动中心之一,深受历代封建王朝所重视,如今依然香火鼎盛,占据京北佛教的重要地位。

## 叁 隋代北京兴建的寺院

# ❶ 树立法幢戒坛的

## 戒台寺

### 神州第一坛 释门梁栋开山祖

戒台寺又名"万寿禅寺",位于北京门头沟西南海拔300多米的马鞍山腰,占地面积4.4公顷,距潭柘寺8公里。寺内一座距今已有1300多年历史的大戒台驰名全国,人们习惯地称此寺为戒台寺或戒坛寺。

戒台寺的戒台与浙江杭州昭庆寺、福建泉州开元寺中的戒台并称中国三大戒台。又因规模居三大戒台之首,并可授佛门最高戒律,故有"神州第一坛"的美誉。

戒台寺始建年代不详,可考证资料能追溯到南北朝末期、隋代初期(570—622年)。隋朝的开国皇帝隋文帝杨坚崇信佛教,在当时的幽州(今北京地区)兴建了几座佛寺,戒台寺是其中之一,当时名为慧聚寺。隋末,有"释门梁栋"之称的高僧智周大师,因厌倦城市喧嚣而来到马鞍山慧聚寺隐居修行,期间整修和扩建了寺院,并亲手塑像七尊。后来"旧齿晚秀咸请出山",圆寂后被弟子法度等人迎回本山。《续高僧传》尊智周大师为戒台寺开山祖师。

唐代的慧聚寺荒废于喜好道教的武宗时代,并持续二百多年,直到辽代才得以复兴,开始步入一段辉煌时期。

慧聚寺在辽代得以复兴始于著名的佛教律宗大师、有"钟普贤之灵,孕凡夫之体"之誉的法均和尚。法均大师生于辽开泰十年(1021年),十六岁时在京西紫金寺出家,拜非辱律师为师,学习律宗佛法。清宁七年(1061年)春奉诏在燕京整理佛经,同年秋季出任燕京三学寺论主。因成绩卓著而被朝廷授以紫方袍,并赐德号"严慧",后退隐马鞍山慧聚寺。从咸雍五年(1069年)始,法均带领僧众,广募资财,对慧聚寺进行了大规模整修,并新建一座戒坛,就是这座戒坛使慧聚寺登上了中国佛教戒律至高无上的地位。

## 御制戒本镇寺之宝 最高学府律宗圣地

咸雍六年(1070年)四月戒坛建成后,法均开坛演戒,讲经说法。前来听讲的人极多,每天都数以千计。就连当时与辽国对峙的北宋境内的佛徒,也冒险越境,前来听讲。同年十二月,辽道宗召见法均,请其在宫内讲经,授其"崇禄大夫守司空"的高爵,称赞法均"行高峰顶松千尺,戒净天心月一轮",赐予法均"戒净天心月"一轮,并把自己亲手抄写的金字《大乘三聚戒本》赐法均。《大乘三聚戒本》被佛门视为律宗正统代表的信物,凡持有《御制戒本》的人,就是律宗学派的领袖,成为律宗领袖的法均所持这部《御制戒

戒台寺戒坛

本》也成为戒台寺住持坛主历代相传的"镇寺之宝",同时也奠定了戒台寺成为我国北方佛教最高学府和律宗圣地的崇高地位,戒台寺因此而声望日隆,香火繁盛。

法均大师于辽太康元年(1075年)三月初四圆寂,其大弟子裕窥和尚得传《御制戒本》而继任为律宗学派的领袖、戒台寺的第二任住持坛主。裕窥和尚在戒台寺开坛传戒四十年,所度弟子多达五百余万,在整个燕京享有极高声誉,被朝廷封以"检校太尉"的高爵。

金代时,戒台寺依然香火鼎盛,继续保持着律宗领袖的崇高地位。到了金熙宗时,住持悟敏将《御制戒本》传给了其同门师弟悟铢,继续弘扬律宗佛学。悟敏曾任燕京管内右街僧录,他继任戒台寺第四任住持坛主之后,金熙宗召见了他,赐其"紫袈裟",并赐德号为"传菩萨戒文悟大师"。

**钟鼓新音 禅宗时代**

到了元代,戒台寺住持高僧月泉和尚不仅整修寺院,还植树拓山,扩大了寺院的规模,同时弘扬律宗,开坛传戒,承续戒台寺的佛教地位。但是到了癸丑年(1253年)春,受戒台寺各殿堂主请求,戒台寺"安山耆宿,具疏坚请,开堂演法而住持之",从此"云山改色,钟鼓新音,内外雍容,遐迩称善", 戒台寺进入一个崭新的禅宗时代。

然而,佛教的兴衰总是与社会时局休戚与共。元末明初的连年战乱使声名显赫的戒台寺受到了极大损伤,甚至几近荒废,直到明朝政权稳定。

戒台寺自辽代修建戒坛后，一直深受历代朝廷重视，很多住持均由朝廷选派，不少高僧被委以各种官职，多位皇帝到此进香礼佛。明代帝后大多信奉佛教，对于名闻遐迩的戒台寺尤为青睐，由皇家出资，对戒台寺进行了多次大规模的整修和扩建，使这座古刹形成了现在的格局。明代戒台寺的住持坛主由皇帝亲自选派，并大多委以僧录司的官职，寺内开坛授戒，必须有皇帝的敕谕，戒台寺直接处于朝廷的监管之下，从而更加奠定了戒台寺在当时佛教界的重要地位。

明宣德九年（1434年）朝廷拨出重金，委派当时著名的律宗大师、戒台寺钦命住持知幻和尚来主持，对戒台寺进行大规模重修。被尊为明代戒台寺第一代传戒坛主的高僧知幻和尚很受明英宗器重，被封为"僧录司左讲经万寿戒坛坛主"。英宗皇帝为了能经常与知幻谈论佛法，在北京城内居贤坊修建戒台寺下院，供知幻进城时居住。在重建寺院过程中，知幻与僧众"铲荒夷险，郁起重构"，不但重修了天王殿、大雄宝殿、伽蓝殿、祖师殿等主要殿堂，而且还增建了经堂和僧舍，整修了山门和围墙，于是廊庑龙象，焕然一新。这次重修工程长达七年，竣工后英宗皇帝赐额"万寿禅寺"，命知幻大师在戒台寺开坛演戒，并钦命无际、大方等十名高僧为传戒宗师。之后，知幻和尚又陆续重修了戒坛大殿、戒台及法均和尚墓塔。

**皇家敕谕保护 佛事功德整修**

明成化十三年（1477年），朝廷再次出资对戒台寺主要殿堂进行了长达两年的修缮。宪宗皇帝还应司设监太监王永的奏请写下敕谕，为戒台寺划定四至，明令保护，"严禁官员军民诸色人等扰害寺院，盗伐树木，牧放牛马，作践山场，私开煤窑，毁坏寺基"，此外还加封当时戒台寺的住持德令律师为僧录司右觉义，并将这道敕谕镌刻成碑，立于寺中，将戒台寺直接置于皇家的保护之下。

明代佛事兴盛，除了朝廷的崇奉和重视，手握重权或敛有巨财的太监因为寄托来生幸福而大做佛事功德也是重要因素。嘉靖二十九年（1550年），御马监太监马玉出资又一次对戒台寺进行了为期七年的大规模整修，使戒台寺的建筑达到鼎盛，今天的戒台寺基本仍保持明代建筑风貌。

戒台寺的佛事活动在明代也处于历史上的辉煌期。每年的四月初八是"佛诞日"，戒台寺对外开放半个月，举行盛大的"沐太子像"的浴佛大会，僧俗人众纷纷赶往戒台寺，马鞍山上沿古香道两侧搭起芦棚，商人、信徒摩肩接踵，热闹非凡，成为当时北京市民的一个重要风俗——"耍戒坛秋坡"。

清代是戒台寺历史上一个重要而奇特的时期。崇奉佛教的康熙、乾隆二帝都曾多次来到这座千年古刹，进香礼佛，游玩留宿，给戒台寺题匾赋诗，赏赐珍宝。康熙皇帝为了保护戒台寺，亲笔撰写了《万寿戒坛碑记》，明令保护这座千年古刹，并镌刻成碑，立于山门殿前。康熙皇帝还为寺内的主要殿堂题写了匾联，乾隆帝更是留下"四上戒台寺"的佳话，每一次都留下咏诵戒台寺的诗篇，尤其是《初至戒台六韵》等于给万寿禅寺重新赐名，从此人们更多称用"戒台"寺名，并且一直沿用至今。

说戒台寺的清代时期比较奇特，是因为在这段时间，朝廷对戒台寺的重修较少，除了康乾时期有过一两次拨款修缮，再有就是光绪十七年（1891年）由到戒台寺"养疾避难"的恭亲王奕䜣出资将罗汉堂、千佛阁及北宫（牡丹院）略事修葺，大规模的修缮甚至没有。倒是许多民间组织如地藏会、三元大悲会、大悲随心经会、广益米会、五显财神圣会、如意老会等等，纷纷在寺内空地建一些如财神殿、娘娘殿、老爷殿、地藏殿等小殿，使得这座佛寺中出现一些非佛教的殿堂。

这段时间戒台寺的佛教性质似乎也悄然改变，高官显贵不但捐款捐物，还可以在寺内常住游玩，戒台寺成为既可烧香礼佛、参禅悟道，又可供高官显贵休闲纳凉、游山赏景、避世免灾的好去处。徐世昌、张作霖、袁世凯、曹汝霖等众多达官贵人都曾一享戒台寺的独特清凉。

值得安慰的是，这段时间的戒坛依旧传戒，朝廷钦命得道高僧成哲任戒台寺住持。康熙丁酉年（1717年）奉旨，主万寿戒坛。当时僧众共有四百余人，"佛号经声，六时无间，过者争停车马，抠衣聂履，上山瞻礼"。可见香火旺盛，因而也高僧辈出，著名高僧紫哲公从康熙年起住持戒台寺四十余年。明池大师平生诵《药师经》，昼夜不息，从16岁到戒台寺剃度受戒，至圆寂时享年128岁，是戒台寺僧人中有史以来最长寿者。实山大师原为石匠，在戒台寺门前雕刻石狮子时，每凿一钻，即念佛一声，以表示虔诚，完工之后在戒台寺出家为僧，后遍游天下名山，归来后终老于戒台寺。

**八国联军入侵 千人避难于寺**

光绪二十六年,八国联军攻入北京,京城陷于一片慌乱,很多信徒寄望于戒台寺,纷纷逃往戒台寺以期躲过劫难。一时间,戒台寺几乎成了避难所,前来避难的多达一千多人,其中包括恭亲王奕䜣的次子载滢一家。载滢的儿子溥心畲后来在现代中国书画界有"南张北溥"之誉,早在"养疾避难"期间恭亲王就资助大笔资金修缮戒台寺,戒台寺俨然成为溥心畲的家庙,溥心畲也得以在戒台寺度过了他的童年和少年时期。溥心畲的山水画杰作主要取材于戒台寺外景观,他能取得举世瞩目的艺术成就与戒台寺有着密不可分的因果关系。也正因为成为国家动荡时期人们的心灵寄托,戒台寺始终香火繁盛,一直持续到民国。

民国初年任戒台寺住持的是达文大师。几易其主的北洋政府期间,京西地区天灾迭至,戒台寺及其周边道路均遭到不同程度的破坏,香客叫苦,商旅不便。恰逢时任民国要职的曹汝霖与达文大师见面,达文便与曹商量集资修路一事,曹慨然应诺,并召集社会名流李国杰、著名实业家马辉堂、英国汇丰银行买办邓君翔、京剧名角谭鑫培、余叔岩、马连良等人促成此事,使戒台寺道路修整一新。民国十一年(1922年),因寺院附近有人开矿采煤,达文又向社会呼吁,并提请北洋政府禁止开矿采煤,因而保护了戒台寺。

民国时期,尽管风云诡谲,仍有三位北洋政府的大总统先后来戒台寺进香。第一位是袁世凯,他进香后为戒坛大殿题写了"选佛场"的匾额。第二位大总统徐世昌见到明宪宗和清世祖所立的关于保护戒

戒台寺在八国联军进犯北京时曾为民众避难地

台寺的两块敕谕碑后，效法题写了《戒坛寺碑记》，碑文中明确写到"共和以来，据法为戒台寺丈量地界，禁止开挖采煤，保护戒台古刹不被破坏"的明令，对戒台寺进行保护。这是最高统治者为戒台寺所立下的第三块保护碑，三个不同时期的最高统治者明令保护同一座寺院，可想而知戒台寺的地位之尊。第三位大总统是在民国十二年参加当时著名高僧、戒台寺住持德成律师的荼毗礼，并为其撰文铭碑，这也是迄今门头沟区境内所发现唯一一块铁碑。

**七七事变以降 萧条荒凉被毁**

自"卢沟桥事变"爆发，戒台寺香火就日渐稀落，日本投降以后，还乡团又继续破坏。1949年前后，戒台寺与当时所有的寺庙一样历经战争和饥荒，1949年以后则完全停止了佛事活动，寺院萧条冷落，荒凉寂寞，直到1956年被北京市园林局接管并开辟成公园。1957年10月28日，戒台寺被北京市人民委员会确定为北京市第一批重点文物保护单位。然而，这个名号并没有保护住千年古寺，尽管寺庙在1959年时曾受朱德委员长指示进行了小规模的维修，但在1966年因为修理天坛斋宫需用木料，竟然拆除具有千年历史的千佛阁，"文革"开始后，寺内佛像更大部分被毁。

"文革"结束后，北京市政府决定修复戒台寺，1980年，北京市政府拨款350万元对戒台寺进行了为期两年多的大规模整修，修缮殿堂、重塑佛像、整修道路、增添旅游服务设施。

1982年7月，北京市人大常委会第二十二次会议上通过《北京市

戒台寺匾额

建设总体规划方案》，把戒台寺列为重点建设的旅游景区之一，当年年底正式对外开放。1996年12月15日，经中华人民共和国国务院批准，戒台寺升级为全国重点文物保护单位。次年，中国佛教协会选派僧人进驻，恢复宗教活动。

2005年，由于马鞍山周围采石放炮，戒台寺所在山体出现大规模地裂和山体滑坡，部分古建出现变形，北京市文物局及时进行整治，控制下滑。

**整治开放 香客云集**

2007年，戒台寺经国家正式批准为佛事活动场所，至此，佛教活动也才正式展开。每月农历初一、十五和佛诞日均举办佛事，千年古寺终于又开始香烟缭绕，钟磬齐鸣，来自各地的香客、居士逐渐云集。

始建于辽代咸雍年间的千佛阁曾经是戒台寺的中心，在明代重建，清代大修。千佛阁高30余米、宽21米、进深24米，是古建筑中最高等级的"大五脊庑殿式"建筑。阁为七开间，外观分上下两层，中间有腰檐及平座暗层。内部两侧各有5个大佛龛，每龛内有28个小龛，每个小龛内有三座形态不同的三寸大小的佛像，全阁共计有小佛像1680尊，是名副其实的千佛阁，曾是老北京市民九月九登高赏景的最佳去处。北京奥运前期，戒台寺千佛阁作为北京市"人文奥运文物保护计划"项目启动，戒台寺住持妙有法师本着"十方来，十方去，共成十方事；万人施，万人用，同结万人缘"的理念，广邀各界护法大德复建千佛阁。

2007年9月9日（农历七月二十八日），佛界高僧大德、四众弟子、社会知名人士会聚戒台寺，为复建千佛阁、五百罗汉像重塑、戒台殿戒坛佛像安放举行了隆重的祈祷开光法会。这些活动，也为佛事风光不再的戒台寺带来一缕和煦阳光。

**开坛演戒　佛教盛事**

如今，这个拥有8392平方米面积的戒台寺仍延续着明代建筑风格，整个建筑依山势而逐级升高，颇为壮观。寺院分南北两条中轴线，南中轴线自西向东依次分布山门殿、天王殿、大雄宝殿、千佛阁、观音殿，多为明清时期扩建，其殿堂的格局和殿内布置皆属常规，大雄宝殿是寺庙的正殿，匾额"莲界香林"是乾隆亲笔所书。更具特色和价值的还在北中轴在线的戒坛院，包括山门殿、戒坛殿、大悲殿和罗汉堂，大多为唐、辽、金时建筑。戒台殿在正中，周围有五百罗汉堂。

戒台寺因戒台而闻名，戒坛理所当然地成为戒台寺重中之重。过去的戒台寺最重要的佛事活动就是在戒坛大殿"开坛演戒"。开坛演戒分为佛教徒授戒和在戒坛为佛教徒讲解戒律两种。戒台寺的授戒仪式非常隆重，一般在夜半时分举行。届时，戒坛大殿内香烟氤氲，钟鼓齐鸣，数百名僧人肃立于戒坛周围，作为三师七证的十名高僧端坐在戒坛之上、佛祖像前。正面有居中的衣钵传灯本坛坛主、左右分坐的羯摩阿阇黎和教授阿阇黎"三师"座位。三师左侧有四个座位，右侧三个座位，是七位尊证阿阇黎的座位，称为"七证"。新受戒的僧人经过沐浴，焚香，换上新僧衣，分三人一坛，跪在戒坛下方正面，羯摩阿阇黎作为主持人，教授阿阇黎作为礼仪师宣读戒条，坛主逐条询问受戒人，"汝能持否？"受戒人回答："能持。"询问完毕后，七位尊证认为传戒符合戒规，就齐声说："戒成。"传灯坛主向受戒人颁发本寺的度牒，即僧人的身份证明。戒台传授的是佛门最高戒律菩萨戒，是佛教的最高学府，僧人都以在戒台寺的戒坛受戒为荣。

今日戒台寺的戒坛，是在辽咸雍年间形成的规模，被称为"天下第一戒坛"。戒坛殿的殿门上高挂"选佛场"的匾额，戒台殿顶中央，有一藻井，几条金雕卧龙盘于井壁，藻井最深处一条龙头向下，象征蛟龙灌浴。戒台殿前有明王殿，供奉着持戒第一的优婆离尊者，又称优婆离殿。

戒坛为高3.5米的汉白玉方台，雕刻精美。戒坛分三层，每层台均为须弥座造型，上下枋雕有流云藩草，束腰处雕有佛龛。每个佛龛内均有泥塑戒神，雕像高不盈尺，但雕工相当精细，姿态各异。整座戒台共有佛龛113个，安放113座泥塑彩绘的戒神，这113尊泥塑金身戒神形态自然，栩栩如生，是迄今为止北京地区绝无仅有的一组戒神塑像。

戒台寺内还有方丈院、南宫院、牡丹院等许多院落，均属王宫贵族及僧众居住用房，既有北方寺宇的宏伟，又有江南园林的秀丽。牡丹院内遍植丁香、牡丹，院内建筑融合了北京传统的四合院形式和江南园林艺术的风格。

戒台寺戒坛殿殿门上高挂"选佛场"匾额

## 鬼斧名松 神工岩洞

  戒台寺除了无人不知的戒台，奇松、古洞同样闻名于世。奇松远近驰名，素有"潭柘以泉胜，戒台以松名"之赞，最负盛名的有卧龙松、自在松、活动松、抱塔松、九龙松。千百年的风霜雪雨如鬼斧神工，为这些古松塑造了神奇造型，展现于历代文人雅士的篇章之中。

  古洞大多在戒台寺后山，石灰岩构造在亿万年雨水的侵蚀之下，形成了许多天然溶洞，洞中的石钟乳和石笋构成了千奇百怪、美不胜收的造型，让人产生无比神奇的遐想。部分山洞经人工修整而成石窟寺，是当年寺内部分高僧静修的地方，像这样密集的石窟寺岩洞群，独冠北京地区。

戒台寺的东北有塔院，保存有完整的辽塔和元塔，还有明代修建的法钧和尚骨塔和衣钵塔。寺内还有近七十块碑石、经幢林立，最早的是辽代太康年的经幢，一通通石碑则记载了戒台寺悠悠千载的漫长历史。

以戒台寺为中心，构成了一个佛教艺术古迹群，除了后山古洞连成的石窟寺，还有寺东南15公里处石佛村的摩崖造像群是北京地区现存规模最大的摩崖造像群，离寺500米处有一座建于明代的精美石牌坊。寺院东南侧的外塔院松柏苍翠，宝塔高耸，是明清时代戒台寺高僧安息的地方。

然而，这些也只能作为佛教艺术古迹而默默存在着，因为戒台寺这个中心再也没有当年的佛教盛事。作为历史上曾经是佛教最高等学府的戒台寺至今仍归旅游部门管理，成为缺少文化气息的旅游景点，不能不说是一种深深的遗憾。寺院里缺少佛教文化，其文化价值和历史意义都会大打折扣，中国佛教的复兴还有许多工作要做。

## ❷ 珍藏千年石经的

## 云居寺

**僧静琬承师志 房山刻经救法宝**

云居寺位于北京西南75公里的房山区白带山，占地面积七万多平方米。

云居寺的历史首先要从房山石经讲起，因为没有房山石经也许就不存在云居寺了，云居寺也正是因为拥有房山石经才拥有了历史悠久的佛教地位。而白带山也因为房山石经而被称为"石经山"。

房山石经的创始人静琬，是南岳天台宗祖北齐慧思大师的弟子。慧思大师经历过北齐至隋初的"魏武之厄"和"周武之厄"两次灭法劫难，深感法灭的危机，而发现北齐时所刻石经却得以保藏，遂产生刻经愿望。后静琬秉承师嘱，发愿要在白带山刻造《华严经》等十二部佛经，从此开启了绵延千载的房山刻经事业。

静琬之所以要选在白带山刻经，是因为他当时是白带山智泉寺僧人，知道距云居寺几里外的石窝村盛产一种雕刻名石汉白玉，石窝汉白玉质地坚硬洁白，清润素雅，庄重伟岸，自静琬带人刻经之后而名闻天下，并成为"国宝"。

在静琬带领的刻经人中，除了僧人，还有当地的工匠、民夫。静琬和僧人在荒山野岭中采石刻经需要食宿的房屋，他们和工匠民夫一起只能朝来夕归，非常不方便，实在有必要修建一个寺院，但因为刻经费用有限，所以一直不能如愿。直到唐太宗贞观五年（631年）六月一次山洪暴发，白带山杖引溪上游的两岸崩塌，顺着溪水漂流来上千棵巨大的松柏，真是天随人意，静琬终于如愿以偿，与当地民众一起盖起了寺庙，因"寺在云表，仅通鸟道……山腰常有白云萦绕"，故取名"云居寺"。辽、金时代因刻造石经知名，故有"石经寺"之称。明代因在白带山东麓建东峪寺，而云居寺居山之西，故亦称"西峪寺"，清初又改称"西域云居禅林"，仍然保留着云居之名。

刚建成的云居寺规模很大，围绕着白带山的方位，由东云居寺、西云居寺和中云居寺三院组成。此外，白带山上以华严堂为中心，形成了石经寺，又称云居上寺、雷音寺，在距云居寺不远的岩上村还有专供刻经的磨碑寺。从此，云居寺见证和坚守着长达一千多年的神圣刻经事业，刻经的雕琢声也始终伴随着云居寺的每一段历史进程。

**玄宗赐经　公主修道**

静琬第三代弟子惠暹时期，刻经事业因得到唐玄宗和他妹妹金仙公主的大力支持而进入全盛期。唐开元十八年（730年），已经出

云居寺山门殿

家修道的金仙公主奏请玄宗颁赐新旧译经四千余卷，作为刻经底本。唐代以前的佛教写本除敦煌外，世间所存不多，因此，有了唐玄宗赐经，房山石经得以把大量隋唐写本以石刻形式保存下来。除此之外，应金仙公主请求，玄宗还赐云居寺大片田园山场作为刻经费用，促成了盛唐刻经的壮阔场面，规模远超过北齐的音堂山摩崖石经和泰山石峪刻经。云居寺僧人特地在白带山顶的石塔上铭文纪念这一历史事件，石塔也从此被称为金仙公主塔，历经一千二百多年，至今仍然完好无损地耸立在白带山山顶。修道的金仙公主能有此作为，说明唐王朝时期儒释道三教并用。

在惠暹时期，云居寺进行了创建后的第一次重修。晚唐高僧真性住持云居寺时期，云居寺是禅、律两宗同处，真性不仅承启前贤，主持晚唐时期的石经刊刻，还在云居寺内另起道场，请高僧转藏经七遍。真性圆寂不久的唐会昌三年（843年），武宗废佛，云居寺遭受劫难，寺院毁废，僧人逃遁。会昌法难之后，云居寺虽得以恢复，却无法逆转衰落之势，随之而来的唐末至五代的战乱继续摧残着云居寺，石经刊刻也被迫停顿。

辽入主幽州后，云居寺划入辽统治。得到辽统治者支持的云居寺开始出现转机并再度兴盛。每年四月八日的佛诞法会盛况空前，"凡水之滨，山之下，不远百里，仅有万宗，预馈供粮，号为义食"、"香车宝马，藻野缛川……从平地至于绝顶，杂沓驾肩；自天子达于庶人，归依福田"。鉴于此，当时的寺院住持谦讽和尚于应历十四年（964年）对云居寺进行了大规模修复，共修建大小殿堂七十余间，不仅唐末五代以来"风雨之坏者及兵火之残者"得以修复，还扩大了原寺规模。为了修寺护经，谦讽和尚还与辽代官员王正合力倡导广联僧俗，结"千人邑"会，组织民间募捐以保"寺不坏于平地，经不坠于东峰"。

当时云居寺能做的惟有修寺护经，因为中原与辽之间为争夺幽州屡动干戈而使社会动荡，云居寺刻经事业无法恢复，直到"澶渊之盟"辽宋之间化干戈为玉帛以后，辽人才得以在云居寺继续刻经。

**禅律宗派互易　修寺刻经延续**

辽代的云居寺几乎一直处于盛势，教宗也由晚唐的禅、律共处改为律宗道场。"具戒比丘常不灭五百，庄园典库供赡有余"。道宗重熙年间，郡守侍中刘六符与寺僧可信等人又对云居寺进行连续的大规模建设，著名的南、北二塔也建于此次工程。南塔内藏舍利三百余颗，北塔有供塔灯会的燃灯佛事盛行。

到了金代，云居寺依然没有因朝代更替而衰落，反而影响更大，刻经事业也基本没有间断。大定二十年（1180年），议欸法师任住持，云居寺又改律为禅。金世宗子、章宗伯父颜永中施刻《增一阿含经》、《杂阿含经》，议欸又对云居寺进行修复建设，当时长乡城（今房山区良乡城）、义井院、李河（今房山区吉洋村）开化寺都请议欸为提控宗主。

大元一统后，云居寺石经又得到元统治者的重视，元仁宗赐经律论藏经藏于云居寺内。高丽（今朝鲜）僧人慧月修葺华严堂、补刻堂内残损经版之举更为云居寺增添生动一笔。元末，文宗、宁宗还对云居寺进行了又一次较大规模的修复建设。

**印度僧来传密教**

明朝立国后，首先是奉旨视察的名僧道衍感动于静琬三十年不辍的刻经事业，从而奏请朝廷促成了对云居寺的大规模修复。到永乐年间，来自佛教发源地印度的高僧桑耶巴拉住持云居寺，桑耶巴拉自幼出家，遍游五印度，来到中国后受到永乐帝的接见，并被封为"圆融妙慧净觉弘济辅国光范衍教灌顶广善西天佛子大国师"，他来云居寺传播大乘密教成为云居寺佛教发展史上的一件大事。

**盗卖石经 令人发指**

明中叶以后，云居寺逐渐衰落，所谓"珠林鞠为草莽，金碧化为泥涂"。当时云居寺的香树庵及静琬以下百余座历代高僧灵骨塔均被寺僧卖与巨室。尤其令人痛心和发指的是万历十五年（1587年），云居寺住持竟然掘开压经塔地穴，盗卖石经以渔利。在罕见失盗的石经历史上却由僧人自盗实在是闻所未闻，让人怵目惊心。此事被明廷查办后并责房山县典吏督工，将盗掘地穴及时用砖石封砌，明文刻石禁止。

就在信众纷纷哀叹人心不古的情况下，云居寺赢得了一个复兴契机。万历二十年（1592年），五台僧人达观真可禅师送龙子归京西潭柘寺时来云居寺，参拜石经山雷音洞，见洞内像设凋敝、石经薄蚀，乃命人整饬，竟发现石函及内藏三颗佛舍利。此事得到慈圣太后的重视，迎入寝宫供奉三天，又覆以金身如来佛像一尊送回雷音洞原处安放，并给予资助修缮雷音殿。达观真可得到太后的供养金和法灯等人的资助，赎回了之前被卖出的百余座历代高僧灵骨塔和香树庵，为香树庵购置一所五百亩的下庄。并将东、西云居寺的住持、执事僧等召集一起，严加训示，重申戒律，再肃清规，从而使云居寺得以重振。也因此，明代的石经刊刻开始较晚，从万历末期才开始，到崇祯年间停止。

### 云居中兴开山祖　募资修葺恢复禅律

到了清代，云居寺改为临济正宗，并世代相传。但云居寺的庙宇建筑则遭到了明末清初战火的破坏。当时老僧如全和弟子募化筹资，断断续续修复了一些殿宇。康熙四年（1665年），东云居寺住持性林拿出自己积蓄加上募化集资款重修了东云居寺，之后又着手修复香树庵。达观真可当年赎回的香树庵传到庵僧石壁手上时又遭厄运，此僧盗卖庵属五百亩地后弃庵而逃，终致香树庵沦为瓦砾。到康熙十一年（1672年），时任住持溟波大师开始对云居寺进行全面修复，共修复殿宇、禅堂、寮房、厨库等二百多间，规模空前，另外还塑造八大菩萨、十二药叉大将、二十四诸天，并遵云居寺刻经传统，刻造《金刚经》、《药王经》两方经碑。溟波大师圆寂时工程尚未完成，他的弟子圆通继任并秉承其遗志直至完工。溟波大师成为云居寺历史上中兴之祖、重开山第一代，圆通为重开山第二代，师徒两代彻底改变了明末清初以来云居寺的衰颓败落景况，重塑云居寺作为佛教圣地的庄严。虽不再有刻经盛事，作为当时闻名朝野的高僧，溟波师徒将云居寺逐渐塑造成参禅论道之所，使人心归向。

云居寺在清代之所以能得以重修并兴旺，与经常得到清统治者的赏赠财物和田产有很大关系，康熙、嘉庆分别赏赐过白金和稻田，末代皇帝溥仪也曾资助云居寺。另外，社会各阶层给云居寺捐赠田产、财物也蔚然成风。如第七代住持福渊的俗家弟子真善先后捐资重修大悲殿、千佛殿，并出资赎回沦为俗产的香树庵作为云居寺的别院。乾隆年间的"麦会"、光绪年间的"任家营会"、宣统年间的"朝山会"等都以各种形式捐助云居寺，使云居寺的兴盛势头一直延续到民国时期。

民国时期的云居寺仍保留着明末清初的宏大规模。寺貌整洁，建筑规整，各殿宇及平台之间有石阶、走廊、小径相连，整个寺庙树木葱茏，碑碣环立，频繁有人慕名前来观光。

**战火摧毁　重整石经**

然而，"七七事变"后，云居寺屡遭战火，1942年日本侵略军的大肆轰炸终于使这座千年古刹成了断壁残垣，从此走向衰落。

1949年后，国家百废待兴，对云居寺鲜有实际行为。到了1956年，适逢佛涅槃2500周年，中国佛教协会决定以发掘拓印中国唯一石刻大藏经房山石经为纪念大会献礼，把发掘出镌刻1122部、3452卷佛经的房山石经全部进行编号并拓印了一遍。发掘整理工作相当彻底，工作人员还收集拓印了散落于石经洞外和地穴外的数百块残片，全部拓印了云居寺及石经山上的碑记、经幢、题名、题记、造像、摩崖石刻等，历时三载，于1958年结束。1961年，云居寺遗址、两座辽塔、八座唐塔、藏经洞和石经被国务院首批列为全国重点文物保护单位，并为保护这些珍贵的文物，先后对辽代北塔进行了加固维修，安装了避雷设施。幸运的是，"文革"时期，在全国寺庙都遭到破坏的情况下，来自广东的解放军防化学兵一团军人千方百计甚至报告到周总理那里求得指示，从而保护住了石经山九个藏经洞的文物。1980年建造石经库房、展室及配房共36间，次年将压经塔地穴辽金石经全部移入库房加以保护。

正如云居寺周围流传的一句民谚"山门不倒，寺必重修"，1982年，云居寺修复工程启动，一期工程到1993年结束，共投入800多万元资金，修复面积6160平方米，完全修复总面积的三分之二。1987年10月1日，云居寺正式对外开放。同年，恢复了具有一千三百多年历史的"浴佛节庙会"，并成为一年一度的固定活动。

**各界捐资修复　石经重回地宫**

云居寺的修复工程得到了社会各界和香港、台湾及海外侨胞的慷慨捐助。特别是台湾佛教居士会会长刘世纶女士，为云居寺修复奔走于海外，以"让我们重建云居寺"为题先后到美国、港台去演讲募捐30万美金，于1992年5月23日亲自捐献给云居寺，事迹感人至深。

云居寺石经地宫

地宫内保存的石经

云居寺二期修复工程于1998年启动，总建筑面积3100平方米，投资总额999.7万元，1999年7月全部竣工，完成修复面积的百分之九十以上，重现了古老云居寺殿堂的鳞次栉比，流光溢彩。

云居寺的绿化得以恢复缘于1983年时任总书记的胡耀邦考察云居寺苍凉山野之后的感慨和指示，后历经十多年，累计造林投入一千多万元，云居寺初步恢复"回首林烟漠"的景观。

1999年5月13日，北京市人民政府正式批准在云居寺恢复宗教活动。同年，为了彻底解决库存石经的风化问题，使石经回归地下得到更好保护，北京市成立"北京云居寺石经回归活动组织委员会"，时任中国佛教协会会长赵朴初任委员会总顾问。委员会向全国召开新闻发布会，并协同佛教界先后到新加坡、中国香港宝莲寺等地募捐善款1000多万元，于1999年2月启动建造400平方米的恒温、恒湿、密闭、充满氮气的藏经地宫，7月30日，地宫落成。1999年9月9日，云居寺举行了盛大的石经回藏活动庆典。上午9时9分9秒，文物工作人员将《镌葬藏经总经题字号目录》碑抬入地宫，净慧法师奉安石匣，北京市文物局局长梅宁华将地宫大门缓缓关闭，观众注目，众僧合掌，恭祝石经归安，当时的场面庄严肃穆且恢弘壮观。地宫内部设有九个观察窗口，可以直接观察到10082块辽、金石经的壮观景象。

**六进殿宇　珍藏三绝**

新修复的云居寺依然沿袭原来的五大院落六进殿宇，每层院落逐步升高。第一进是天王殿，也就是经过白灿灿的欵龙桥之后的云居寺山门。天王殿中间供奉弥勒佛，弥勒佛背后供韦陀菩萨，两旁供四大天王。第二进殿宇是毗卢殿，殿内供奉毗卢遮那佛，莲座是千叶莲花。第三进大雄宝殿，当然是供奉释迦牟尼佛。第四进药师殿供着东方净琉璃世界的教主药师佛。第五进弥陀殿供奉西方极乐世界的教主阿弥陀佛。第六进也是最后一进是大悲殿，供奉观世音菩萨。

云居寺是佛教经籍荟萃之地，寺内珍藏着号称"三绝"的石经、纸经、木版经。1992年，作为世界上保存石刻经版最多的寺庙入选"北京旅游世界之最"，同年云居寺塔及石经列为世界文化遗产预备清单。2001年荣列国家AAAA级旅游景区。

## 北京敦煌　世界刻经之最

今日的云居寺与历史上的一样，因为与石经密不可分，因此，所谓的云居寺其实是指包括云居寺、石经山九个藏经洞及历代塔群在内的一片佛教圣地。由于拥有石经版和木经版二个世界之最，故有"北京敦煌"之誉。石经全称《房山云居寺石刻佛教大藏经》，14278块；清雍正十一年（1733年）至乾隆三年（1738年）的木版经书，现存77000余块，是世界上仅存的两部汉文木刻大藏经之一，集佛教传入中国1700年以来译著之大成。云居寺还珍藏明代刻印本和手抄本纸经22000余卷，数量之多甚为罕见。

石经山即白带山，因石经而得名石经山，海拔450米，是房山石经刊刻起源和佛舍利出土之处，半山腰开凿九个藏经洞，共藏4196块石经。九个洞分上、下二层，其中八个洞为封闭式，装满经板后用石堵门，以铁水浇铸。只有一个规模最大的第五洞雷音洞为开放式，藏经最早也最重要，静琬最初所刻146块石经，嵌在洞的四壁。洞内有四根八面的立柱，柱上雕有佛像1056尊，故称千佛柱。洞前有石门，可以开闭。此处几案炉瓶皆为石造，洞内石幢刻着石经目录。全部房山石经镌刻1122部、3452卷佛经，堪称世界佛经镌刻之最。这些石刻佛经主要有：《华严经》、《法华经》、《涅槃经》、《维摩经》、《摩诃般若经》、《大般若经》、《胜天王般若经》、《大宝积经》、《大集经》、《正法念处》、《瑜伽师地论》、《大智度论》、《成唯识论》、《集论》、《杂集论》等。房山石经是原刻石板，没有写经传抄所易产生的那种讹误、版本校勘价值极高。同时，它保存了五十种以上的各版大藏经所没有的经籍。镂刻技术精湛，书法秀丽，不仅是有价值的佛教文物，也是中国书法雕刻艺术的精品。

**唐塔古老 稀世珍宝**

塔群保存唐辽时期的石、砖塔十余座，风格各异，唐塔七座，辽塔五座。北塔是辽代砖砌舍利塔，又称"罗汉塔"，始建于辽代天庆年间（1111—1120年），高三十多米，塔身集楼阁式、覆钵式和金刚宝座三种形式为一体，造型极为特殊。塔的下部为八角形须弥座，上面建楼阁式砖塔两层，再上置覆钵和"十三天"塔刹。这种造型的辽塔，十分少见。

四座唐塔都有明确的纪年，塔的平面呈正方形，七层，分单檐和密檐式两种，而造型大致相同。塔身上雕刻着各种佛像，其中唐开元十五年（727年）所建的石塔，内壁雕刻外国人形象的供养人，估计与当时唐代与中西亚交流广泛、大量任用外族为官有关。

这批辽、唐石塔是北京地区现存最早古塔，成为研究唐代幽州地区文化史和佛教史的珍贵实物资料。尤其北塔，是我国唯一一座钟鼓楼式塔。

云居寺目前正在按照元明时期的原样修复南塔，修建中的南塔由须弥座和塔身组成，须弥座之上将建十一层密檐式砖塔，全塔高近30米，将在2012年建好。

云居寺的另一惊世之宝是佛舍利。早在1981年中国社会科学院世界宗教研究所佛学家罗焰在洞内研修之际，于原地面拜石下5毫米处发现一个石函，里面珍藏着一千三百多年的两粒佛舍利，属国家级文物，出土后一直珍藏于国家金库，2005年移至首都博物馆保存。2009年6月，佛舍利曾重返云居寺，接受公众为期十天的观瞻。2010年云居寺已获批将新建一座100多米高的舍利塔。建成后，存于首都博物馆的佛舍利将被迎请回云居寺塔内永久保存。舍利塔将建在云居寺范围内的文化景区内，是景区内的最高建筑，塔的建设将借鉴各地现存舍利塔的精华，也将保持云居寺的特色，建设周期三到五年。

**房山石经 国之重宝**

云居寺，这个为了刻经而建起来的寺庙，如今依然以虔诚的静穆

云居寺辽塔

远望辽塔

云居寺唐塔，平面呈正方形，七层

守望着这些稀世珍宝，人们也怀着无比崇敬的心来瞻仰石经。为了便于参观隋唐石经，云居寺于1999年开通了830米长的去往石经山的索道，是全国第一条跨越铁路的索道，在乘坐途中可一览云居寺全貌及石经山四周优美的山色风光。

"国之重宝"房山石经这部自隋唐以来绵延千年的佛教经典，也必将为云居寺保有永远崇高的佛教地位。

## 肆 唐代北京兴建的寺院

## ❶ 丁香赋诗的

## 法源寺

### 悯忠高阁 去天一握

法源寺位于北京（原）宣武区菜市口西南法源寺前街，是唐朝时幽州地区最大和最有影响的寺庙，也是北京城内现存最古老的寺庙之一。

法源寺始建于唐朝贞观十九年。当时，唐太宗发动了一场对辽东高丽的大规模战争，这场战争从二月开始筹备，四月在幽州完成军士集结并出征，十月班师回幽州。唐太宗悯惜东征阵亡将士，收其遗骸，葬于幽州城西十余里，为哀忠墓。又在幽州城内建悯忠台，到了武则天万岁通天元年（696年）才完工，真正建成了悯忠寺，寺中建有一个很高的楼阁，当时有"悯忠高阁，去天一握"之喻。

### 律宗道场 高僧辈出

唐代幽州地区兴建的寺庙约六十座之多，仅在小小的幽州城区就有寺庙近二十座。在这些寺庙中,以悯忠寺的规模和宗教影响最大,其他寺庙大多分布于悯忠寺周围,形成众星捧月之势。悯忠寺一建寺就开创了律学宗风,以弘传佛教律宗为主,是一座律宗寺庙。经过了一千四百余年的历史直至今天,期间虽然有革律为禅的变化,但历史上大部分时间保持了律宗的传统和特色。由于悯忠寺律学兴盛,当时全国各地僧人都投奔于此,史载的可止、义存等人都是在悯忠寺受戒纳具。从建庙到唐末,悯忠寺先后涌现了法贞、明鉴、复严等弘律的高僧大德。

公元755年至763年,悯忠寺见证了震动全国的"安史之乱"。制造安史之乱的安禄山和史思明两人是同乡,安禄山叛乱被杀后,史思明先是投降朝廷,后再次反叛。这两个同乡有着太多的相似之处,除了都叛乱朝廷,最后也都是被自己的儿子所杀。而对于法源寺,两人还分别于玄宗天宝十四年(755年)和肃宗乾元元年(758年)在寺内建塔,两塔东西对称,遗憾的是,在唐中和二年(882年)的一场火灾中,两塔具毁,整个悯忠寺都焚毁殆尽。不过,法源寺的悯忠台内保存了史思明建塔时所立的石碑《无垢净光宝塔颂》,这块高120厘米、宽73厘米的石碑正是安史二人建塔的重要实物见证。

**舍利放光 庇佑生灵**

法源寺供奉的玄奘大师头顶骨舍利来源于与之相距不远的智泉寺,智泉寺在唐大和八年(834年)八月二十日夜晚遭雷火化为灰烬,此后不久因唐武宗毁佛灭法,寺庙一直无人问津。到唐宣宗即位

法源寺在辽代重修后形成了今日的规模

后,重兴佛法,在当时幽州刺史张仲武护持下重建。重建工程开始时,"于废寺火烧浮屠下,得石函宝瓶舍利六粒及异香玉环银钏等物"。张仲武"固护释门,殷诚修敬",见到出土的舍利石函,十分欢喜。为了让广大士庶都能瞻仰舍利,他下令将舍利送到悯忠寺供养,到当年九月二十八日,正式将舍利安奉于悯忠寺多宝塔下。三十多年后多宝塔遭火焚毁,当时担任幽州地方最高长官的李匡威为"大庇生灵,巨崇像设",布施出自己的俸禄,发心造一座观音阁。与此同时,寺僧复严也四方募化,将化缘所得塑成一尊观音巨像,供奉在观音阁中。到唐景福元年(892年),寺僧们商议,欲将会昌六年(846年)重藏于多宝塔下的舍利迁于观音阁中,并奏请朝廷。朝廷同意寺僧的请求,从多宝塔废址中取出的舍利大放光芒,并散发出浓郁的异香。为了满足民众的要求,又以旌幢恭送到子城东门让百姓瞻仰、供奉。之后迎回寺中,以盛大庄严仪式奉入观音阁内观音巨像前。这次"重藏舍利"还奉入了原悯忠寺已故临坛大德明鉴随身供养的两粒新舍利。

**劫难重修 僧官位高**

悯忠寺在辽代曾经历了两次灾难、四次重修,遭受灾难的原因不同,修缮的规模和重点也各异。四次重修中以第三次规模最大、历时最长,也得到了朝廷的支持,有"诏趣完之,表寺额,始加大字"之说。第三次重修开始于辽清宁二年(1056年),至辽咸雍六年(1070

年）竣工。因为悯忠寺在清宁二年遭受了地震的破坏，所以这次重修是对悯忠寺全寺进行全面复建，从而形成了今日法源寺的规模。修复工程完成后，辽兴宗赐寺额"大悯忠寺"，在原寺名上特别加上一个"大"字。

重修过的大悯忠寺僧人众多，共有僧人240人，这在当时是一个不小的数字。另外，寺中高僧辈出，共有无碍大师等12位僧人获得了忏悔主、钞主等各种佛学学衔。忏悔主、钞主都是辽代最高等级的佛教学衔。当时的大悯忠寺也享有很高的政治地位，辽时燕京管内自上而下的各级僧官都有悯忠寺僧人担任。在《大辽燕京大悯忠寺紫褐师德大众等石函题名》碑前十二位署衔的僧人中，十二人都享有皇帝赐紫和赐予的德号，四位担任过重要僧官，担任最高僧官的觉晟和善制还享有朝廷的封爵"荣禄大夫和大司徒"。

辽代大悯忠寺有事迹可查的高僧有诠明、智光、守净、觉晟、荐福（尼师）、善制、文杰、溥滋等。其中礼悯忠寺守净上人落发出家的觉晟一生心行禅、身持律，起居动息，皆有常节，无论严寒隆暑、风雨黑夜，四十余年礼佛诵经，手不释卷。曾经读诵《杂花窨》达一百遍。当时燕京的信众，无论高贵增慢，无不对他钦仰敬信，声誉很高。门人、沙门以及法孙等五人共同为他立幢记述生平事迹。此幢现存北京陶然亭慈悲庵内，高约2.7米，由石雕而成。

在悯忠寺众多高僧中，无碍大师诠明是最值得一提的人物。他不仅是辽代大悯忠寺最著名的高僧，也是当时燕京乃至整个辽国第一流的佛学大师。他是一位唯识学家，撰写了多部经钞，被冠以"钞主"

的称号。他还是一位僧官，为燕京管内最高僧官"左街僧录"。他信仰兜率净土，在辽统和八年（990年）为悯忠寺兴建了一座释迦太子殿。诠明一生最辉煌的成就是主持编定了辽代大藏经《契丹藏》。值得庆幸的是，为无碍大师而造的密檐式、12米高的舍利塔至今还保存在大兴县李河村。

**政争混乱　帝后囚寺**

悯忠寺到了金代明显衰微，因为金统治者从太宗开始的历代帝王都有过限制佛教的言论和政令。北京地区的佛教明显不如辽代兴盛，当时的悯忠寺自然难逃厄运。在现存的相关历史文献中，居然找不到一条关于宗教活动的记载。仅有的北宋肃王被扣在悯忠寺作人质、悯忠寺策试女真进士、重修悯忠寺太子殿等几条记载都跟宗教活动无关，让人感觉悯忠寺不像一个佛教活动场所，倒更像一个金代的政治衙门。这段历史上，悯忠寺最引人注目的恐怕就是北宋钦宗被囚禁寺中的事了，给悯忠寺留下了非常凄婉的一页。

当时，金兵攻破汴京后，俘虏了包括徽宗和钦宗在内14000余人，其中皇帝后妃等3000余人，宗室成员4000余人，贵戚5000余人，各色工匠3000余人，教坊3000余人，民间美女3000余人。金人先将他们集中于青城，然后于1127年初分成七组押回金国。钦宗一行到燕京后与先前到达的朱皇后一起被囚禁在悯忠寺。钦宗被囚悯忠寺一共三个月，这三个月期间，经常前往悯忠寺东面的延寿寺看望父亲徽宗皇

法源寺内毗卢殿前置一大石钵

帝。也正是因为钦宗的被囚,连带了悯忠寺另一件大事"旃檀佛像"入供寺中。

旃檀佛像是佛典记载的佛教造像史上出现的第一尊佛像。在公元前六世纪的古印度,佛陀为超度生母摩耶夫人,三十三天为母亲说法。当时人间虔诚的优填王恐怕佛陀走后心生渴仰,便请佛陀站在水边,命令国中优秀工匠照着佛陀印在水中的倒影,用牛头旃檀木雕造了一尊佛陀的形象。由于此像是用旃檀木雕刻的,所以称作旃檀佛像或旃檀瑞像。因为是古印度优填王发起并命工匠雕造的,所以又称优填王造像。这尊佛像于公元401年由鸠摩罗什带到中国,之后在中国的大江南北辗转流传,旃檀佛像传到汴京滋福院后,于金天会五年(1127年)随着金人入侵俘虏徽、钦二帝而被掳掠到燕京悯忠寺,直到1900年在最后一个供奉地——北京西安门内弘仁寺与弘仁寺一起被火焚毁。

**蒙元佛道之争 树立佛教地位**

蒙元时期是法源寺历史上的重要发展时期。先有高僧隆安善选受朝廷委派住持并重修遭受战争破坏的悯忠寺,继之有高僧祥杲在此弘传律学,并受持据说是辽道宗刺血和金亲笔书写的金字《菩萨戒本》,而后在蒙古宪宗八年(1258年)和元至元十八年(1281年),忽必烈两度敕命于此焚毁道教伪经,至元二十二年(1285年)忽必烈召集编纂的《至元法宝堪同总录》,又有悯忠寺僧人湍吉祥参与校勘,四年后,南宋名臣谢枋得被囚禁悯忠寺时绝食身亡。

高僧隆安善选的主持和重建,使悯忠寺完全恢复了昔日的盛况,成了燕京城中一座举足轻重的佛教活动场所。因此,忽必烈两度将焚毁道藏伪经的地点选择在悯忠寺。

公元十三世纪,崛起于北方草原的蒙古民族为取得中原地区的统治,积极拉拢中原各派宗教势力,藉以达到"因其俗而柔其人"的目的。这时形成于金代中期的道教全真派在整个北方地区已发展为一支较强的宗教势力,自然成了蒙古国太祖成吉思汗笼络的重要对象。蒙太祖十四年(1219年),成吉思汗派人诏请全真派掌门人丘机处赴大漠相见。丘机处应诏前往，随行弟子十八人经过三年抵达大漠。成吉思汗见到丘机处极为欢喜，对他宠重有加，临别还"赐号神仙，爵大宗师"，让他"掌管天下道教"。丘机处回到燕京后，与其门徒依仗成吉思汗的恩宠，大力发展本教势力。不仅广招门徒，大兴道观，而且肆意诋毁佛教，侵占佛寺，捣毁佛像及碑幢。如编撰《老子化胡经》，说佛祖为老子所化。侵占佛寺482所，仅燕京地区的佛寺就侵占了三十余所之多。种种行径激起了中原佛教徒的愤慨，纷纷起而攻之。曾在大漠与丘机处相处过的耶律楚材率先举起了声讨道教的大旗。为了平息风波，蒙古统治者在佛教界的强烈要求下，前后召集了三次佛道辩论会。三次辩论均以道教失败告终。到至元十八年十月，道经真伪的甄别工作告竣，具体负责这项工作的官员张易上奏甄别结果曰："参校道书，惟《道德经》系老子亲着，余皆后人伪撰，宜悉焚毁。"忽必烈接到上奏后，立即诏谕天下：焚毁除《道德经》外所有《道藏》伪经。诏令下达第三天，大都地区的《道藏》伪经全部集中到悯忠寺，在朝廷官员和佛教四众弟子的监督下全部焚毁。经过这次打击，道教再也无力与佛教抗争了。

充分显示悯忠寺宗教崇高地位的还有忽必烈亲自召集编纂、湍吉祥参与校勘的《至元法宝堪同总录》。作为悯忠寺一位通达佛理、擅长经论的高僧，湍吉祥曾得到元世祖忽必烈赐封的"通辩大师"之号，还曾从国师受戒，受赐"吉祥"之号。能参与《至元法宝堪同总录》的校勘工作，说明元世祖对其相当重视。因为此书是元朝举办的一项重要佛教学术活动，也是元朝做出的一项重要佛学成果。

南宋名臣于寺中绝食身亡的故事也为悯忠寺留下千古佳话。江西上饶人谢枋得在南宋宝祐四年（1256年）及进士第，与著名民族英雄文天祥是同科。入仕后，先为抚州司户参军，后以江东提举、江西招谕使身份知信州。值元兵南下，他曾率兵抗元。信州陷落后，他更名改姓流亡到建宁唐石山，以教书卖卜为生。南宋灭亡后，元世祖忽必烈广纳天下贤才，朝廷及地方官员多次举荐他，后有行省丞相蒙古台奉旨前来请他，再有福建省参政管如德奉旨到江南访求，都遭到了他的拒绝。最后福建行省参政魏天佑看忽必烈求才心切，意欲举荐谢枋得以取悦皇上，博取奖赏，便将谢枋得强行带到了大都。到大都后，谢枋得先去拜望谢太后，当听到"谢太后攒所及瀛国公（南宋皇帝赵显）所在"，悲痛不已，并因此而病倒。朝廷将他安置在悯忠寺静养，无意中看到一座殿堂墙壁上刻写颂扬东汉孝女曹娥孝敬父母终致为父而亡故事的《曹娥碑》，读后不禁悲泣不已，自语说："小女子犹尔，吾岂不若汝哉！"于是绝食数日而亡。谢枋得以身殉节的壮举一直得到了后人的崇敬和纪念。明英宗特赐谥号"文节"，后来朝廷又在他尽节之处建祠祭祀，称"谢公祠"，又称"谢文节祠"，位于今法源寺后街。其北门在今培育胡同二十号院，南门在法源寺后街五号院。现在仅存一座二层砖木结构小楼和数十间带走廊的房屋。

## 更名禅寺 重开律学

明代时，法源寺发生了较大变化：一是它在明正统、万历和崇祯年间经过了四次重修，这四次重修基本改变了此前法源寺的面貌，而奠定了今日法源寺的建筑格局。二是在正统三年（1438年）第一次

法源寺山门

重修竣工后，法源寺改成了禅寺，并更改了寺名，英宗皇帝亲赐寺名"崇福禅寺"。这次重修以太监宋文毅出力最大，他不仅是发起人和牵头人，而且出资也最多。宋文毅来自越南，当时与他一起参与重建法源寺的还有他的同乡阮民福、黎文遥等人。他们重修法源寺的事迹无疑是研究明代宦官历史和中越关系史的一段重要资料，也是中越文化交流源远流长的重要历史见证。

　　明初时，朝廷制定了对佛寺和僧侣宗派的分类制度，将佛教禅宗摆到了最高的位置。因此，崇福寺作为禅宗道场延续了一百七十余年，直至万历四十二年，江南永海律师来寺重开律学。永海律师是明代法源寺律宗的第一位传人者，所以后来被尊奉为"悯忠寺第一代律主"。

入清以后，每一位皇帝都对佛教采取笼络政策。顺治是满族入关后的第一位皇帝，在位18年，只活了24岁。他的一生虽然十分短暂，却与佛教结下了深厚的因缘，他礼敬江南禅僧，参禅问道，迎请五世达赖喇嘛，修建寺塔，崇佛和好佛的态度在清初的法源寺历史上留下了一段令人难忘的印记。

**顺治好佛　出家未成**

顺治帝对禅宗的喜好最初是出于政治目的，因为清朝入主中原后，并没有使广大的中原百姓完全归服，反清斗争不断发生，江南地

法源寺大雄宝殿是佛寺正殿

区势头尤盛，很多明朝官宦子弟剃发出家隐匿。顺治便想召僧问道了解情况，以便实施笼络政策令其归顺。然而，当世祖与这些禅僧接触后，很快被禅宗博大精深的思想和机锋深深地吸引，并产生了极大兴趣。从此专心于向禅师们参禅问道，对禅宗有了深切领悟。他拜玉琳通琇为师，自取法名"行痴"，凡请禅师说法之类御札都自称"弟子某某"或"痴道人"，而对通琇禅师弟子均以"法兄"或"师兄"相称。

顺治十八年，世祖爱妃董鄂妃去世，世祖的心灵受到沉重打击，一直以来接受和领悟的佛教思想使他萌发了出家的念头，并让玉琳通琇的弟子茆溪行森为他剃发，考虑到大清江山社稷的安稳和亿万苍生的安危，危急关头，深明大义的玉琳通琇勇敢地阻止了顺治。

**清历代皇帝护持 修寺赐匾立宗**

康熙是清代最有作为的一代皇帝，虽然从小受的是儒家思想的教育，但对佛教也有浓厚兴趣。当认识到佛教对清朝统治的重要性之后，他一直对佛教采取扶持和保护的政策。在世61年，兴修佛寺，礼佛敬僧，为佛教做了大量功德。先后礼敬过五位住持高僧，其中一位就是悯忠寺第六代授玺律师。授玺律师主法源寺期间，一次平南王儿子尚之信来寺中游玩，授玺见他"举止轻躁，野性残狠"，感到十分厌恶。三藩叛乱爆发后，康熙皇帝一次驾幸悯忠寺散心，授玺从容地宽慰康熙皇帝"尚之信佻悖无行状，三藩必败，不足烦圣虑"。三藩平定后，康熙皇帝念及授玺曾经对他的一番忠诚之语，特地御笔"存诚"二字赐给授玺律师。此匾至今还悬挂在法源寺净业堂上。

在清代的帝王中，清世宗雍正与法源寺的关系最值得关注，他不仅对法源寺进行了全面修缮，并赐寺名，更重要的是以帝王的身份为法源寺正式确立了律宗的地位，并请来江南著名律僧永海福聚住持寺庙，开坛传戒，重新开启了法源寺律宗传播法脉的端序。他重振律宗的目的非常明确，就是挽救禅宗的颓势，要求佛教徒遵守戒律，做到识心达本，最后在定慧上得到成就。

雍正之后的乾隆皇帝更是一位热心佛教的帝王，他与法源寺的因缘开始于乾隆九年（1744年），当时他为法源寺书写了一部《般若波罗蜜多心经》。此经后镌刻于石，现在还保存在法源寺大雄宝殿前。四年后，又拨款对法源寺进行大修，两年后重修工程落成时，乾隆亲幸法源寺瞻礼，亲赐"法海真源"四字匾额，并即兴赋诗《法源寺瞻礼诗作》，其中"最古燕京寺，由来称悯忠"一句广为流传。"法海真源"御匾则一直悬挂在法源寺大雄宝殿内，书法浑圆，遒劲有力。

清代的法源寺因为帝王们的眷顾而香火旺盛，高僧辈出，法脉传承不断，是法源寺历史上律宗弘传历时最长、最有影响的时期。因为寺庙名称的改变，律宗的法系也被分为悯忠和法源两系。悯忠系共有秀岩、无还、常修、授玺、海潮、心宗、雪林、洪修、体德、师礼、慧宽共十一代。法源系共九代，文海第一，性实第二，圆林、圆升第三，明眼、明铭、明宽第四，定明、定诚、定龄第五，慧成、慧贵第六，昌涛第七，海祥第八，道阶第九。道阶法师一生研读、弘法不辍，直到民国时期，于1934年示寂于南洋怡宝坞三宝洞。

**八指头陀 革命诗僧**

动荡不安的民国时期，法源寺经历了各种各样的历史事件。时任住持的道阶法师为法源寺乃至中国佛教做出了极大贡献。他在法源寺的传戒、纪念佛诞等佛事活动，对当时的社会产生了很大影响。他领导发起的《法源寺志》（王树枏总纂）、《北平法源寺沿革考》（张仁海居士撰）等皆是研究法源寺历史的重要文献。《法源寺志》是民国期间完成的第一部法源寺志书，使法源寺这座千年古刹第一次有了志书，意义非常重大。他对佛教最大的贡献是他主修的《新续高僧传四集》，这是佛教历史研究上的一块丰碑。

法源寺历来与高僧大德、社会名流有着不解之缘，民国时期也不例外，空也法师在这里建立了中华佛学院，半途夭折后又成立法源佛学院。观空法师曾在这里住持学务，他翻译的《三主要道》成为中国佛学院初期教材，是中国翻译史上的一段重要史料。倓虚大师为了保住因诸多官司几被当局没收充公的庙产，临时接管法源寺从而引发一段因缘。

与法源寺有渊源的另一著名高僧就是写过"洞庭波送一僧来"的诗僧八指头陀，他18岁出家，一生写诗一千九百多首，他的诗反映现实社会，忧国忧民。1877年秋，在阿育王寺佛舍利塔前燃二指供佛，故有八指头陀之称。1912年，南京临时政府成立，全国相继成立了很多佛教团体，其中上海成立的中华佛教总会影响最大，八指头陀被推举为会长。后为解决逐僧毁佛、侵夺寺产诸事而北行，到达北京后就住在他的法嗣道阶住持的法源寺。面见当时礼俗司司长杜某时，八指头陀据理力争，使杜某理屈词穷，无言以对，竟然厉言正色，对年届高龄、深受各界敬重的佛教领袖人物大加训斥。八指头陀愤而辞出，回到法源寺住处，胸膈作痛，当夜病逝，时年62岁。八指头陀作为名望极高的高僧，其足迹遍及东南，来北京驻锡法源寺，社会各界人士都欲一睹为快，商议召开欢迎大会，而八指头陀却撒手人寰，于是各界代表人士七十三人倡议改为追悼会。八指头陀生前诗文集就已出版多种，圆寂后由杨度为之结集，1919年冬刊于法源寺，板存法源寺文楷斋，诗集十卷，诗续集八卷，文集一卷，共一函四册。

**丁香诗会　艺文雅集**

　　说起诗歌，法源寺的诗名真是名闻遐迩，横跨古今。除了早期的诗僧八指头陀的诗名，法源寺的丁香则将法源寺三个字沾染了浓郁的幽香诗情。如今提到法源寺的同时就会说起"丁香诗会"。到寺中游览或礼拜，任何一个僧人、信众或工作人员随口都会为你讲述香雪海中的诗情画意。

　　"丁香诗会"起源于明、清踏青时节诗人吟诗唱和活动，至清代极盛。每年春天法源寺内丁香盛开之时，僧人备好素斋，邀集文人名士赏花赋诗。当时赫赫有名的纪晓岚、洪亮吉、顾亭林、何绍基、龚自珍、林则徐等人和名噪一时的宣南诗社，都在这里留下过足迹和诗篇。

民国时首开丁香诗会的是时任清史馆馆长、83岁的湘绮老人王闿运。1914年的春天，王闿运老人来京，约请在京名流、先朝耄旧百余人，聚集法源寺共赏丁香，开留春宴，各赋一诗，会后还绘有《留春图》。王闿运老人首唱五律二首，诗前作序，特别提到"丁香盛开，净筵斯启。群英骎至，喜不遐遗。感往欣今，斐然有作。列其佳什，庶继兰亭……"

十年后，印度大诗人泰戈尔到中国访问，著名诗人徐志摩陪泰戈尔游览法源寺成了中印文化交流史上的一段佳话。而徐志摩本人更于法源寺传出雅事一桩：当时正逢丁香盛开，香气袭人，徐志摩竟在树下作诗一夜。此一雅事触动了梁启超的灵感，当年秋天，集宋词以八尺宣写了一幅大楹联赠送给徐志摩以纪念此事。

遗憾的是，此后的社会动荡致使丁香诗会一直不能得以延续，直到2002年，由著名作家、学者李金龙先生提出恢复举办"丁香诗会"得到了有关部门的认可。当年4月10日，首届"丁香诗会"隆重举行，京城艺术名家、诗人、作家等集聚法源寺，吟诵诗篇。从那以后，每年的4月10日准时在法源寺举办丁香诗会。

**传戒佛诞盛会 文革佛事凋零**

法源寺的传戒始于清代雍正十二年文海大师首传衣钵，天月和尚继承法位，代代相传，迄至清末戒法不断。民国时期只举办了两次传戒活动，一次是1921年10月，道阶法师接任法源寺方丈，经过十年惨淡经营才得以成全，传戒共53天时间，传授千佛三坛大戒、沙弥戒、比丘戒和菩萨戒。同戒录前有当时徐大总统、前黎大总统及蔡元培先生的题词。第二次是1936年，由当时的方丈梵月法师特请退居现明法师主持传戒。现明法师在传戒录中写了《传戒说明书》，从第一戒法、第二戒体、第三戒行、第四戒相四个角度对佛教之戒进行了论述。

除了两次传戒活动，民国时期的法源寺还分别于1913年和1923年举办了两次佛诞纪念活动，两次纪念活动都非常隆重庄严。但法源寺随着社会动荡沉浮，情境每况愈下，经济状况也开始走入困境。虽然从寺庙拥有的田亩数（66顷）看还相当可观，但由于实际收取的租额不高，无法满足法源寺僧众的日常开销，为了生计，开始做起经忏佛事和出租房屋停放灵柩的经营生意。

1949年后，法源寺得到政府保护，多次拨款维修。1956年中国佛学院在此设立。1963年的亚洲11个国家和地区佛教徒会议在法源寺举办。然而，"文革"时期法源寺又遭到了彻底破坏，佛像被毁，图书、文物被焚烧，凋敝景象惨不忍睹！只有历代碑石及碑石上的冰冷文字幸免于难，殿堂一片空寂，年久失修的建筑岌岌可危，后来被一些单位和居民占住。

## 改革开放后 文教事业兴起

1978年底，中国佛教协会报请政府将寺院收回重加修葺。1979年法源寺被批准为北京市重点文物保护单位。1980年5月5日，中国佛教图书文物馆成立，法源寺成为佛教文化和佛学研究一大中心。当月18日，法源寺以崭新的面貌迎来了鉴真大师像的展出，供奉七天时间，有16万信众前来瞻仰。第二年，法源寺又举办了弘一大师书画金石音乐展。此后，中国佛教协会倾注了大量的人力、财力，多次修葺，使法源寺得到了全面的恢复，殿堂佛像庄严，各项佛事活动正常开展，千年古刹重获新生。

新时期的法源寺共升座明真法师、明学法师和一诚法师三任住持。寺内的中国佛学院也先后经历了四任院长：学富五明精通佛学的喜饶嘉措，精通汉藏文化、有"当代玄奘"之称的法尊法师，学养俱佳、以佛教为命的赵朴初居士，第四任院长由一诚法师兼任。

新时期的中国佛教图书文物馆也开创了新的辉煌，下设房山石经整理研究组、图书室、善本室、藏文室、文物修复、文物保管、照相室、法源寺流通处等八个机构开展工作。

### 历史悠久 处处古物

如今的法源寺红色山门，格外醒目。门前有石狮、影壁，山门正中是1980年嵌入的用大理石雕刻而成的金色的"法源寺"三字。山门三门并立，院内松林修竹，红墙古建，碑刻整齐排列，颇为壮观。山门右边的文官果树已有三百年历史，因当时"扬州八怪"之一的罗聘游寺题诗而被列为法源八咏之一。

进得院落，左右是钟、鼓二楼，令人遐想暮鼓晨钟。通往天王殿的甬道上有一座铁铸香炉，两只青铜狮子，分别铸于雍正和乾隆年间。鼓楼前有五块碑刻，其中一块为无字碑，其余分别是《大悲院坚固塔记》、《住持锡梵碑》、《北平法源寺道阶法师灵塔铭》、《道阶老法师弘法之颂》。

在天王殿东侧，翠竹掩映着《大蒙古燕京大庆寿寺西堂海云禅师碑》、白话《圣旨》碑和《大元福寿兴元观记》三块元代石碑。

面对山门的第一个殿就是天王殿，三开间，半圆拱门，拱圈有砖雕花饰，两侧半圆窗都有雕饰。天王殿两侧有门道贺廊庑，两池翠竹依东西廊庑，叶茂色郁，微风吹过，竹影红墙相映成画。

天王殿正中供奉的是能"容天下难容之事"、常"笑世间可笑之人"的大度弥勒佛铜像，高过一米，制作于明代。弥勒菩萨的两边分别供奉制作精良的四大天王明代铜像。弥勒菩萨背面是与之慈祥形象截然相反的韦陀菩萨，因为是佛寺的保护神，所以威严而震慑。这尊韦陀也是明代制作的铜像，高1.7米，双手合十，横杵于腕上。

院中第二进是位于一米多高平台之上的大雄宝殿，也是寺中最大的一座殿堂，两边廊庑巧挟配殿，北望不见尽头，更显大雄宝殿神秘而庄严。台下遍植花草树木，高大的白皮松和老槐树遮天蔽日。寺里的丁香也都集中在大殿左右，和悯忠阁周围的丁香连成一片。在绿树掩映下，明清两代六座石碑分列大殿门前左右，石碑主要记载历代修寺的经过。抬头眺望，梁上高悬的乾隆御笔"法海真源"匾额格外抢眼。最不显眼的是殿中迤南两座青石柱础，莲叶翻卷，与唐代石幢花纹相近。而殿中一钟一鼓确是法源寺原物。

大雄宝殿是佛寺正殿，供奉释迦牟尼佛和他的十八罗汉弟子。释迦牟尼佛像通高3.97米，结跏趺坐于莲台之上，左手定印、右手触地呈"成道相"。文殊、普贤菩萨分立两旁，身躯稍显前倾，有元代造像风格。

大雄宝殿后面是悯忠台，又称戒坛、观音台、念佛台。台高一米，周围护以砖栏，殿宇建于台上，外墙以十二柱为架，室内以十二柱支撑。台前有一具乾隆时造的石炉，下衬须弥座，几层檐复盖罩在上面，炉身雕镂八宝盒云纹，非常精细。台内陈列法源寺从唐至今的历代石刻文物，件件珍贵，发人深思。其中《无垢净光宝塔颂碑》非常奇特，碑文一反常规，从左至右书写，这在古代碑刻中绝无仅有。悯忠台东西配殿分别是斋堂和禅堂，是寺内僧众和学僧日常过堂和坐禅修习之所。

悯忠台再往里一进是毗卢殿，又叫无量殿、净业堂，殿中供奉毗卢遮那佛，殿前端置一大石钵，钵身周围海水花纹并刻有山龙海马，根据"渎山大玉海"仿制而成，也属稀罕之物。毗卢殿廊下东西两侧分立明万历年间的"九莲观音菩萨"和"达摩渡江"像碑两座。

再往前就是大悲坛，院落不大，几棵古松更显清静。大悲坛梁上悬挂康熙帝赐予授玺和尚的"存诚"匾额。大悲坛正中供奉圣观音，左右分别是尊胜佛母和十八臂观音，东西两方供奉千手千眼观音和绿度母、海岛观音和送子观音。

经过大悲坛，通过侧边圆门进入就是藏经阁。藏经阁是两层五开间建筑，两边的两个院落是东西方丈院，法源寺历代方丈都居住东方丈院，西方丈院楼下是石经展室，楼上陈列房山石经拓片以及两千多包藏文经典。大部分为北京版、拉萨版和德格版。藏经阁前古木参天、花草繁茂，银杏树绿荫婆娑，台阶旁，种于1956年的两棵娑罗树枝繁叶茂，把院落衬托得恢弘壮观。阶前两株西府海棠因龚自珍的一阙《减兰》小序也成为"法源八咏"之一。

藏经阁内供奉明代木雕佛涅槃像，全长7.4米，是北京最大卧佛。上层正面供奉明代泥塑观音、文殊、普贤三大士像。周围明代经橱中藏有南藏、北藏、嘉兴藏、清龙藏等各种版本的大藏。阁内有四件青石制柱础，是景福年间重修法源寺时建观音阁之物。卧佛东边是造于清乾隆年间形态各异的三座珐琅塔，西边供奉着出土于房山北郑村辽塔内的陶幢和陶塔。

2000年，台湾作家李敖所著《北京法源寺》出版后，在海内外广泛流传，使法源寺名声大噪。如今，这座千年古刹凭着崇高的宗教地位、悠久的文化历史和沧桑的建筑历程而吸引着人们朝圣的脚步。

## ❷ 供奉佛舍利的

## 灵光寺

**石砌招仙塔 供奉佛牙舍利**

灵光寺位于北京西山余脉翠微东麓的山腰间，是西山八大处中最早建造也最重要的一座寺院。因供奉佛牙舍利而闻名于世，并成为全世界佛教徒朝拜中心之一。

灵光寺创建于唐代大历年间（766—779年），当时名为"龙泉寺"，历史对当时寺庙的佛事鲜有记载。到辽代咸雍七年（1071年）曾经加以扩建，丞相耶律仁先之母郑氏为供奉佛牙舍利建造了"招仙浮屠"（塔），塔为八角形，以雕砖砌成，规模宏大。"十层八楼，俗称画像千佛塔，绕塔基有铁钉凫十六座。"金世宗大定二年（1162年）重加修葺，改为觉山寺，后来年久倾塌，而招仙浮屠一直固在。明朝宣德三年（1428年）年又重修一次。

在灵光寺历史上第一次较大规模重修应该是在明英宗正统年间，

即1436年至1449年，当时在全国各地征调木材进行扩建，建好后，赐名大灵光寺，从此，寺名一直沿用，再也没有更改过。

据记载，明朝修建的灵光寺"殿宇弘邃、廊庑深静，崇墉高门既周既坚，像塑俨设"，整个寺庙极为宏阔壮丽，可惜这些壮观建筑都已不存，只能供后人遐想而已。

灵光寺到了清朝似乎一直没有得到皇室的青睐，因为在灵光寺的历史上，整个清代没有过大修的记载。倒是在光绪年间遭遇了一场让人痛心疾首的灭顶之灾。事情缘于北京城内一个叫韩霭轩的"仓花户"，以妓院营生，赚了很多钱，在灵光寺置了外宅。此人也非等闲之辈，清末著名的妙峰山香会之"小马圈五虎棍会"即属他所办。因为与洋人关系密切，1900年，韩霭轩被义和团所杀，他的家人请当时已经攻入北京的八国联军来替他复仇。当时义和团正好在灵光寺设坛，联军在灵光寺东二里地的四平台村口架炮轰击，寺内招仙浮屠被炸塌，又"屠戮居民甚众，并及诸刹。而灵光为肇事地，故受祸亦剧"。从此，灵光寺夷为一片废墟，数年后，满院荆棘蒿草，一派凄凉。灵光寺僧海山和尚虽重修志愿诚恳，但毕竟势单力薄，惨淡经营数年，也仅盖起几间屋舍，再无力修建殿堂。于是拜托承恩寺圣安长老。圣安长老的师兄法安在贤良寺任住持，且担任僧录司正堂，管理全国佛教事务，在当时威望极高，与李鸿章交往甚密。圣安长老在师兄法安的协助下，经过近二十年的募化，积蓄三万六千两白银，慷慨力任，筚路蓝缕，自1901年到1923年，终于"成殿宇廊舍七十余间"。使灵光寺得以重生，故命名"重兴灵光寺"，人们只呼"重兴寺"。在重建灵光寺过程中，清理辽塔塔基瓦砾时，发现一装有沉香木匣的石函，匣上写着"释迦牟尼佛灵牙舍利，天会七年（963年）四月廿三日记、善慧书"，打开木匣，果然看到一颗佛牙。匣文记录人善慧是北汉名僧，据此推断这颗佛牙已经进入中国1500多年，并已在这里供奉了800多年。圣安和尚遂率众僧将佛牙舍利供奉于灵光寺禅堂，作为镇寺之宝。从此，灵光寺声名远扬，僧众信徒纷至沓来。

1940年起，灵光寺住持丛棠法师在寺里开办了三年的佛教讲习所，供青年僧侣修习佛学经典。讲习所学僧大多来自大钟寺、拈花寺，也有来自南方寺院。讲习所讲授佛教史、佛教经典和古文，"沙门释子共聚名蓝，黄卷青灯、晨钟暮鼓，令人羡慕不已"，在当时的僧众中很有影响。

当然，真正吸引僧众向心和崇拜脚步的还是珍贵的佛牙舍利。因为这是佛祖圆寂火化后仅留下的两颗佛牙舍利中的一颗。另一颗传到了锡兰（今斯里兰卡），现存灵光寺的这一颗最早是传到当时的乌苌国（今巴基斯坦境内），后来由乌苌国传到于阗（今新疆和田县）。五世纪中，东晋高僧法显到和阗游历，把这颗佛牙舍利带回南齐首都建康（今南京）。隋朝建立后，佛牙被送到长安。五代时期，中原战乱，佛牙舍利又辗转传到了当时北辽都城燕京（今北京）。难以想象这颗佛牙舍利在流传过程中经历了怎样的因缘际遇，无比幸运的是，它最后落定于西山翠微山麓。咸雍七年（1071年）重修时，特别为这一稀世珍宝新建招仙浮屠，以长久供奉。招仙浮屠被八国联军炸塌后，佛牙舍利也沉静于废墟中二十多年，直到重修灵光寺时，圣安和尚发现并供奉到殿堂。此后，由于长期社会动荡，佛教界一直秘密保藏、供奉着这颗佛牙舍利。直到解放后的1955年，中国佛教协会将佛牙舍利迎请到广济寺，供奉在舍利阁七宝塔中，供国内外佛教徒瞻仰、朝拜。为了让更多的人得以瞻仰这一圣物，1955年和1961年，中国佛教界曾应缅甸和斯里兰卡佛教界请求，护送这颗佛牙舍利供两国信徒朝拜。

### 新建佛塔 地宫珍宝

1956年，八大处被正式宣布为第一批文物保护单位，灵光寺曾经的神圣得以钩沉。次年，中国佛教界倡议依照佛教传统在原塔址西北重建新塔，永久供奉佛牙舍利，这一倡议得到周恩来总理的大力支持。1958年开始动工，历经六年的精心设计和建造，到1964年春天，一座庄严雄伟的佛牙舍利塔在灵光寺落成，并修建了山门殿和东、北两配殿，形成一个以佛牙塔为中心的佛教寺庙建筑群。

新建的佛牙舍利塔，并没有完全复原辽代招仙塔的原貌，而是融入了上世纪五六十年代佛塔建筑的新元素，比辽塔更加雄伟壮美。舍利塔高达51米，八角形，为十三层密檐塔格式，底部以高出地面2.7米的汉白玉石作塔基，饰以莲花石座和玉石雕栏，周墙遍镶石刻碑记与经文。塔顶八角攒尖，覆绿色琉璃瓦，塔顶石露盘上以梵、巴利、汉、藏四种文字刻写《法身偈》等偈文，塔顶内供奉着尼泊尔国王赠送的佛陀肉身舍利。塔顶以下共六层，佛牙塔第一层与塔门为同一层，塔室用大理石砌成。第二层是供奉佛牙舍利处，佛牙舍利金塔安置在大理石砌成的金刚宝座上，金塔自塔刹、塔身到塔座通体纯金并镶满各种珠宝，佛牙舍利供奉在塔内的金莲花座上。金塔四周有八座小金塔，每座小金塔的塔身玻璃窗内各有一幅佛像。舍利塔前的硬木雕刻供桌上是"乾隆五彩"瓷五供及八宝。这一层的金塔及供品都是上世纪六十年代北京故宫博物院提供的皇家珍贵文物。

佛牙塔第二层以上还有六层空心塔室，塔室内供奉的是来自全国各地、各民族三大语系佛教徒敬献及东南亚佛教国家馈赠的珍贵经像法器，俨然一座小型佛教博物馆。

塔下有地宫，地宫里立有"佛牙舍利修建委员会一九五八年六月释迦牟尼佛诞辰奠基碑"和"中国佛教协会佛牙舍利塔重藏碑记（一九九六年立）"两块石碑。地宫内的法器法物是1996年制品，为曼荼罗坛场布置。

1964年6月24日、25日两天，中国佛教界举行佛牙舍利塔开光盛大法会，恭迎佛牙舍利入塔。中国佛教协会时任会长喜饶嘉措大师主持法会，副会长赵朴初、阿旺嘉措、噶喇藏、巨赞、周叔迦及首都佛教界见证了这一隆重盛典。柬埔寨、锡兰、印尼、日本、老挝、蒙古、尼泊尔、巴基斯坦及越南等亚洲各国佛教界也都应邀派遣代表团前来朝奉。

如今，灵光寺佛牙舍利塔已经成为八大处的象征，提起八大处，人们就会想到佛牙舍利塔。

## 法师守塔 十方来朝

1979年，中国佛教协会委派临济宗第十一代传人、净慧双修的海

灵光寺佛牙塔

圆法师到灵光寺守护佛牙舍利塔。海圆法师生于1907年，来灵光寺时已届七十二岁，在那个经济困顿、物资匮乏的年代，孤身一人守塔，其艰苦可想而知。然海圆法师毕竟是一代高僧，在当时的艰难境况下，仍主持僧伽刻苦修行，严守戒定慧三学，勤于功课，生活简朴，威仪严谨，使灵光寺道场得以宏扬光大。海圆法师守塔二十多年，灵光寺佛光普照，法雨广施，信徒弥增，弟子达十万之众。来此朝拜的有缅甸、英国、法国、日本、朝鲜、韩国、东南亚各国及港澳台地区信众，也有慕名而来的政要。灵光寺逐步发展成为国内外闻名的佛教道场。

如今的灵光寺依旧维持着圣安大师重修时坐北朝南纵向布局的建筑风貌，但因子次重修、扩建，古建群落已发生了彻底改变，殿堂阁舍的功用也不同以往。寺内以佛牙舍利塔为中心，结合山势走向形成东南朝向的轴心，南部为大悲院和金鱼池院，北部分别为方丈院、塔院、居士院和大雄宝殿。

塔前山门殿也是佛牙舍利塔的拜殿，为歇山卷棚顶式，面阔三间，殿顶用明黄琉璃瓦，在阳光下金碧辉煌，檐下悬"佛牙舍利塔"鎏金大字的巨匾，殿中供奉着泰国僧王赠送的释迦牟尼佛纯铜贴金铜造像。从山门拜殿到佛牙舍利塔，以及附属殿堂都是1958年兴建的仿古建筑。

**归来庵前 临池照水**

大悲院殿内供奉千手千眼观音。东殿房是卧游轩，供接待远道

"归来庵"灰瓦红柱,遍施丹青,临池照水,相映成趣

五百罗汉墙

前来拜佛的嘉宾香客使用，西侧配房为僧舍。金鱼池院的大金鱼池是古迹，在殿后峭壁下，建于清咸丰年间，原为寺内放生池。池中有子午莲，"锦鳞游弋，鱼盈尺许"，据说，这些金鱼早于1851年以前放养，在此繁殖已有一百六十多年。

水池北侧的五间轩舍始建于清末，旧时称"归来庵"，1984年重建时增建了一条长廊，把归来庵和拜佛殿连缀起来。庵堂灰瓦红柱，遍施丹青，临池照水，相映成趣。

佛牙舍利塔北侧有两处新景观：一个是石梯拾级而上、于2000年依山而建的心经壁，一个是五百罗汉墙。

### 壁刻心经　浮雕罗汉

心经壁上是已故中国佛协会长赵朴初手书般若波罗蜜多心经，壁宽30米，高7米，基座为花岗岩，墙面是青白石，顶端以绿琉璃瓦覆盖，庄严典雅、质朴大方。此壁镌刻的心经行楷大字，由赵朴初居士生前潜心恭录，贴金大字，如行云流水。

五百罗汉墙建于2004年，是立体式镂空浮雕，长25米、高8.35米，由福建省莆田市四十余位雕刻师耗费两年多时间雕刻而成，石材全部采用花岗岩、青白石，仅耗用毛石材就达一千多吨。这样大的五百罗汉浮雕，在中国罕见。墙上的罗汉形象，神情毕肖，充满艺术想象。

灵光寺于1983年被国务院确定为汉族地区佛教全国重点寺院，中国佛教协会派驻僧人管理，承续着海圆法师当年开创的每月初一和十五公开佛事法事，与香客见面，共同参与佛事法事的传统；四月初八"浴佛节"前后，寺内会举行诵经法会，用花草作花亭，亭中放置诞生佛像，再以香汤、水、甘茶、五色水等物从佛像头顶灌浴。同时还会举行拜佛祭祖、供养僧侣等活动。

1998年11月22日，纪念佛教东传二千年法会、中国佛教二千年纪念大会，就在灵光寺佛牙舍利塔前举行，使灵光寺更成为中国佛教界举足轻重的重要寺院。

相信佛牙舍利将永远吸引着全世界佛教徒的目光，也必将永远彰显灵光寺的崇高和神圣。

## ③ 卧佛寺

卧佛寺即"十方普觉寺",位于北京西山北部寿牛山南麓、香山东侧,距市区30公里,因寺内一尊卧佛闻名而俗称卧佛寺。

卧佛寺始建于唐贞观年间(627—649年),原名"兜率寺",是大乘佛教唐代禅宗的皇家寺庙。兜率梵文意为"妙足"、"知足"。以后历代有废有建,寺名也随朝代几经变更。

元延祐七年(1320年),元仁宗之子、元英宗硕德巴剌继承帝位,当年九月下令在兜率寺的旧址上扩建寿安山寺,但过程颇多曲折,其间有人认为修建寺院大兴土木,劳民伤财,于是上书极力劝阻,元英宗非但不听,反而判杀和杖罚了上书人,"给钞千万贯",继续责人专门监督修建,施工过程中死人很多,补偿和赏赐的白银更多。经至治、泰定、天历,到至顺二年终于完工,改名"大昭孝寺",后又更名"洪庆寺"。

明宣德、正统年间再修,赐名"寿安禅林",并颁大藏经一部藏于佛殿。历经宣德、正统、成化、嘉靖、万历等朝五次大修，卧佛寺的规模趋于完整。其中，成化十八年（1482年），明宪宗还在寺前建起一座如来宝塔以供奉舍利，只是这舍利后来不知所终。

至清代雍正十二年（1734年），因感于"此七宝床上古佛，现前丈六金身，盖覆大地，占断三际，不往不来，岂非一佛卧游十方普觉欤？"清世宗赐寺名为"十方普觉寺"。乾隆年间，又对卧佛寺进行了大修，终于形成今天的格局。

卧佛寺依山势而建，坐北朝南，建筑规整，对称严谨，环以花园，水石奇秀，竹树交荫。整座寺院背靠寿安山，共四进殿院，左右围以廊庑配殿。山门正中门额上悬着"十方普觉寺"，原有雍正御笔，现为赵朴初补题。天王殿、三世佛殿、卧佛殿、藏经楼，依次由南而北排列在中轴线，中轴线东侧为斋堂、大禅堂及霁月轩、清凉馆、祖堂等。西路院为行宫院，雍正、乾隆两代皇帝所修。行宫院前后五重院落，三座行宫。院里有两组假山，名曰"积云"，清高宗在行宫内多有诗作。东路院共五进院落，为僧舍。前面还有一小院。三组建筑平行排列，组成一个长方形整体。

站在寺前环顾三面环山而居于中的处境，就能体会当年建寺选址之讲究。卧佛寺建筑群是中国佛寺早期的一种布局方法，沿袭唐代伽蓝七堂的法式，这种平面布局在北京非常少见。清雍正皇帝称其为"入山第一胜境"、"西山兰若之冠"。

卧佛寺最出名当然还是卧佛，想当年更是一木一铜两尊，实属难得。木像放在三世佛殿，铜像放在后面卧佛殿。可惜那尊珍贵的香檀木卧佛在清代已不知去向，现在能看到的只有铜卧佛。铜卧佛据说是

卧佛寺　　135

卧佛寺的铜制卧佛

释迦牟尼在印度拘尸那伽城外圆寂前的姿势,侧卧榻上,头东脚西,面朝南方,双目微合,表情安详,体态匀称,衣褶流畅,右臂弯曲,右掌托头,左臂伸直,指掐吉祥印,似大彻大悟之态。佛像身长5.2米,铸造时用铜25000公斤、用工7000人,是北京现存最古、最大、最精的铜卧佛,做工极为绝妙,"渗金甚精"。卧佛身后三面环立着十二尊塑像,都是他的大弟子,亦称十二大士,即"十二圆觉"像。

除了卧佛,寺院还有很多珍贵对象可圈可点。首先因秋季树叶多为黄色,在文人笔下还有一个美丽的别名"黄叶寺"。因深得皇帝崇敬,寺庙中多有皇帝题字。另有六块明代石碑记载着寺庙的变迁史。

卧佛寺里还有一件可以与卧佛相媲美的宝物,即"三世佛殿前的两株娑罗树",曾经有"游卧佛寺,看娑罗树"的说法,可见娑罗树之地位特殊。

娑罗树"不芘凡草,不止恶禽",叶似枇杷,花苞如拳,一簇三十余朵,花期长达一个月。原只在南方几个城市生长,在北方的卧佛寺长得枝干参天,实属少见,也是此山独有。据说两棵娑罗树是建寺时从印度移植而来,但现仅存一棵。

卧佛寺除了这些宝物,还有四大景观与众不同,即半月池、古蜡梅、古银杏和十八罗汉。

半月池是放生池,其他寺庙的放生池都是没有桥且大多方形,卧佛寺的放生池既有桥,又是半月形,比较少见。

天王殿前的古蜡梅让人见识了什么叫梅开二度。这丛植于唐贞观年间的蜡梅曾经一度枯萎,而后又发出新芽,长势茂盛,所以又叫它"二度梅"。近几年,这株千年古蜡梅年年开花,芳香四溢,每年早春吸引着众多爱梅人士前来观赏拍摄。

卧佛寺两株古银杏的独特之处是树龄已超过八百岁，依然挺拔苍劲。传说，这两棵树是为了象征释迦牟尼涅槃于娑罗树下，早年从印度移植来的，因而此树又有"圣树"之称。

卧佛寺十八罗汉特别就特别在乾隆皇帝身上。三世佛殿内，三世佛两厢泥塑彩绘的十八罗汉，个个身披袈裟，手拈佛珠，神态各异，栩栩如生。唯独东面最南端的一尊罗汉却戴帽穿靴，身着双龙戏珠袍，与众不同。原来，笃信佛教的乾隆皇帝即位前曾一心想皈依佛门，但即位后未能实现心愿。在卧佛寺大修时，他自认为已修成正果，便命手下将其中一个罗汉去掉，换成了自己的塑像，这才有了现在含有乾隆皇帝塑像的十八罗汉。

历史悠久、积蕴深厚的卧佛寺于1957年和2001年分别被列为北京市和全国重点文物保护单位。遗憾的是，如今稀有经声佛号，仅仅作为游览胜地了。

# ❹ 崇效寺

　　崇效寺位于法源寺南边偏西位置,虽然现仅残存一座明代二层带楼廊的藏经阁,但因早于法源寺18年建寺,尤其当年曾有牡丹与法源寺丁香相提并论而名噪一时,所以不禁要追忆一下它的辉煌历史。

　　据清李慈铭《桃花花圣解庵日记》载,崇效寺为幽州节度使刘济于唐贞观元年(627年)舍宅而建。到元代,"以唐贞观元年所建佛寺旧址建寺,赐额崇效寺"。明朝天顺及嘉靖年间先后两次重修。

　　历史上的崇效寺坐北朝南,占地面积八千多平方米,有房屋114间,附属房屋16间。主要建筑有主殿、大殿、后殿、天王殿等。

　　崇效寺一直以育花著称。清初枣花出名,到清中叶以丁香出名,后来又育牡丹。"法源寺丁香、崇效寺牡丹"一直被世人相提并论、津津乐道。每到暮春三月,牡丹盛开。平时地僻人稀的崇效寺就会有人纷至沓来欣赏牡丹。当时的牡丹圃在崇效寺大殿西北角,占地大约三分之一亩,除了常见的姚黄、魏紫外,还有一两株名贵的墨牡丹和绿牡丹。据说崇效寺墨牡丹绝无仅有，堪称天下一绝。围绕墨牡丹，还有一个故事：清末大学士王文韶退居林下后，在牡丹怒放的季节想到崇效寺观赏墨牡丹，提前一天派人通知和尚，和尚乃趋炎附势之人，第二天看到另一位捐班候补道王大人率众浩浩荡荡而来，以为是王文韶光临，就隆重接待，并恭请素斋，在王大人观赏之余更索性把那枝墨牡丹剪下来让王大人带回去瓶供。等到下午，王文韶小帽便服来到崇效寺时，已经枝残花无，再也看不到墨牡丹了。这个故事因此成为崇效寺的一大笑话。

明吏部主事杨继盛曾来崇效寺游览，并为寺院题"无尘别境"。清朝直到民国，王士祯、林则徐、康有为、梁启超、鲁迅、许寿裳都曾到此领略寺院景致。虽然崇效寺到上世纪三十年代已基本废弃，人迹罕至，但每到牡丹盛开季节，还是有很多人前来观赏牡丹。1935年，北宁铁路局特开观花专车，接运客人来崇效寺观赏牡丹。1949年后，朱德、徐特立、黄炎培等也曾来此观花。

1950年，叶恭绰先生自港赴京，看到崇效寺牡丹大部枯萎，非常惋惜，便向北京市人民政府建议把牡丹移到中山公园。如今要想欣赏当年崇效寺的牡丹，就只好去中山公园了。

随着牡丹的外迁，崇效寺也不复存在而变身白纸坊小学。崇效寺往日的辉煌再也不见踪影，牡丹的花香也早已飘逝，现存十分老旧的藏经楼孤零零伫立其间，似乎在向人们诉说着久远往事。

好在白纸坊小学以"崇真、效善、尚美"校训，继承"崇效"真髓教导学生，这也算是昔日崇效寺对于今天的意义吧！

## ❺ 银山塔林

　　银山塔林位于昌平天寿山东北下庄乡海子村西南银山南麓的大延寿寺遗址内，距离北京市区50公里。这里群峰连绵，巨石累累，岩壁色黑如铁，到了冬季瑞雪纷飞之际，山上积雪似银，故有"铁壁银山"之称，居明清"燕平八景"之首。

　　追溯银山塔林的历史要从大延寿寺的渊源说起。早在唐宪宗元和年间（806—820年），当时名僧邓隐峰禅师便在此处创佛严寺讲经说法，建有佛殿僧舍七十余间，在古幽州寺院中规模突出，成为高僧阐扬佛教的重要道场。辽寿昌年间（1095—1101年），满公禅师又在此山修建了宝岩寺，其后通理、通圆、寂照三位禅师也先后来此说法修行。金天会年间（1123—1135年），禅宗五家之一的"云门宗"高僧佛觉大师也来到银山，并于天会三年创建了大延圣寺。寺庙依山而建，殿宇巍峨，雄伟壮丽，引得各地法师、高僧纷至沓来，云集于此,银山因而名声大噪,与著名的江苏镇江金山寺遥相媲美,时有"南金北银"之誉。

从元朝至明朝,银山一带的寺院建筑不断增加和改建,寺院越建越多,规模日益扩大。明宣德四年(1429年),司设监太监吴亮出重资重修大延圣寺,历经八年方告成,明英宗朱祁镇钦赐寺额"法华禅寺"。当时的法华禅寺,有殿五座,山门、禅堂、方丈斋厨大小建筑完整配套,与周围众多小型寺院连为一体,时称七十二庵。

大延寿寺作为佛教圣地,来此讲经弘法的高僧不断,这些高僧、法师圆寂后便建塔纪念。金、元、明、清四代,银山相继建成众多墓塔,这些墓塔形制各异、大小不一,高则数丈,小有数尺,分布于山麓之上或寺院之中,民间有"卢沟桥狮子数不清,银山佛塔数不尽"之说。

在这些数不清的宝塔中,建在当初邓隐峰说法台上的蘑菇状石塔最为著名,被誉为银山宝塔中的"镇妖塔",又叫"转腰塔"。千百年来,镇妖塔犹如一名忠实卫士,以佛法压邪镇恶,捍卫着银山正气。又因为有"绕塔左右各转三圈能治愈腰腿疼痛"的传说,所以直到现在,来银山的游客都要登上转腰塔转上几圈。值得一提的是,说法台旁有棵松树,弯曲形状犹如衣架,隐峰大师说法时常挂衣于此,所以成就今日"隐峰挂衣处"一景。

这里山高路远,人迹罕至,曾因此躲过动乱年代的种种灾难,但在1941年日军进犯平北抗日根据地路过银山时,毫不犹豫地将罪恶之手伸向这清幽古刹,庙宇建筑遭到拆毁,灵塔的劫难更是不堪入目。

法华禅寺　　　① 山门　② 天王殿　③ 禅堂　④ 大雄宝殿
复原平面图　　⑤ 藏经阁　⑥ 懿行大师塔　⑦ 晦堂佛觉大禅师塔
　　　　　　　⑧ 佛觉大禅师塔　⑨ 圆通禅师塔　⑩ 虚静禅师塔

银山塔林有铁壁银山之称,居"燕平八景"之首

银山塔林每座石塔都有石碑,上书各塔之由来。有的字迹已模糊

目前保存最完整、最大的是延寿寺废墟上的辽金时期五座大型砖塔。分别为辽金时期佛觉、懿行、晦堂、圜通、虚静等五位著名佛教大师的灵塔。这些造型精美、雕艺精湛的塔群历经六百年岁月和人世沧桑，依然完好地耸立于优美雄奇的银山之中，成为我国现存古塔中的珍贵遗存，银山也因而成为中国现存辽塔最多的风景区。

改革开放以后，经政府和各方善信筹资修复，银山又恢复了部分景观。1988年银山塔林被公布为第三批全国重点文物保护单位。银山也因坐拥大型历史古迹而成为4A级风景区。

如今，银山郁郁葱葱的松柏，大片的橡树、梨树、栗树、核桃树形成的四季各异的纷繁色彩包裹着古老塔林，让其深厚佛韵的幽静和隔绝得以长久留存。

## ❻ 宝应寺

宝应寺位于北京市宣武区登莱胡同二十九号，相传是唐代建制的古刹。庙里有明朝万历年间编修顾秉谦重修宝应寺碑，根据碑记推断宝应寺最晚也在明朝以前修建。清乾隆至道光年间，山东黄县贾东愚等在京为官的同乡集资所盖的山东人同乡组织——登莱义园和宝应寺合并。院门两旁，白色墙壁。义园突出，佛寺色彩全无，以致几次寺庙登记，都没有记载。但周围居民不认"登莱胶"，从来都叫宝应寺。1950年代以来，弃佛办学，成为后来的"宣武师范二附小"。

现今宝应寺的四大殿及偏院仍在，为宣武区重点保护文物。近几年又进行大修，新建庙门、院墙和头层大殿。庙门上石刻横额"宝应寺"，洁白粉墙，青瓦盖顶，比原来的寺庙更壮观，但目前还没有对外大开山门。

## ❼ 凤翔寺

凤翔寺位于北京市怀柔区东南十里的仙台村内。始建于唐代，原名"仙圣传院"，金代改为"凤翔寺"，最后一次修建是在清嘉庆年间。

凤翔寺原有七层殿宇，今仅存天王殿，建筑在一个能容纳八九十人的地下古洞之上，面阔三间，面积约80平方米。左右各有耳房两间，东西厢房各有三间。院内有古柏两株，直径达二尺，树龄约五百年。嘉庆年间重修凤翔寺碑立于大殿前面；东厢房北山墙处存有1.3米高的明万历年间铁钟；大门外有两尊辽代经幢等古物。

之所以要特别讲到这所几近废弃的寺院，是因为凤翔寺名闻遐迩，在国内外都有较高知名度，据说日本仙台市就是由凤翔圣地仙台村得名。另外，寺庙还保存唐代建寺高僧真金化身。

目前，当地政府正在筹备重修恢复凤翔寺的主要建筑，以期重建佛缘，重兴佛教。

# 伍、辽、金、元时期北京兴建的寺院

# ❶ 汉藏融合的 白塔寺

## 汉藏喇嘛塔 显密佛教传

白塔寺位于阜成门内大街路北,是北京唯一一座汉藏合一的寺庙。白塔寺即妙应寺,因寺内一座通体洁白、雄伟壮观的藏式喇嘛塔被人们习惯地称为"白塔"。白塔从建成直至今日在历朝历代僧俗二众的心中始终有着举足轻重的地位和影响,因此人们把寺庙直呼为"白塔寺"。

白塔寺始建于辽道宗寿昌年间(1095—1100年),原名叫永安寺。当时的寺庙也很有影响,辽道宗耶律洪基是辽代历史上奉佛最虔诚、最热心的一位帝王,史称他"一岁饭僧三十六万,一日而祝发三千"。在他的扶持和带动下,辽代佛教在他在位时达到了鼎盛。这个时候又是辽代佛教密宗最为兴盛的时期,所以,当时的永安寺就成为一座典型的密宗传播道场。辽代著名的佛学大师道㪚曾在此弘法,并主持兴建了一座佛塔"释迦舍利之塔"。道敟大师自幼出家，十五岁学习律学，后来四方参学，博达多闻，"内精五教之宗，外善百家之言"，一生大唱显密圆通，认为显教和密教在理论和修法上应当互相吸收、融合，优势互补，同时他也将这一理论贯彻于自己的修行中。他的渊深佛学和独特思想在当时人口众多、文化繁盛的燕京赢得了极高的声誉，道宗因此赐予他"显密圆通法师"之号，他的思想全部凝聚于著作《显密圆通成佛心要集》中。

道敟大师对永安寺最大的贡献是主持造塔供奉舍利，塔内藏有释迦佛舍利戒珠二十粒、香泥小塔二十四座、《无垢净光》等陀罗尼经五部，体现了永安寺鲜明的密教色彩。只可惜蒙古汗国在1211年至1214年对金中都城四次围攻后终于得手，连续几年的蒙古灭金战争使城中宫阙废为瓦砾，永安寺也无可幸免地被毁。

到了元代，原本信奉萨满教的蒙古民族接触到藏传佛教后，民族生活习俗、民族心理和宗教信仰的相似性使他们选择藏传佛教为主要信仰，因而建造寺庙以祝愿祈福成为一种需要。而为了密切与藏民族的关系，确保多民族国家的长治久安，忽必烈对藏传佛教大兴赐封，广建寺塔。至元八年（1271年），因在永安寺原址发现了舍利和"开乎天意"的"至元通宝"，因此敕令重建永安寺，更为了祝祷皇帝生辰而取名为"大圣寿万安寺"。

**尼泊尔良工之萃 融两国特色建造**

大圣万安寺是先建白塔后建与之配套的殿堂群落。忽必烈建万安寺的用意颇深，寺庙工程开始以后，作为帝王的他表现出了超乎寻常的关心。在兴建白塔时，他亲自选派尼泊尔著名工匠阿尼哥负责形式设计并主持建筑工程。

阿尼哥出生于尼泊尔历史上有"良工之萃"美誉的帕坦的一个贵族之家，他从小聪明勤奋，酷爱绘画和雕塑。元朝初建时，为了庆贺西藏的和平归附，以表大元帝国对西藏佛教的崇重之心，忽必烈敕令在西藏修建一座黄金塔。负责修塔的释迦桑波求助尼泊尔国王，尼泊尔国王在全国征召挑选了八十名工匠，阿尼哥就受召其中，当时年仅十七岁的他还自告奋勇担任这支建筑大军的头领。在建塔过程中，阿尼哥表现出了高超的技艺和非凡的指挥才能，被元世祖尊奉为国师的八思巴把这一切看得真真切切，所以在黄金塔建成后，八思巴执意把他留在身边，亲自为他剃度，收为入室弟子。于1262年应诏时又将他带到京城，他因机智果敢及成功修复一尊宋朝铜人而受到忽必烈极度赏识和器重，把修寺、建塔、造像等任务都交给他。阿尼哥不辱帝王重托，效忠元王朝，不遗余力地贡献他的艺术才能，可谓功勋卓著，至元十年（1274年）被授予"诸色人匠总管"。

阿尼哥在元朝四十余年，共建造了"塔三，大寺九，祠祀二，道宫一"共十五座宗教建筑，并为皇室制作了很多集绘画与手工工艺于一体的"御容织帧"。在造像艺术方面不仅传授自己的儿子，还教出了汉人弟子刘元。后来，北京广济寺、八大处香山寺、白云观、东岳庙等处的神像都出自刘元之手。

阿尼哥精心负责修建的白塔既采用了尼泊尔的形制，又融合了具有中国民族特点的装饰，是喇嘛塔中的精品。砖石结构的白塔由塔基、塔身和塔刹三部分组成。台基高9米，塔高50.9米，底座面积1422平方米。台基分三层，最下层呈方形，台前有一通道，前设台阶，可直登塔基，上、中二层是亚字形的须弥座。台基上砌基座，将塔身、基座连接在一起。莲座上又有五条环带，承托塔身。塔身俗称"宝瓶"，形似覆钵，上安七条铁箍，其上又有亚字形小型须弥座，再上就是十三天相轮，象征佛教十三重天界。顶端为一直径9.7米的华盖，华盖以厚木作底，上置铜板瓦并做成四十条放射形的筒脊，华盖四周悬挂着三十六副铜质透雕的流苏和风铃，微风吹动，铃声悦耳。华盖中心处，还有一座高约5米的鎏金宝顶，以八条粗壮的铁链将宝顶固定在铜盘之上。喇嘛塔所用材料多数为石块且表面涂灰刷浆，通体皆白。而塔刹圆盘多用铜铸，因此在红日蓝天下，光彩耀目。

白塔落成之日，京师为之震动，元代碑文中清晰地写道："非巨丽，无以显尊严；非雄壮，无以威天下！"此塔的出现，对内地明清两代喇嘛塔的兴建有着极其深远的影响，是元大都保留至今的重要标志，也是中尼两国人民友谊和文化交往的历史见证。

### 一箭之地 巨刹耸立

白塔建成后，忽必烈又请八思巴帝师的同父异母弟弟、在当时京城的佛教界也享有很高声誉的亦怜真亲自为白塔装藏，并敕令以白塔为中心向四方各射一箭以规划寺庙的宏伟蓝图，"一箭之地"按现在推算大约是200米的距离，那么万安寺的面积应为16万平方米，相当

妙应寺因雄伟壮观的藏式喇嘛塔被称为白塔寺

白塔寺经过修缮后,寺庙面貌焕然一新

于一般寺庙的好几倍。历经九年工程之后的至元二十五年，一座"殿陛栏楯，一如内廷之制"的巨刹终于耸立在当时都城平则门（今阜成门）里街北。因塔、寺位于元代大都城的西部，故又有"西苑"之称。

从元世祖忽必烈开始，万安寺一直作为宫廷"百官习仪之所"。成宗元贞元年（1295年），铁穆耳在万安寺主持"国忌日"活动，饭僧达七万多人。万安寺的规模之大，从元人记载的"万安寺关山门要骑马摇铃"可以想象。

规模宏大的万安寺在元朝九十余年的历史上始终香火旺盛，在宗教上享有崇高地位，是当时皇家进行宗教活动和百官司仪的中心场所，同时也是蒙汉佛教及其他经书的译经之处。元世祖忽必烈于至元三十一年去世后，皇室在白塔两侧修建了神御殿（也称影堂），每个月都要派遣官员致祭。

万安寺宗教地位的另一个体现是忽必烈将在印度和中国流传了两千多年的旃檀瑞像迎至万安寺供奉。万安寺的僧侣地位极高，尤其是寺中住持多为朝廷赐封，享受世俗爵位。第一任住持知拣由忽必烈亲自委派上任。知拣是"领释教都总统开内三学都坛主开府内同三司光禄大夫大司徒邠国公"，在元代宗教政治、社会政治和佛学上均有极高的地位和影响。

**装藏译经 文化交流中心**

万安寺是显密兼弘的道场，知拣、理吉祥、八思巴、亦怜真等汉藏高僧都在此留下了道影,因而也使万安寺成为元朝汉藏文化交流、活动中心,尼泊尔、朝鲜等国的艺术家和学僧都曾在万安寺活动。朝鲜学僧惠永曾带领一百写经僧到大都,送给元世祖一部金字《法华经》。

然而,代表着元朝帝王们宏大祈福愿望的万安寺最终没有保佑忽必烈"圣寿万安",在大元江山倾倒之际,也于一场雷火中化为灰烬,只有白塔幸免。致使曾经旺盛不衰的香火断了八十九年也无人问津,虽然曾于旧址上修建了号称"重楼巨构三千间"的道观朝天宫,但是后来又一场大火将之化为焦土,从此再也没有恢复。直到明天顺元年(1457年)宛平人郭福奏请朝廷,由司设监太监廖秀出资,才得以在废墟上重建寺庙,历经十一年建成,朝廷赐名妙应寺。

**明朝改为汉传佛教 太监太后护持修建**

妙应寺的规模比原寺小了很多,占地仅13000平方米,只有原寺的八分之一大。不仅规模缩小,建筑形制和宗派属性也发生了根本变化,由典型的藏传佛教寺院改为汉地宋代开始形成的"伽蓝七堂"的格局,因为明朝统治者不信奉藏传佛教,所以妙应寺也从此改为汉传。但是对白塔却常有修葺、增饰。成化元年(1482年)皇帝敕令在白塔周围用砖造灯笼一百零八座,"以奉佛塔"。万历十四至十五年(1585—1586年),慈圣皇太后又出资修缮白塔天盘寿带。万历二十年(1592年)重修了白塔宝盖,并在覆体上放了一座小铜碑。白塔华鬘下的三十个铜铃有十六个是明代信徒施造。

明代护持佛教的主要力量来自宫廷的太监和太后，太监们因为身份地位特殊，牟取了很多权、利之后，却无法享受今生的幸福和快乐，于是通过佛教寄托来生。太后们则是因为笃信佛教，在儿子幼小由其掌管大权或儿子称帝当政期间，往往会利用手中权力为佛教做功德。

**清朝藏传兴起　修葺发现宝藏**

清朝的统治者跟元朝一样信奉藏传佛教，清朝建国后，藏传佛教在内地的传播与发展再度红火起来，格鲁派黄教更是盛极一时，藏传佛教寺庙也像雨后春笋般兴起，妙应寺古老而闻名的藏式白塔尤其受到统治者和藏传佛教信徒的崇重和青睐，成为京师喇嘛庙之冠。除了正常佛事活动，还有定期和不定期的喇嘛、信众"转塔"活动，每年的农历六月四日的释迦牟尼初转法轮日和十月二十五日的白塔落成纪念日，这两天的"转塔"规模最大，这一活动从清朝兴起，一直延续到民国。

清朝统治者对妙应寺崇重备至，多次拨款修葺并进行赏赐。其中以清初康熙与乾隆二帝对妙应寺的关照最为突出。康熙二十七年（1668年）敕令对寺塔进行全面维修，修完后还专门御制两通石碑立于寺内殿亭之中以纪事称功。七十多年后的乾隆十八年（1753年），乾隆皇帝又敕令"增饰鼎新"，这次修缮在妙应寺历史上是规模空前的一次，工程持续了两三年，耗资巨大。修塔之后，乾隆帝还特地奉置了一套重要的佛教文物在塔刹中，立有石碑为证。1976年，唐山发生大地震，波及北京，白塔也被震损。塔刹歪斜，支撑华盖的相轮上部砌体严重崩塌，塔身肩部严重开裂。工作人员检查白塔时发现了这批在塔顶里沉睡了二百多年的佛教文物，文物之多之珍贵令人瞠目结舌：724函龙藏新版《大藏经》，可装载一卡车。乾隆帝手书经咒各一份，三尊各高二十公分的铜质三世佛像，装满了八宝、念珠、各朝各代货币的四个银瓶，一尊黄檀木整雕连龛观音像，像下面有一个圆形小钵，内藏三十三颗舍利子。一尊精雕细刻的小赤金舍利长寿佛，高五公分，全身镶嵌四十多颗红宝石。一套五方佛冠和补花锦缎袈裟，上缀千余颗珍珠、珊瑚珠、檀木珠和蓝、红宝石。有白、蓝、黄、绿三色丝织大"哈达"，长5.3米，宽0.76米，上织"八宝"图形和藏文"利乐歌"等等。大小箱子中都按佛、法、僧三宝的规矩顺序安放，格式十分严谨。整套文物质地优良，工艺精湛，其中完整的佛冠和袈裟，还有大幅素织的"哈达"，是目前北京地区仅存独有的。

23年后的乾隆四十一年（1776年），乾隆帝又敕令修缮妙应寺，这次重点对殿堂进行修缮，并赏赐寺僧。康乾二帝以及嘉庆二十一年（1816年）的修缮，使妙应寺面貌轮换一新，除了现存意珠心镜殿和七佛宝殿之间的工字殿基造于明代，其他的全部被更新。

### 千叟宴 犒劳长者

清朝妙应寺最著名的活动就是乾隆五十年（1785年）举办的"千叟宴"，当时在中外臣民中引起轰动。千叟宴是清朝皇帝犒劳国中有功长者而举行的盛大宴会，参加者一般年龄在六十五岁以上，人数有一千左右，整个清朝历史上共举行过四次。在乾隆五十年这次盛宴上，酷爱作诗的乾隆皇帝即兴赋诗八首，题为"妙应寺八韵"，并勒于碑石。

**社会动乱 难以清修**

清末民国时期的白塔寺遭受过两次大的破坏，一次是1900年八国联军的破坏，寺庙几乎毁灭，白塔幸存，但历代供养的宝物、经卷荡然无存。第二次是日本军国主义强盗的破坏，将七佛殿金柱锯断当做马槽使用，使寺院屋舍倒塌，野草丛生。白塔寺遭受摧残之后，迅速得到一些佛教信徒和爱好文物的社会有识之士的护持得以重新崛起，继续书写它的辉煌历史。因为寺庙道风好，影响大，殿堂完整，白塔寺在清末民国期间还先后两次受命接管其他寺庙的喇嘛。

白塔寺在民国二年（1913年）遭遇生存困境时，曾出租场地开办庙会，后来庙会逐渐兴盛，成为北京五大庙会之一。《妙应寺沿革考》中描述："沿阜成门大街迤逦三、四里，以至庙内，摊贩杂陈，举凡人生日用所需，无不俱备，届时仕女云集，人烟辐辏，颇类明时之市、灯市与城隍庙市也。"白塔寺庙会虽然深受京城百姓的喜爱，但毕竟偏离了佛教的方向，有违寺庙清修的宗旨，当时并不为佛教徒所接受。

新中国成立以后，白塔寺与国家的命运发生了休戚相关的变化。从1949年到1966年是建国初期，百废待兴且安享和平，这时的白塔寺仍然作为宗教活动场所，庙会仍然定期举行。虽然经济紧张，国家还是两次对白塔实施保护措施：1962年为白塔安装了避雷针，1964年修理塔身。1963年，国务院公布"妙应寺白塔"为全国第一批重点文物保护单位。只是久负盛名的白塔庙会从1958年始逐渐衰落，到1961年最终停止。

1961年至1965年是"文革"前奏，社会已经开始出现动乱，白塔寺寺庙碑刻、佛像相继被砸毁，部分法器移交给雍和宫。1965年管理权由中国佛教协会移交给北京市文化文物局，从此改变了寺庙作为宗教活动的性质。及至"十年动乱"期间，整个中国进入是非颠倒的非常状态，寺内喇嘛被遣散，白塔寺殿堂变成了西城区查抄办公室场地，东西配殿及房屋被居民占用，大量文物遗失或被损毁。尤其令人痛心的是在1969至1970年间，寺庙山门和钟鼓楼被拆毁并改建成西城区副食品商店。一座格局完整的寺庙只剩下中轴线几座空荡荡的殿堂和白塔。

**恢复旧貌 遥想古风**

随着中国历史的变迁，文化古迹的价值开始逐渐为人们所重视。从1978年至今，白塔寺也从此步入正轨，开始全面发展，国家拨巨资重新修缮，寺庙面貌焕然一新。

1980年成立白塔寺文物保管所，隶属北京市文物局并正式开放，1987年归入首都博物馆。1997年，作为北京市政府向市民承诺的六十件实事之一的"打开山门，亮出白塔"复建工程按照"原址、原貌、

恢复旧貌 遥想古风

原高程"的原则进行，历经一年多时间，明清风格的山门和钟鼓楼、东配殿重现白塔寺原址上。1998年10月25日，白塔寺以崭新的面貌重新对外开放。到2009年，为期六年的白塔寺周边复古改造工程结束，宫门口（即白塔寺西街）沿街已经全部恢复清末民初的街貌。

如今的白塔寺，整个寺庙沿中轴线由南到北依次排列着山门、钟鼓楼、天王殿、三世佛殿、七世佛殿和塔院。山门面阔三间，东西两旁有八字影壁，中间券门上有石刻横匾，上书"敕赐妙应寺禅林"。进门后，两侧分列楼阁式钟鼓楼。其后为天王殿，面阔三间，内塑四大天王像。再往北是三世佛殿，面阔五间，前有月台，内供三世佛，

白塔寺山门面阔三间，东西两旁有八字影壁，中间券门上有石刻横匾，上书"敕赐妙应寺禅林"

各高3.3米，均为元代楠木雕全身金佛像，顶饰三座盘龙藻井。三世佛殿往北为七世佛殿，面阔五间，内塑七尊佛像，两旁为十八罗汉，顶饰三盘龙藻井。大殿两旁都有配殿廊庑。寺庙最北为塔院。塔院地势较高，以红墙围成一个单独的院落，院内四隅各建角亭一座，白塔位于中央偏北。院墙南门上题额：敕建释迦舍利灵通宝塔。门内是一座名为具六神通的殿堂，正中悬挂着"具六神通"四字牌匾，为乾隆御笔。殿的上方木雕鎏金三佛结跏趺坐，供奉在三个大小一致的木质佛龛内，造型皆具西藏造像特征，殿内两壁挂着八幅藏传佛教画像，为清末作品。其北即为白塔。

尽管当初阿尼哥建造白塔时赋予了它深厚的佛教象征意义，历经风雨春秋之后的白塔寺还是在岁月中逐渐淡去了佛教的意蕴和地位。虽然还偶尔举办一些珍藏文物、藏传万佛造像艺术、佛典瑰宝等展览，但白塔寺最终还是沦为一座供游客游览参观的寺庙。开放旅游以来，前来礼塔的尼泊尔客人接连不断，白塔寺接待尼泊尔重要政府首脑人物参观就达十余次，为增进中尼两国人民的友谊发挥了重要作用。

如今，追寻佛法的人再到白塔寺，只能通过那些古老的殿宇、神奇的佛像，还有在蓝天白云下熠熠生辉的白塔而遥生遐想了。

## ❷ 弘慈广济的都市梵宇

广济寺

### 且住为我说法 乃建西刘村寺

广济寺位于阜成门外西四,与白塔寺平行分布于历代帝王庙的左右。

广济寺始建于金代,但关于金代建寺的记载却非常简单。金时的西四属于金中都通玄门外北郊,有两个刘家村,西边叫西刘村,村里有个叫刘望云的人,自称是天台刘真人的后裔,有练气之法。有一天,一位僧号叫"且住"的和尚经过村庄,见到刘望云就说:认得老僧么?说完掉头就走,刘望云顿时心领神会,上前抓住和尚的手说"且住为我说法去",恳请且住和尚留下讲经说法。不久,刘望云出资"为之建寺,曰西刘村寺"。

西刘村寺的建庙缘起听起来有点玄妙。在金代,统治者鉴于辽代佞佛的教训,对佛教采取利用与限制相结合,防止佛教过盛,甚至一度规定不准民间建寺，直到金世宗时才所有改观。由此推断西刘村寺极有可能就建于金世宗时代，虽然只是数间房舍的乡村小庙，但在当时建造这样一座民庙，还是需要一定的经济实力，看来这刘望云也不是等闲之辈，不仅有刘真人后裔的家世传统，也许还是富甲一方的乡绅财主。只是他创建的一座乡间小庙数百年之后竟发展成京城腹地举足轻重的佛教名刹，恐怕是当初无论如何也预料不到的。

继辽金之后，元朝又一次以少数民族身份入主中原。与金代截然相反的是，元代诸帝自忽必烈开始直至元末顺帝都对佛教大力扶持、优礼有加，元统治者及王公贵族都纷纷修建寺院，都城内外大小寺庙星罗棋布。这个时期的西刘村寺，因为元大都的位置整体北移而划入都城西南部，并一举成为都市民众佛教活动的重要场所。可惜元末战争中，历经金、元两代的西刘村寺也在劫难逃，于兵火中荡然无迹。

明代诸帝，除世宗外皆信奉佛教，不仅帝王即位要度僧为替身，而且皇室的太子及诸王出生时"俱剃度童幼替身出家"，加之将幸福寄托来世的那些得势宦官太监利用手中权、财广建佛事，多积功德，从而导致明代佛教趋于鼎盛。

## 山西僧人中兴 京城宝刹第一

景泰年间（1450—1456年）村民耕地，发掘出陶制佛像、供器、石龟及石柱顶等物，才知这里是古刹遗址。一年后，山西僧人普慧、圆洪师徒云游至此，发愿在西刘村寺遗址上复兴废庙，当时掌管皇帝冠服的尚衣监廖屏得知此事，正遂其心愿，于是大力资助，仅用了两年时间就营造起一座庄严佛刹。寺建成后，廖屏奏请宪宗皇帝赐寺名，宪宗皇帝乃赐额"敕赐弘慈广济寺"，又授圆洪为"僧录司右觉义，寻升右阐教僧，住持于内"。此后，广济寺僧人不断进行修建，到成化二十年（1484年）才算全部完工。次第建成山门、天王殿、大雄宝殿、大士殿、伽蓝殿、祖师殿、钟鼓楼、斋堂、禅堂、方丈室、僧舍等，巍峨壮观，富丽堂皇。《广济寺志》称："点染丹艧，焕然一新"，"幡幢供器，寺所宜有者，无不毕具"，"京师宝坊，斯为第一"。广济寺从此跻身京城名刹并再没更改寺名。普慧作为弘慈广济寺的开山之祖，以戒行精严著称，颇受同道钦仰，宪宗皇帝称赞他"早通释典，克持戒律"。

广济寺到万历年间已历经百年，寺内佛像斑驳、殿宇倾颓，为此，当时的中军都督府彭城伯张守忠和后军都督府惠安伯张元善慷慨解囊并募款重修，作了"重修广济寺碑记"。

清朝初年，北京人恒明法师住持广济寺，将之改为律宗道场，在此设立戒坛，从清顺治五年（1648年）起，延请玉光律师在寺内开堂传戒，历时十三年。清世祖于顺治十三年亲临广济寺礼佛进香，并颁赐渗金释迦立佛像一尊。此后，清世祖从广济寺高僧"结制二期，说戒一期，龙车数过，恩礼特隆"。顺治帝对德光监院也是恩宠有加，凡是济贫、做佛事所降圣旨都由德光拜受，广济寺因此在京城的名声日益显赫。恒明法师住持广济寺后，南下捐印南刻大藏经，完成为广济寺请来全套大藏经的夙愿。康熙二年兴建藏经阁以贮藏这些经书时，一度被误为"妖"而押至刑曹，紧急关头，德光监院据理力争才使藏经阁得以继续建设。阁建成后,康熙皇帝曾亲临藏经阁参观并预览大藏经,令人痛心的是,这些经书后来全部毁于一场火灾。

**毁于地震 敕修增建**

康熙十八年,京师发生地震,广济寺几乎全部毁灭,残垣断壁令人目不忍睹。当时的监院复初痛心疾首,乃昼夜修行感化信众,广募善缘,后得镇国将军支持,复初监院带领僧俗四众奔走效劳,终于将广济寺修盖如故。康熙皇帝亲临震后重建的广济寺,"驻跸山门,游幸大殿,深嘉法地精严有霁色"。时隔不久,临济宗三十三世传人天孚和尚于鹤林德法后回归广济寺,并兴建了一座大悲坛。天孚和尚在广济寺别筑一室韬晦自养,时人称之为"别室天孚和尚"。别室前被誉为广济八景中"仙枣垂璎"的神异之树颇得康熙皇帝赞誉,后来又得乾隆题诗,曾是广济寺一宝,可惜后来也毁于火灾。

康熙三十八年(1699年),朝廷又敕修广济寺,增建了御制碑文匾额和御临米芾的《观音赞》,还增塑了释迦牟尼鎏金佛像。清朝的每次修缮基本都保持着明朝重修的布局。当时的广济寺在京都还拥有几个下院,在北海西面有柏林寺(现为北京图书馆分馆),德胜门内有莲花寺,后海有广化寺,西直门内有弥勒院,龙须沟有龙泉寺等,盛极一时。

作为律宗道场的广济寺在京城的传戒地位与悯忠寺几近,时有"都城说戒之地,北则广济,南则悯忠"之议论。

清朝末期,帝国主义列强入侵,国力日衰,进入民国时期后,时局更是动荡不安,京城佛教也久靡不振。现明法师住持广济寺时正值多事之秋,寺庙处于乱世,逐渐沦为僧俗混居的大杂院,民国四年十月间大雄宝殿供奉的一尊普贤铜佛失窃的案子也不了了之。虽然混乱不堪,但这段时期在广济寺历史上发生的一件事却值得一提,那就是在1912年,孙中山选在广济寺会见北京各界人士,揭举"政治改革、五旗一家、不分种族"的政治主张。

**厚待僧俗名流 良莠不齐渐没落**

民国时的广济寺虽然难续昔日辉煌,但因深厚的历史传承和适中的地理位置,仍然备受京城名流居士的偏爱,仍是京城佛教活动的重要场所。现明住持与京城各界信众也多有交往,当时的交通部长叶恭绰、铁路督办蒯若木、财政部司长徐蔚如、教育部参事蒋维乔等都是护法大居士,他们共同组织讲经会,应请高僧大德来京城讲经说法。民国十年(1921年),一代佛学大师太虚应邀赴京,在广济寺举行隆重法会,轰动一时,广济寺日日善信盈门,前来挂单修行的外省僧人也与日俱增。

广济寺从清代鼎盛时起便有厚待僧俗信众的传统,并沿为寺风。民国时期更有不少外地僧人因闻广济寺"庙内传戒每月犹给钱文"而投奔寺内挂单修行,形成良莠不齐的僧人入住现象,因此也引发了民国十二年曾轰动北京城的广济寺和尚行凶伤人事件。

民国年间的寺庙除了例行佛事之外,逐渐形成各自特色,有专办婚礼丧考，有致力慈善救济，而广济寺则大力兴办教育，首先在寺中创办了弘慈佛学院，聘请外省高僧大德前来授课，以培养僧伽人才。继弘慈佛学院之后，广济寺又开办了广济平民小学，为当时日益困窘的民众子女提供受教育机会以普及教育。

**祝融灭顶 损失三宝**

广济寺历史上遭受灭顶之灾的一场大火是在民国二十一年，让人哭笑不得的是，大火起因竟是法会中疏忽，大殿里被风刮断的电线落入炉火之上，火苗沿电线窜起，迅速引燃席棚、大殿，整个寺庙顿时火光冲天。但因时任北平市消防局局长蒲志忠与现明法师素有怨隙，对报警坐视拖延，致使大火在几个小时之内将这所盛极一时的寺庙烧得面目全非，再加以救火之时，有人趁乱搬走寺庙物品，致使广济寺遭遇空前惨重的损失。据说，在大火肆虐之时，现明老和尚悲痛欲绝，几次欲投入火海与殿堂同归于尽，幸好隐居北平的吴佩孚闻讯赶来死死抱住，并竭力劝阻。

民国二十四年（1935年），现明法师在吴佩孚等各界名流的鼎力资助下，按照明朝格局于原址上又重建起广济寺，建筑规模比之前更加壮观。建成开光之日，现明法师沉痛地告知僧俗四众弟子：除了众所周知的重大损失，广济寺还失去了三件宝：方缸、铁井和七叶槐。这三件都是国家珍贵文物，其中方缸是与广济寺同龄的明代文物，知情者无不为之扼腕。

现明法师于民国三十年（1941年）圆寂后，显宗住持广济寺，其间，广济寺依然保持着在京城佛教界的重要地位，不时有高僧大德莅临并举办佛事活动。佛教大师圆瑛就曾应邀赴京，住锡广济寺讲经两个月，皈依信徒不计其数。

广济寺自明、清始，数代相沿积聚了非常丰厚的寺产，民国二十五年统计时，广济寺的动产不动产共达41635元，除具35亩寺基的广济寺本院之外，附属寺产还有房屋44间，基地、耕地九顷四十七亩五分。丰厚的寺产为广济寺在民国时期仍然能开展佛教活动、维持重要的佛教地位提供了经济保障。但是到了日寇入侵之后，广济寺房舍遭严重破坏，仅能勉强为京城人的"白事"出经，再也无力举办例行的佛事活动了。

新中国建立后，佛教界人士纷纷提出改革佛教、"以庙养庙、以庙养僧"的主张。1950年，政协宗教界代表巨赞法师等人筹集资金开办的"大雄麻袋工厂"，为了解决在京出家僧尼参加劳动生产的问题而扩大规模，地点就选定在广济寺。但当时的广济寺已经全部改作公安司令部，佛殿里堆满杂物，凌乱不堪。巨赞见状十分痛心，毅然提笔致信毛主席，言辞恳切地建议毛主席直接派员调查，腾出广济寺给僧人以建设新丛林。毛主席第二天就亲笔批复，指示调查。

**佛协会址 对外门户**

1952年由人民政府拨款对广济寺进行了全面维修。当年，来北京出席亚洲太平洋区域和平会议的锡金代表团团长马拉塔纳法师等人，

古槐掩映下的广济寺大雄殿

代表锡金佛教徒向中国佛教界赠献"佛舍利"、"贝叶经"和"菩提树"三件佛宝时,北京各寺庙的僧尼、喇嘛、居士等八百多人在广济寺参加了收礼典礼。

1953年,中国佛教协会在北京成立,会址就设在广济寺,之前一年创办的协会机关刊物《法音》杂志编辑部也设在广济寺。广济寺不仅为佛协提供办公场所,还协助接待来宾和举办重大佛事活动,中国佛牙舍利数次出国巡游之前举行的恭送佛牙舍利盛大法会,纪念鉴真大师圆寂一千二百周年大型纪念法会,正果、净严、宽霖、茗山、传印等十几位法师隆重传授三坛大戒等佛门盛事都是在广济寺举行。

1950年代后期,由于政治导向偏离,广济寺的佛教活动受到严重影响，早晚殿制度被废，寺内的居士林也被迫停办。到"文革"时期，广济寺更是首当其冲遭受劫难，佛教文物、经书严重受损，幸亏国务院及时宣布保护令，才避免了更大的灾难。

1972年，为了迎接斯里兰卡总理班达拉奈克夫人来访，国务院总理周恩来批示拨款修复广济寺，此次修复以佛像和文物为主。1973年，中国佛教协会恢复了在广济寺的工作。同年，日本京都市长赠送中日友好协会重达100公斤的"长久友爱"铜钟被安置在广济寺。

1976年，广济寺受唐山大地震影响，房屋毁损严重，政府再一次拨款重修。1980年，正果法师出任广济寺方丈后，恢复了早晚殿的宗教活动，并开办僧伽培训班，恢复北京居士林，并于每月初一、初八、十五、二十三为之讲经说法。1983年，广济寺被确定为全国汉族地区重点寺院。次年，又被宣布为北京市文物保护单位。1993年，为迎接泰国僧王来访，广济寺又得到修缮，这次修缮一直延续到1997年，每年都有不同院落、殿堂或文物得到修补。

**历代高僧大德与寺齐名**

从金代刘望云和且住初建，到普慧及圆洪师徒开山以来，广济寺历经了几番覆没和兴建的轮回，德高望重的恒明性美、听经不误撞钟的满月清、见皇帝不下跪的玉光宽寿、律仪超绝的万中海禄、辩才出众的监院德光、知人善任的方丈道光、尊师孝母的复初监院、纂修《弘慈广济寺新志》的别室天孚、主编《新续高僧传》的道阶、火灾

广济寺屡遭火灾，几近全毁，后整修增建才恢复旧貌

后重建广济寺的现明、弘慈佛学院主讲兼教务主任道源、爱国老人喜饶嘉措、显密融通的佛学家法尊、为保全广济寺而谏言的巨赞、毕生从事僧伽教育的正果、著名藏传佛教学者观空、杰出的爱国宗教领袖赵朴初、广受信众敬仰的当代高僧明旸等,这一长串高僧大德的名字已经与广济寺紧紧地连在了一起,他们用或长或短的生命、或住持或驻锡的方式履行于广济寺的这段历程永远彪炳于广济寺的历史。

今天还占地38亩的广济寺,坐北朝南的寺院依然延续着民国二十四年重修后的格局。临街的山门延续了清代广济寺山门的形制,正中空门上写着"敕建弘慈广济寺"金字。山门两侧为八字门墙,青垣碧瓦,在古槐的浓荫掩映下显得幽深宁静。

广济寺沿中轴线依次分布着山门殿、弥勒殿（天王殿）、大雄宝殿、圆通殿和多宝殿。从大门进入之后便是一个青砖铺地的宽敞院落,东西两侧除钟楼和鼓楼外,还有整齐的配殿。东侧是曾经的北京居士林所在地,现在是《法音》编辑部、流通处,西侧是中国佛教协会的传达室。

天王殿是广济寺的第一重殿宇,面阔三间,殿内主奉的明代铜铸弥勒菩萨是弥勒佛原本像,与人们熟知笑口常开的大肚弥勒菩萨形象迥异,这尊佛像头戴无佛冠,身披袈裟,璎珞环身,右手扶膝,左手掌心向上,半盘半坐于莲花宝座上,双目微闭,面容肃穆,法相庄严。弥勒菩萨左右两侧是明代仿唐三彩陶质四大天王塑像,现已是国家一级文物。弥勒佛背面隔一层屏风向北站立的是威风凛凛的护法神韦陀像。天王殿后下处悬挂一块金字"三洲感应"匾额,是前广济寺方丈明旸法师所书。

**青铜香鼎 胜果妙音图**

从天王殿东侧往里就进入了第二进院落。院中央是一座八宝青铜香鼎，鼎中铸有精雕细琢的二龙戏珠图，工艺精湛。此鼎铸于乾隆五十八年（1793年），最早是法华寺所置，1964年移来广济寺。第二进院的主要建筑大雄宝殿建在一米多高、由汉白玉栏杆围成的台基之上，台基南面和西面都立有明、清代石碑，大雄宝殿是广济寺规模最大的建筑，进深13.7米，面宽23米，山出约1.7米，檐出2米，五开间式格局，中间为三大间，每间宽5.3米，进深6.7米，前后廊各三米多，两间稍小间次于两侧，殿内供奉的主尊是明代雕塑的三世佛，三尊佛像并排跌坐于三个莲花宝座上，服饰、姿势和面部表情一样，只是手印不同，释迦牟尼佛像前两侧竖立两只整根檀香木雕成的明代长明烛，竖烛通体盘刻"善财童子五十三参"的故事，高度分别为4米和3米，这种形式的长明烛在国内罕见。

大殿东西两侧各悬挂一鼓一钟，每有重大佛事，便敲击此钟鼓。大殿两侧靠墙部分分列十八尊铜铸罗汉。三世佛像后影壁的背面裱贴一幅6米高、11.3米长的巨幅指画《胜果妙音图》，是清代著名画师傅雯奉乾隆旨意为皇太后祝寿所绘，内容是释迦牟尼灵山说法的场景。画面上，释迦牟尼端坐在莲花座上，慈容可掬地向信徒讲经说法，周围一百多位弟子洗耳恭听。有趣的是，听众中，还有中国的历史人物关羽、关平、周全及布袋和尚等，是现存最大一幅佛陀灵山说法壁画。已有两百多年历史的《胜果妙音图》，因为是手指代笔的画，又因为是为太后所作，变得尤为珍贵。但至于这幅本应存于宫中的珍贵壁画由何因缘来到广济寺中，却一直是一个众说纷纭的谜。而为了保护这幅画却让各个时期的僧众费尽心机，"文革"时专门为指画和寺藏全套藏经砌了一道假墙才保护下来。

进入二十世纪后，时任广济寺监院的演觉法师对指画的年久受损深为忧虑，尝试多种保护措施未果之后，决定对该画进行全面修复。1996年，演觉法师对指画修复提出了周密设想，并呈报国务院有关部门审定批准。修复之前，演觉法师还请中央电视台专门拍下指画，记录画面原始状况作为该画档案和修复依据，之后由故宫博物院派出专家，对指画采取干洗除尘，再用传统方法进行整旧如旧的修复，耗时四个多月终告完成。演觉法师请人一起专门为修复好的指画设计制作了带有双层布帘的巨型画框，里层为具有屏蔽紫外线功能的银色布帘，外层覆盖与殿堂色调协调的阻燃装饰布，画框旁安装有受控装置，便于启合，至此，这一珍贵文物才得以安心收藏。

出大雄宝殿北门，有一砖砌平台直通后面的圆通殿。圆通殿题额是集唐朝柳公权书法。殿外抱柱上悬有明旸法师手书的楹联：慧日常明，千处祈求千处应；慈云普荫，万人称念万人灵。圆通殿除了供奉跏趺坐的大悲观世音菩萨，还有多罗菩萨和观自在菩萨。观自在菩萨是一尊元代铜镀金雕像，妙相庄严，造型流畅，艺术价值很高。

圆通殿内东西两侧是为僧众和居士们设的"长生禄位"和超度亡故之牌位。西北角供奉着原广济寺住持、中国佛教协会副会长正果法师遗像。圆通殿的东配殿民国时期叫黄日斋堂，解放后改为图书馆，藏有自宋至今的各种版本佛经和文史哲书籍十几万册，公元2000年

广济寺一景

后，图书馆移至法源寺中国佛学院图书馆，配殿依旧恢复殿堂供奉格局。圆通殿东西两侧各有通向第四进院落的垂花门，东侧门题"登菩提路"，西侧门题"入般若门"。普通游客或信众到这里为止，不能再入，因为最后一道院是已经不再对外开放的舍利阁和多宝殿。

多宝殿里供奉和陈列的珍贵文物很多，除了"三身佛"，即释迦牟尼的法身、报身、应身三种身像，以及佛像前供台上的一套极为精美的珐琅五供，殿内还陈列有各国佛教界赠送的佛像和法器，另外还珍藏一块65万年前的古化石，是寺中稀世珍宝。多宝殿所藏太多，因而被誉为"佛教文物、艺术的宝库"。

**曲径通幽 别有天地**

多宝殿东西两侧各有楼梯通上二层舍利阁。1955—1964年，释迦牟尼佛牙舍利曾在此供奉，西山八大处佛牙塔建成开光后，才将稀世珍宝移送塔内供奉。舍利阁后来便专用于藏经，所以又称"藏经阁"，阁内藏有明代大藏经和房山石经全部拓片二套，有1721—1753年甘肃临潭县卓尼寺雕版印刷的231包藏文《甘珠尔》、《丹珠尔》，都是佛教典藏中的珍贵文本，还有更为珍贵的宋、明血写佛经。

多宝殿院落的西北隅是戒坛殿和汉白玉砌成的戒坛，戒坛按标准形制砌筑，坛呈正方形，高三层，每层都雕有花草鸟兽及各种法器图案，雕饰得非常精美。此外，戒坛各层还凿有石龛，原来供奉的列位戒神已散失。北京城内的众多寺院，只有广济寺有如此规模的戒坛至今保存完好，这也是广济寺保存最古老的建筑物，今称"三学堂"。戒坛院往西就是中国佛教协会各部门的办公场所了，与其建筑相对的东面院落和房舍用于寺中僧人宿舍。

物转星移，日月变迁，布局严谨、错落有序的广济寺置身于繁华商业街区，尽管外面市井喧嚣，里面的晨钟暮鼓和经声佛号每日坦然响彻在曲径通幽、庄严肃静的院落，为这个日新月异的京城保留一方别致天地。

## ❸ 大觉寺

　　大觉寺位于海淀区苏家坨镇西南阳台山麓,距市中心23公里。始建于辽咸雍四年(1068年),因寺后有清泉流入而得名"清水院",为金代著名的西山八大水院之一,后改为"灵泉寺"。明宣德三年(1428年)皇帝敕资重修后亲赐"大觉禅寺",沿用至今。

　　大觉寺依契丹人尊日东向的习俗坐西朝东,依山而建,占地面积为4万平方米,整体建筑为典型的传统汉式寺院布局,利用自然地形依山就势逐级升高,有层出不穷之感,引人入胜。蜿蜒起伏的山峦,恰似一头卧狮。早期有莲花、善照两个配寺耸立在东西两个圆形山包上,当地人曾用"狮子滚绣球,一佛二菩萨"来形容寺院的位置和地形之奇巧。

　　寺院古建筑群落遵循中轴对称的形式分为三路,中路是进行宗教活动的佛殿堂,建筑雄伟古朴,自东向西依次由山门殿、天王殿、大雄宝殿、无量寿佛殿、佛塔、龙王堂等组成。北路是僧居用房，包括方丈院、玉兰院和香积厨。南路是两座庭院组成的清代皇帝行宫，分别是雍正皇帝赐名的"四宜堂"和乾隆皇帝题名的"憩云轩"，院落雕梁画栋，自成一体，别具风格。

大雄宝殿建于明代，是全寺中心，大殿面阔五间，歇山琉璃瓦顶，檐下装饰有斗拱。殿内正中石砌须弥座上供奉的木质漆金三世佛像，虽历经五百余年的风蚀剥落，雕画技法和风格仍昭然彰显着佛家的庄严与皇家气派。殿门外悬挂乾隆帝亲题的"无去来处"匾额，其含义为"无所谓从哪来，也无所谓到哪去"。

无量寿佛殿内供奉的无量寿佛壁板后是一组大型海岛观音悬塑，海水江涯，波澜壮阔，是清代悬塑艺术精品，也是目前北京地区唯一的大型悬空雕塑造像。

大觉寺最引人入胜的还是它的奇异花木，最名贵的要算名噪京华的玉兰。南北跨院内都有，高过七米，每年四月花开时节，一干一花，花繁瓣大，馨香浓郁，人未见兰却已感花香袭人。据说南院两株玉兰是清代乾隆年间僧人迦陵从四川移栽此处，树龄已达三百多年，被誉为北京的"古玉兰之最"。可惜其中一株已经死去，剩下一株独立于寺更显珍贵。细究起来，真正的大觉寺玉兰之妙更妙在深山古寺和寂寂流泉的衬托之下，浑然天成那享有盛誉的"古寺兰香"。

徜徉于古寺兰香中，就禁不住会追忆当初栽花之人迦陵和尚，他与乾隆皇帝之间有着奇妙的因缘。据说当年乾隆皇帝曾想在大觉寺剃度，有一次坐禅时居然入睡，并在梦中笑出声音，当时负责寺内烧火

明宣德三年（1428年）皇帝敕资重修后亲赐"大觉禅寺"一名，沿用至今

大觉寺内留存有多处乾隆御笔亲题

大觉寺一景，迦陵舍利塔

松柏抱塔的独特景观，如今抱塔的松柏是"一真一假"

的迦陵和尚情急之下不顾皇帝的身份，举起戒尺便打。寺内的僧人都为迦陵捏把汗，谁知乾隆皇帝自认"仙阙少缘份，凡尘属寡人"，非但没有惩罚迦陵，回宫后还特派贴身太监来拜见迦陵，后来迦陵和尚又当了寺院住持，他种的玉兰也成了寺中绝品。迦陵圆寂后，他的舍利塔就建在大觉寺最高处的塔院中，高约十余米，形制与北京北海白塔相似，塔身雕刻是典型的清代艺术风格，塔旁一松一柏高大的树枝把塔身围抱起来，形成"松柏抱塔"的独特景观。令人痛心的是，古松已病死，这抱塔的松柏如今是一真一假。

另一棵奇特的柏树在南院四宜堂，树根向上一米处，分成两大树干，分杈处寄生着一株小叶鼠李，故名"鼠李寄柏"。柏树雄伟挺拔，李树婀娜多姿，远望柏李难分，实为古柏奇观。无独有偶的是，寺院中部长方形功德池上石桥东端有一株古老桧柏树，树干中寄生着一棵老藤，学名叫"蛇葡萄"，树冠同时生长针叶和阔叶两种叶子，形成老藤寄柏。这两棵怪树，与碧云寺的三代树，并称"京西两寺之奇"。

大觉寺里不愧顶花木盛名，奇妙树木随处可见。无量寿佛殿前的千年古银杏高达百米，干粗直径近三米，人称"银杏王"。当年曾惹得爱作诗的乾隆皇帝特地赋诗一首："古柯不计数人围，叶茂孙枝绿荫肥。世外沧桑阅如幻，开山大定记依稀。"

另外，方丈院内两株七叶树树龄已达五百余年。因其树叶似手掌且为七个叶片而得名，夏初花开之时，如手捧烛台奉佛，为众生祈福，亦是奇观。

从大觉寺早期的名字可知寺中泉水也是令人神往，泉名"灵泉"，泉水清冽见底，常流不竭，从院中塔后的汉白玉水池底部涌出，汇成长方形碧潭，油然而生一池碧韵。这灵泉清流、方池碧韵与古寺兰香、千年银杏、鼠李寄柏、老藤寄柏、松柏抱塔及辽代石碑组成了大觉寺的"八绝"。遗憾的是立于道宗咸雍四年（1068年）的《旸台山清水院藏经记》辽代石碑，在日本入侵时被打断成两截，所幸字迹尚能辨认。1949年后，政府重修寺院时，把断碑拼合并加盖一座砖龛以保护。

正因有这"八绝"之景，大觉寺几百年来一直都是文人墨客游览吟咏的胜地，它的奇花异木和清泉碧韵屡见于近代名人的诗词笔记中。如今，历经磨难的千年古刹，再次成为京郊一处重要佛教圣地。

## ❹ 龙泉寺

龙泉寺坐落在北京西山凤凰岭山脚下，始建于辽代应历初年，距今已有一千多年历史。明末时寺院逐渐衰落，到清乾隆后期，昌平州府在原寺东侧以余龙桥为中轴线，将寺院改为坐北朝南，原寺称西寺，统称龙泉寺。

龙泉寺的佛教兴盛渊源深远，其所背靠的凤凰岭历史上又称驻阵山、神山、老爷山，山上有许多闭关修行的山洞，至今石带上所刻佛像还保存完整。附近更有大觉寺、上方寺、黄普院、妙峰庵、朝阳洞等佛教寺院群遗址。

民国时庙会兴盛时，曾有广东香客募捐在龙泉寺搭建万缘茶棚以施茶舍粥，普结善缘。到内忧外患的抗战时期，龙泉寺渐趋沉寂，解放初期只剩下几十间庙舍，"文革"时甚至一度改为民居和他用。

历经千年的风雨沧桑之后，龙泉古刹终于重获新生。1985年，笃信佛教的护法居士、香客支持当地政府开始对这个青山绿水环绕、奇

龙泉寺正殿

在龙泉寺参加法会,修学的信众越来越多

花异草遍野的寺院进行修复,逐渐恢复成今日之自西向东并列三座院落的寺庙建筑。西院为正院,有山门殿、正殿及东西配殿。殿内有壁画,殿前古柏参天。寺西崖有山泉,泉旁石上刻有莲花图案。寺北墙外80米处有石窟,里面石壁上刻有浮雕石像。寺东北100米处有清代覆钵式和尚石塔。这些都让龙泉寺弥漫着浓厚的佛教氛围。

众望所归,2005年4月11日,龙泉寺正式开放成为佛教活动场所,并迎请中国佛教协会副会长兼秘书长学诚法师主持寺务工作。龙泉寺也成为北京海淀区建国以来第一所正式开放的三宝具足的佛教寺院。

住持学诚大和尚幼年深受家庭熏陶而信佛学佛。1982年因仰慕唐代高僧玄奘法师西行求法的精神而立志出家，于莆田广化寺定海长老座下剃度，并依止圆拙老法师修学。1988年于四川成都文殊院宽霖大和尚座下受具足戒。这位精进修学且获得了硕士学位的现代僧人，目前除了担任全国政协委员和佛教界多种职务，还兼任福建莆田广化寺和陕西扶风法门寺方丈，同时又是《法音》、《福建佛教》主编。在他的带领下，龙泉寺利用现代化设备（如计算机、网络等）和适合现代人的方式方法进行弘法，逐步建设汉传佛教修学体系，为僧俗二众打造良好的修学环境，建立清净和合的僧团，培养"志、道、德、才、学"兼备的优秀僧才。

如今的龙泉寺，每年固定举行八次以上内容丰富、形式多样的法会，并在周末双休日，为信众安排系统的佛法学习提升课程。参加法会、修学的信众越来越多，龙泉寺的影响也越来越大。正如当初中国佛教协会常务理事、北京市佛教协会会长传印法师所期许，龙泉寺已经成为"涤瑕荡垢、普利人天"的佛教圣地，成了"首都模范道场"，龙泉寺真正回归了历史上的佛教地位。

## ❺ 黄寺

黄寺位于安定门外黄寺大街,黄寺的原址在辽金时代就是香火鼎盛的佛教寺院,当时称为"汇宗梵宇",明代为普净禅林,顺治八年(1651年)在这片旧有寺院基础上敕令仿西藏布达拉宫式兴建了规模宏大的喇嘛寺院,因为喇嘛教又称黄教,所以寺院称为黄寺。

清顺治九年(1652年),西藏政治和宗教领袖达赖五世阿旺罗桑嘉措应清世祖的邀请,亲率三千多人来北京朝觐。为了接待这位喇嘛教领袖人物,清政府在黄寺之西又修建了一座寺院,称西黄寺,又叫达赖庙。西黄寺在汉藏两地的宗教历史地位非同小可,五世达赖喇嘛和六世班禅造就了它的生成和辉煌。

当年,清世祖在南苑隆重接见五世达赖并接受进贡的马匹和珍宝之后,特赐金顶黄轿送五世达赖移居西黄寺。从此,西黄寺成为达赖五世在北京的驻锡之地,达赖五世多次在此讲经布道,举行法会。次年,达赖五世辞归西藏,顺治皇帝正式册封五世达赖喇嘛阿旺罗桑嘉措为"西天大善自在佛所领天下释教普通瓦赤喇怛喇达赖喇嘛"。从此,"达赖喇嘛"称号正式法定下来。以后历世达赖喇嘛传世,必经中央政府册封,成为定制。

乾隆四十五年(1780年),恰逢乾隆皇帝七十大寿,为了来京庆贺,六世班禅率众从后藏日喀则启程,历尽一个多月的艰辛跋涉终于到达承德,驻锡乾隆特地为他修建的"须弥福寿之庙"并受到了高规格接待。随后,乾隆皇帝邀班禅一道回京,并将西黄寺安排做班禅的在京驻锡之所。

与五世达赖喇嘛一样,六世班禅在此讲经弘法,王公大臣、善男信女川流不息前往西黄寺顶礼膜拜,一时间西黄寺香火鼎盛、名噪京城。可惜天有不测风云,这位极受皇帝和百姓推崇的班禅大师还没来得及享受皇帝赐给的福禄和百姓的拥戴,就突染痘疹,于年底在西黄寺圆寂。朝野上下为之震惊,乾隆皇帝更是伤心不已,特辍朝一天,并令北京所有佛寺诵经四十九天,为班禅超度。用赤金铸一尊六世班禅像和一座金塔,金像供于西黄寺大殿,金塔供置六世班禅肉身。第二年春,六世班禅的舍利金龛启程回后藏时,乾隆亲自到西黄寺送灵。

1782年,乾隆下令在班禅生前住过的西黄寺之西,建造一座"清净化城塔",安葬六世班禅的衣冠经咒,以兹纪念,所以人们也称这座塔为"班禅塔"。该塔竣工以后,乾隆御笔手书《清净化城塔记》和《班禅圣僧并赞》,刻碑立于塔前,以表哀思。

"清净化城"源于《法华经·化城喻品》中的故事。"清净"即指清净宝所,"化城"是指一时化成的城郭。因为宝所路途遥远达二万里，且途中险象环生，不容易到达。据说有一位导师带领他的信徒们前往清净宝所，想要助他们成佛。很多人无法承受行程艰辛，想转身返回。于是导师就在一万二千里的地方化作一座城郭，让众生进来休息，众生放松后心生懒惰，不想再走。于是导师又施以神通，将城郭灭掉，催促众人继续前进，直至清净宝所，故由此而来"清净化城"之说。

西黄寺清净化城塔，以印度式大塔四角建小塔为墓调，用汉族传统的牌坊、花纹作衬托，用藏传佛教的塔式为主体，形成了融合汉族、藏族和印度佛教诸风格于一炉的巧妙建筑。它气势宏伟，建筑和谐，雕刻精美，洁白端庄，享有北京白塔之冠的美誉。

嘉庆八年后，西黄寺又承担起了接待五省区藏传佛教僧人的重任，成为了全国藏传佛教地区在京重要的宗教活动场所。历经民国动荡和解放后的"文革"之乱，西黄寺只剩下"清净化城塔院"。1979年8月，塔院被列为北京市重点文物保护单位，并开始对其进行修缮。

1990年代，得到修缮之后的西黄寺建筑面积九百多平方米，共有殿堂房屋59间。整座寺庙坐北向南，第一进院进门有殿三间，院内有钟、鼓楼各一座，第二进有正殿五间，殿前有东西碑亭两座。东碑记述班禅六世入京的功绩和建造清净化域之塔的意义，正面为汉文，背面为藏、满两种文字，西碑有乾隆题诗。全寺均以黄琉璃瓦覆盖，红墙苍松，佛塔嵯峨，气势非凡。1983年，西黄寺被国务院列为汉族地区佛教全国重点寺院。1987年9月，十世班禅额尔德尼·确吉坚赞亲手创建的中国藏语系高级佛学院在西黄寺成立，佛乐齐奏之下，中国藏语系高级佛学院隆重举行了首届学员开学典礼。学院开设佛学、时事政治、法律法规、藏语文等主要课程。中国藏语系高级佛学院教室设在宽阔雄伟、金碧辉煌的大殿内，环境优雅，条件教学方式现代，图书馆内藏书丰富，宿舍宽敞明亮，一切用具都由学院免费供给。

中国藏语系高级佛学院的成立成为中国佛教史上一个创举。2004年中国藏语系高级佛学院首届高级学衔班的开学，则标志着藏传佛教高级学衔制度的正式确立和实施。

西黄寺这一清朝时期达赖、班禅的驻锡之地，正在成为培养藏传佛教高级僧侣、佛学研究人才和对外学术交流人才的摇篮。

## ❻ 报国寺

报国寺位于北京市西城区报国寺前街一号，处于北京明城墙遗址公园内，始建于辽天祚帝干统三年（1103年），忽必烈统一中原后，为彰显开国元勋，依旧寺建新庙称报国寺。

报国寺到明代初年开始逐渐颓败，到成化年间明宪宗国舅吉祥在此出家，明宪宗遵母后命敕令修建，更名为大慈仁寺。

扩建后的慈仁寺规模宏大，有七层殿房，错落有致，后院建有"毗卢阁"，阁高三十六级，周围长廊，登临远眺，可将京师之景尽收眼底。

康熙十八年（1679年），京师大地震，报国寺大部分建筑坍塌，到清乾隆十九年（1754年）得以重修，改名"大报国慈仁寺"。

报国寺最著名的是书市，比琉璃厂书市还早许多年，在明末清初就已闻名遐迩。由于清朝定都后实行满汉分城而治，南城成为汉族及其他各民族官员、文人和科考举子们的聚居之地,会馆、试馆云集宣南一带。原在内城灯市口城隍庙的书市也迁至报国寺。因此报国寺的书市盛况空前,殿前廊下,书摊相连;寺周街巷,书铺林立。又因为报国寺本就有传统花市和每月逢五之日的庙会,到报国寺的游人如潮,文人雅士们纷纷来此逛书市、赏花、登毗卢阁。

报国寺在环境幽雅的寺内设立客房供文人墨客留宿,曾为《聊斋志异》作序的"山左大诗人"高衍,在京任吏部侍郎时,就常常寓居在报国寺。清初著名诗人王士禛、孔尚任等也是报国寺书市的常客。明末清初著名思想家、经史学家顾炎武,人称"亭林先生",在清顺治十五年(1658年)来京后,即寓住在报国寺内,每日除浏览书市外,潜心著述和学术研究。顾炎武去世后,许多友人、名人常来报国寺祭祀,清道光二十三年(1843年),由翰林院编修何绍基、张穆等集资,在报国寺顾炎武生前居住的西小院修建了顾亭林祠。

寺内还有嘉庆六年(1801年)《五彩天尊仙女》一轴。现寺中仍保存成化二年(1466)御制碑,和乾隆二十一年(1756年)御制重修报国寺诗碑。

毗卢阁中还收藏有窑变观音一尊,为镇寺之宝。毗卢阁窑变观音和寺内金代所栽的两株双龙奇松,被称为寺内"三绝"。

千年古刹报国寺而今又秉承数百年之文脉,成为书市文化广场。

## ❼ 圣安寺

圣安寺位于宣武门外南横街西口。金天会年间（1123—1135年）始建，是历史上著名的金代皇家祖庙。传说是金代帝后为佛觉、晦堂二位大师营建。因寺院建于中都城内的柳湖村旁，寺外有湖，岸边垂柳，俗称柳湖寺。

金代圣安寺因供奉有金世宗、金章宗像而一直持有十分显赫的地位，是当时皇家活动的重要场所，直到元代都延续着它的高贵历史，元佐政名臣王磐告老还乡时，皇太子就是在圣安寺内赐宴为王磐饯行。

到了明朝，东柳湖村地处荒凉，湖边贼匪出没，柳树消失无踪，殿宇颓败坍塌，1446年的一场地震更使寺院一片狼藉。宫内太监决定重修柳湖寺院，为了将修建寺院作为自己的功德，竟试图抹去寺院历史，将寺内金元时期旧碑、旧匾尽数毁掉，并将寺名改为普济寺，这自欺欺人之举终成笑柄。明代殿内供奉有三尊三世佛，俗称西方三圣。三尊塑像雕琢细腻，技艺精湛。

此后，圣安寺几经兴衰。到了清乾隆四十一年（1776年），乾隆皇帝出资重修寺院，恢复圣安寺名并亲题山门匾额"敕建古刹圣安寺"。寺内大殿墙壁上的八幅佛教壁画，出自明代大画家商喜之手，代表了中国十五世纪初期宗教壁画的典型风格。

正是由于深厚的文化底蕴，圣安寺从元代开始就成为北京达官贵人、诗人学者凭古临游之所。清朝家住保安寺街的文学家、史学家李慈铭，曾和几位好友游览圣安寺并赋诗一首："情游重忆十年前，破寺楸花四月天，休教更话金源事，尘画明昌问圣安。"

让人悲哀的是，时间对圣安寺毫无眷顾之情，寺院在岁月流逝中也逐渐萎缩。北京解放后，圣安寺改为私立圣安小学，后为宣武区南横街第一小学、宣武区少年科技馆。寺内原有的明代三尊三世佛像早已移到静明园供奉，瑞象亭移至陶然亭公园西门内北山顶，其他佛像和壁画于上世纪六十年代末期已全部被毁。

所幸尚存天王殿和山门，而这天王殿尤其珍贵，都城地位始于金中都的北京现存金代主要建筑除了卢沟桥，就只有圣安寺了。如今，天王殿和山门已被修葺一新，硕大的千年古树国槐矗立寺中，静静厮守着千年古刹曾经的皇家风范和辉煌历史。

## ❽ 灵照寺

灵照寺位于延庆县莲花湖北岸解放街，初建于金代，原名观音寺，元朝末期毁于兵火，明永乐十二年（1414年）在原址上重建。正统五年秋（1440年）明英宗敕赐额曰"灵照寺"。清康熙三十一年（1692年）重修，殿内添塑十八罗汉。后经历代僧人不断扩建，使寺院规模宏大，自称格局，香火鼎盛，曾为延郡胜景之一。

历经民国动荡，1949年后寺院曾做过小学校舍，"文革"时也被单位占用过。1984年定为延庆县县级文物保护单位，1997年到1999年对灵照寺抢救修缮，完全恢复了寺院建筑旧制。坐北朝南，二进院落，三层殿宇，占地面积3678平方米，建筑面积1065平方米，现有大殿五间，过殿三间，山门殿三间，山门殿、天王殿、大雄殿坐北朝南建在半轴线上，两侧配殿是观世音菩萨、地藏王菩萨、镇山宝幢屋、寮房。另有碑林、经幢等石刻文物，新建钟鼓楼、金钱眼、佛像、斋堂等。前院地铺方砖，干净整洁，整个寺庙殿宇巍峨，金碧辉煌。

后院有各朝代石狮，其中一只唐代石狮是北京地区现存最早的石狮，几只清代石狮则是延庆地区古石狮的独有风格。

灵照寺目前已对外开放，于古朴中默默展示并延续着延庆地区的佛教和文化历史。

## ❾ 广化寺

广化寺是北京著名的佛教十方丛林，位于北京市西城区风景秀丽的什刹海北边的鸦儿胡同三十一号，东邻银锭桥，西邻宋庆龄故居，也是北京市佛教协会、北京佛教音乐团所在地。

广化寺始建时间已无据确证，只是根据《日下旧闻考》援引《柳津日记》所载"广化寺在日中坊鸡头池上。元时有僧居之，日诵佛号，每诵一声，以米一粒记数，凡二十年，积至四十八石，因以建寺"而推断其大约建于元朝。什刹海的"什"传本为"十"，因后海沿岸古刹如林，有元、明时所建寺庵十座，民间俗有"十刹九庵一座庙"之说，这"一座庙"就是广化寺。《柳津日记》所载与广化寺由一位高僧托钵化缘，广筹布施所建而得名的传说也相吻合。高僧名号不见经传，又有"广化"之名，因此可以猜测广化寺是靠民间力量得以建成。

因为不是皇家寺庙，也没有得到皇室的崇重，历史上对广化寺的重修就寥寥无几，乏善可陈。根据后来在广化寺大雄宝殿废墟中发掘的断残石碑，依稀可知明朝时期的广化寺曾经历明初毁废、天顺至成化年间得到官府重视并予以重修的过程。石碑共两通，其中《正宗记》碑一面记载有广化寺重修时间（万历二十六年即1598年），并刻有"广化寺开山第一代住持灵济号大舟"至第五代住持圆环及其弟子一百多人的道号法名；碑的另一面记有明成化四年（1468年）曾得内府太监苏诚资助重修，并奏请朝廷，"圣恩怜悯，乞赐寺额"，重修后的广化寺"殿堂廊庑，规模宏大"，并逐渐发展为净土宗道场，住持圆环法师率众举行过盛大的陀弥法会，盛极一时，成为京都有影响的佛刹。

此后，广化寺于明万历年间和清咸丰二年（1852年）又分别得到重修。清道光年间，广殊法师任住持时，敦请自如和尚任方丈，广化寺由净土宗改为十方丛林。自如方丈圆寂后，印法法师继任方丈，从道光六年（1826年）始，历经二十年辛苦募资，到1852年终于又得以重修殿堂僧舍。《道咸以来朝野杂记》说光绪二十年（1894年）"闻光绪韧年残败殊甚，后募化于恭邸"又募资重修广化寺正院殿宇，从而使"后海北岸之广化寺，古刹中之新者"。

近现代时期的广化寺迭经变化。清末民初，广化寺一度成为京师图书馆。1908年，张之洞任军机大臣，掌管学部，推行新政，筹建学部图书馆，派缪荃孙主持建馆事务，馆址就设在广化寺，定名京师图书馆。中华民国成立后，京师图书馆改属教育部，教育总长蔡元培派江翰任京师图书馆馆长，次年开馆接待读者。这个京师图书馆就是北京图书馆的前身，也正是这个图书馆，让当年任社会教育司佥事、直接管理图书馆的鲁迅常常来广化寺，结下一段缘分。后来因为馆内藏书越来越多，而广化寺的殿宇潮湿，不利于保护藏书而迁移它处，广化寺又恢复为佛教寺庙。

1927年，玉山法师任广化寺住持。十分注重修持的玉山法师率领僧众遵守佛制寺规，实行禅净双重。他订立"不攀龙附凤、不外出应酬佛事、不私自募捐化缘"的"三不"制度成为当时佛界"名规"，也使广化寺闻名四海，常住僧人五十多位。

广化寺在民国后期直至1949年因应现实而经历了多番角色轮换。抗日战争期间，东三省民众抗日后援会会长朱庆澜携全家暂住广化寺，并一度在寺内东院创办伤兵医院。"卢沟桥事变"后，北平沦陷，民生凋敝，为维持生计，将东院空房辟为停灵之所，为京城人办白事出经，由此也引出著名画家溥心畬与广化寺的不解之缘。溥心畬本人是一位虔诚的居士，1938年来广化寺为母亲停灵举丧时，见寺院年久失修，残破不堪，当即向北平市有关部门呼吁整修广化寺，并且自己出资，由玉山方丈主持动工，将寺内中轴在线的建筑及东西配殿进行全面整修。因为工程后期资金不足，溥心畬还组织师生在中山公园水榭联合举办书画作品展览义卖三天，所得款项全部捐助寺中，使修复工程圆满完成。

1939年，广化寺创办了广化佛学院，招收学僧数十人，聘请周叔迦、魏善忱、修明、海岑、溥儒等佛教学者任教，培养佛教人才。七年后，又创办了广化小学，免费招生，为贫苦困难的学生提供书籍和学习工具，直到1952年由北京市教育局接管。也是在同一年的秋天，著名禅宗高僧虚云法师与广化寺的名字紧密联系在了一起，虚云法师来京驻锡广化寺，当时在京佛教界人士李济深、叶恭绰、陈铭枢、巨赞及佛教徒纷纷前来参礼这位大师，平静的广化寺一时称盛。正因如此，虽然1949年前后的很长一段时间经济凋敝，广化寺仍作为佛教活动场所开放，基本保持了古刹旧观。然而，跟其他寺庙一样，广化寺也不能幸免"文化大革命"的浩劫，寺院佛像遭到破坏，宗教活动也被迫停止，幸运的是《大藏经》及佛教文物都被提前封存，没有受到损坏。

1981年，北京市佛教协会成立，办公地址就设在广化寺，1983年，广化寺被列为汉族地区佛教全国重点寺院。从此也开始了对广化寺建筑、文物、佛教等各方面的整理、修复，并开办僧尼培训班，使广化寺获得新生。同时，挖掘、整理了北京智化寺音乐，成立北京佛教音乐团。

因为"文革"时广化寺的文物被封存而幸免于难，到新时期也迎来了它重见天日的光辉时代。1986年，北京市佛教协会成立了文物组，对广化寺的经书、字画、碑拓、法物、瓷器进行挖掘、整理和鉴定，最后统计出广化寺共收藏国家各级文物1716件，其中图书1087部，字画282件，碑拓298件，其他物品49件，有很高的价值。明永乐年间翰林院刻印的《大方广佛华严经》、清雍正皇帝抄写的《金刚经》、2761函的四藏《大藏经》都是非常珍贵的佛经宝典，经过整理，消沉多年的文物终于得以重放异彩，展现在世人面前。

北京市佛教协会自成立以来，对广化寺呵护有加，坚持多年筹措资金，对山门殿、天王殿、大雄宝殿、藏经阁四进殿堂以及东西配殿、配楼，进行全面维修、漆绘梁栋、重塑、奉安佛像。1989年的农

如今的广化寺是北京佛教协会、北京佛教音乐团所在地

历七月十五日,在香烟缭绕,钟鼓齐鸣中,广化寺从市文物部门请来的一尊毗卢遮那大铜佛像开光,并供奉在大雄宝殿,逐步恢复了寺院原有的肃穆庄严。

如今的广化寺总占地二十余亩,建筑面积13858平方米,拥有殿宇329间,共分中院、东院和西院三大院落。中院是全寺的主体建筑,依次分布着山门殿、天王殿、大雄宝殿、藏经阁等主要殿堂,两侧对称排列着钟楼、鼓楼、伽蓝殿、祖师殿、首座寮与维那寮。东院由戒坛、斋堂、学戒堂、引礼寮等殿堂组成四合院。西院的主体建筑有大悲坛、祖堂、法堂、方丈院、退居寮等。

三个院落之间回廊环绕,僧房毗连,形成一座大四合院套着众多小四合院,即院中有院的建筑特色。整个寺院建筑布局严谨,雕梁画栋,金碧辉煌。院内古柏苍翠,花草幽香弥漫于经声佛号中,令人神往。

每年农历腊八,广化寺熬腊八粥免费供应来寺信众的传统从建寺

广化寺藏经阁

广化寺三个院落三个院落回廊环绕，形成院中有院的建筑特色

保存至今。每逢初一、十五，广化寺皆有佛事活动，每周六还有北京佛教音乐团的演奏活动。1986年3月在北京广化寺正式组建的"北京佛教音乐团"，经第二十五代传人增远及其弟子们的共同努力，使濒临绝响的佛教音乐重发微妙之声。

1989年10月12日至18日（农历九月十三日至十九日），广化寺举行了1949年以来最为隆重的法会——启建礼忏讲经法会。北京佛教界人士济济一堂，祈祷人民安乐，世界和平。法会结束时，施放瑜伽焰口，演奏佛教音乐，盛况空前。

2007年8月5日，北京广化寺隆重举行大殿丹墀供奉"世界和平吉祥塔"暨"五座大舍利宝塔"开光法会，由2000年升座广化寺方丈的怡学法师亲自主持，广化寺全体僧众及六百多信众虔诚敬诵"大悲咒"及"一切如来心秘密全身舍利宝箧印陀罗尼咒"，法喜充满。

2008年，恰逢中韩建交十六周年之际，广化寺又隆重举行"韩国奉赠北京广化寺金地藏王菩萨奉安大法会"。中国佛学院副院长、北京市佛教协会会长传印长老，北京广济寺、灵光寺、台湾大华严寺等寺庙方丈、高僧大德，韩中佛教文化交流协会会长、韩国佛教放送理事长林影潭法师，世界佛教和平基金会会长常大林先生等佛教界人士出席了这一盛典，韩国中央宗会议员、国会议员、驻华大使馆文化院公使参赞也专程出席奉赠法会。在林影潭法师和怡学法师的带领下，中韩两国僧众与广大信众共同祈愿人民生活幸福、社会和谐、世界和平。

和平，是世界的需要，也是佛教的宗旨，广化寺从民国时的种种功能交替，似乎就已注定了和平使者的角色。现任方丈怡学法师住持广化寺，尊奉并将一直传承这一人间法旨。

## ❿ 柏林寺

柏林寺位于东城区内城的东北角、雍和宫东侧的戏楼胡同一号，为京师八大寺庙之一。因为最初寺前柏树成林长达十里之遥，故而得名。

柏林寺的历史非常悠久，甚至有"先有柏林寺，后有北京城"的说法，但有据可考的始建年代是元至正七年（1347年），在北京市内寺庙中，历史之悠久、规模之宏大、建筑格局之严谨和宏伟、保存之完整，柏林寺都是首屈一指。

明洪武元年（1368年）修北京城北墙时将柏林寺切开，城外部分为北柏林寺，城内为南柏林寺。明代正统十二年（1447年）重建后占地更大，规模更宏伟。但明代以后，不知何故，城外的北柏林寺备受冷落逐渐衰落，而城内南柏林寺因得明清两朝三次重修而日益繁盛。三次重修中，规模最大的一次是在康熙五十二年（1713年），为了庆祝康熙大帝六十寿辰，由皇四子胤禛、后来的雍正帝主持重修，康熙皇帝亲题"万古柏林"之额悬于大雄宝殿内。乾隆二十三年（1758

柏林寺曾以保存有龙藏经版而闻名

年），又一次拨巨款进行重修。

柏林寺坐北朝南，主要建筑集中在一条南北中轴线上，自南而北依次为山门、天王殿、圆俱行觉殿、大雄宝殿和维摩阁共五进院落。中轴的东西两侧为配殿，整座寺院布局整齐严谨，全部建筑都建在高大的砖石台基上。主体建筑大雄宝殿内有明代塑造的三世佛和造型生动、体态肃穆的七尊木制漆金佛像。

庄严雄伟的柏林寺历经民国的动荡，到新中国成立后曾一度荒废，后政府多次进行修缮，才得以基本保持原貌。

从1960年代起柏林寺成为北京图书馆典藏部的书库，1984年被定为北京市文物保护单位之后，北京图书馆新馆也于1987年落成后而退出柏林寺，随之由文化学院接管。

柏林寺所以出名，不仅在于它曾是禅宗重要分支临济宗的十方常住丛林，以及它是雍正称帝之前替身出家的场所，最主要在于它有中国唯一存留的龙藏经版。龙藏特指清朝御制镌刻的佛教大藏经，这套龙藏从清雍正十一年（1733年）开始刊刻，历经五年，直到乾隆三年（1738年）才告完成。经版有78230块，经书7240卷。其内容收集了元、明、清三朝著名高僧以及佛学研究的著作，很多他处无寻的史料都可从此探源溯流找到答案。龙藏经版选用的是上好梨木雕造，刀法洗炼，字体浑厚端秀，因印刷量极少而至今字口锋棱俱在，完整如新，堪称稀世绝版。但因柏林寺佛教活动停止多年，1982年经版被移存智化寺。

经过解放后多次重修的柏林寺，虽然占地三十亩之巨，殿宇轩昂，规模远大于广济、法源这些名寺，但始终没有像广济、法源这些寺庙那样重现佛教盛景。尽管早在1980年代文物局就确定划归佛教协会做宗教场所，但却一直被文化学院占用，后因经费问题，国际友谊博物馆、中国文化报、中国文物报等单位纷纷入住。

国家划拨了上千万资金修复的寺院如今竟沦为大杂院。而佛教协会与文化学院就柏林寺属权几十年的无休止争端，也令文保人士和宗教人士扼腕长叹。

但柏林寺毕竟是历史悠久的佛教寺院，希望它最终能重燃香火，以晨钟暮鼓的悠扬之声惊散这喧闹的都市纷争。

## ⑪ 护国寺

护国寺位于西城西四牌楼之北、护国寺街西口内路北，著名古刹，街以寺名，为北京市文物保护单位。

护国寺始建于元至元二十一年（1284年）前后，定演和尚得到皇帝的特别恩赐土地，与门人一起兴建，成大殿、经阁、丈室、廊庑、斋厨僧舍百余间，当时称崇国寺，明朝宣德年间赐名大隆善寺，明成化年间又赐名大隆善护国寺，民间简称护国寺。

护国寺自建寺开始，屡获朝廷的颁赐，寺院的规模也不断扩增，下辖二十余所寺院，寺产除大都及周围郊县外，还远及顺州、那州、檀州、通州、蓟州、杭州等处，是闻名一时的大寺。明清两代又在元代基础上继续扩建，规模更超前代。尤其是明代宣德成化年间的增扩，使护国寺达到鼎盛，寺院共有九进殿堂，庙中更有两座类似妙应白塔的喇嘛塔，成为京师著名巨刹。

然而到了清代后期，护国寺逐渐衰落，到民国时期，殿堂坍塌，一片衰败景象。如今只剩下第二进建筑弥勒殿，面阔五间，前后两层，是典型的明代建筑。

因为寺中除佛像之外还供奉着元丞相托克托夫妇塑像和辅佐明成祖朱棣屡建功勋的姚广孝画像而在民间产生众多传说，有说护国寺是托克托夫妇改宅为寺，也有说护国寺是姚广孝影堂。至于真相为何如今很难说得清楚，也无需争辩。

事实上，护国寺在老北京人心中大名鼎鼎是因为它的庙会。护国寺庙会与妙应、隆福寺的庙会是北京城并驾齐驱的三大庙会。护国寺庙会是在每月农历的初七、初八日，源于何时则无从查考，但最迟在乾隆时已经存在，与隆福寺被并称为"东西二庙"。《京都竹枝词》云：东西两庙货真全，一日能消百万钱，多少贵人闲至此，衣香尤带御炉烟。

然而，曾经的皇家巨刹、御炉紫烟，都已在沧桑岁月中消散于历史长空，成为老北京人的一段久远回忆。只有护国寺街名深深烙印了它的辉煌，庙会的货品、小吃继续演绎着古老庙会的盛况。如今，护国寺已被公布为北京市文物保护单位，但曾经的巨刹佛音荡然无存仍然让人慨叹不已，佛界内外都在呼唤着重修寺院，重兴佛境。

## ⑫ 香山碧云寺

碧云寺位于海淀区香山东麓，始建于元至元二十六年（1289年），至今已有七百多年的历史。

传说碧云寺是由丞相耶律楚材的后裔阿勒弥（又说阿里吉）舍宅开山创建，初名碧云庵，明正德十一年（1516年）扩建改庵为寺。清乾隆十二年（1748年）在原来的基础上进行大规模修整和扩建，增建罗汉堂、行宫院和金刚宝座塔。

碧云寺依山而建，总占地四万余平方米，采用回旋串连的建造形式布局，雄伟的殿堂层层迭起，肃穆庄严，满山松柏参天，浓荫蔽日。整个建筑布置呈长方形，分为三路：中路中轴线有内山门、天王殿、正殿、菩萨殿、后殿、金刚宝座塔；南路主要建筑是罗汉堂；北路有水泉院。每进院落都各具特色，给人以层出不穷之感。

清幽的山水、葱郁的林木和华美的建筑使碧云寺居于北京西山诸寺之冠。也正因此，明代两位佞幸得宠的太监于经和魏忠贤先后都相

庄严壮丽的碧云寺最高处是修建于乾隆年间的金刚宝座塔

中了这块宝地，并分别进行扩建以期死后葬于此地，也许碧云寺的美丽和清圣不接受这种忤逆之人，两位太监最后都是获罪而亡，最终也不能魂归碧云寺。但经过这两次扩建，使碧云寺更加绮丽壮观，虽然乾隆十二年（1748年）对碧云寺又进行过大规模修建，但原有建筑基本未动，因此该寺建筑和文物基本保留了明代风格。有意思的是，乾隆时仿杭州净慈寺修建的罗汉堂，木质雕刻外覆金箔的五百尊罗汉中竟有康熙、乾隆皇帝，想必是要表达"君权神授"之意，或歌颂康乾盛世。

罗汉堂有其独特之处，水泉院更是让碧云寺驰名京城内外。水泉院是北京八大水院之一，是全寺风景最幽静之处，为避暑胜地。岩壁下的卓锡泉在明代就远近闻名。院中奇特的古树也令京城人士津津乐道，柏树中套长柏树，最里层长着一株楝树，被称为三代树。

乾隆时修建的金刚宝座塔在中路的最后面，位于全寺的最高处。该塔是模仿北京五塔寺形状建造而成，这种塔北京地区仅有三座，另两座是西黄寺的清净化城塔和真觉寺的金刚宝座塔。根据西藏地区传统，碧云寺的金刚座宝塔整个塔身布满了大小佛像、天王、龙凤狮象和云纹等精致浮雕。

庄严壮丽的碧云寺也许注定要承载一次死后归葬的愿望。1925年3月，革命先驱孙中山先生逝世后就停灵于此。不过后来移葬到南京，只有衣冠冢封存于寺中。1954年，以菩萨殿为主体的第三重院内辟了孙中山纪念堂。院内古树参天，枝叶繁茂，其中最为珍贵的娑罗树默默驻守这座幽静院落。

碧云寺从建成到今天，已历经数百年岁月，似鸿篇巨制演绎了佛教的幽深高远。1957年，政府将该之列为第一批市级文物保护单位，并对其进行了多次大规模修缮，如今这里是一处著名的旅游景点。

## ⑬ 延寿寺

延寿寺位于昌平区长陵镇黑山寨村北2公里处，距北京市区约50公里，是兴建时间比十三陵还要早的元末明初寺院。传说当年朱元璋准备修建帝陵时，叫军师刘伯温去选址，发现此处面积不够，但又觉得是块风水宝地不忍舍弃，因此奏请修建寺院以保佑大明江山永固、国家强盛不衰、君民益寿延年，故取名延寿寺。

弥为珍贵的是，历经岁月沧桑巨变的延寿寺，如今仍然以它曾经的佛教盛名吸引着居士信众。1992年，市政府投巨资修复延寿寺，加拿大居士罗道安先生在此过程中多次来探寻游赏，朝拜神佛，感动至深后礼送一尊碧玉观音和寺中的汉白玉释迦牟尼像一起供奉，这尊碧玉观音净高1.2米，全国稀有，价值连城。佛像落座后，各界人士纷纷来此观景朝拜，台湾一位叫王朝春的居士每年必来延寿寺，并捐资用于寺院修缮。

寺院中有一棵可谓世界奇松的明代古松，高约2米，但树冠极大，从主干上分出的很多大枝又互相攀援缠迭，状如无数盘龙盘绕，龙头探向北方的正殿，长长的龙尾摆向东南，景观非常壮丽，所以被称为"盘龙松"，1991年，这棵松树被北京市林业局定为"京郊第一松"。

  延寿寺至今留存一处奇景就是寺院后山的麦饭石缝隙中流出的水，四季长流不息，冬暖夏凉，清澈透明，甘甜可口。经化验，发现水中含有多种对人体有益的微量元素，常饮此水能益寿延年，传说延寿寺的世代僧人饮用此水，很多长寿逾百余岁。看来这延寿寺还真不是徒有虚名。

## ⑭ 慈悲庵

慈悲庵坐落于原宣武区太平街十九号陶然亭公园湖心岛西南的高台上，又称观音庵。

慈悲庵并不大，但历史悠久，建自元代，虽然现在已经不再是佛教圣地，而变身为一个博物馆，但因为它不管在历史上还是现在都扮演着举足轻重的角色，所以理所当然要占北京伽蓝的一席之地。馆中所藏的每一件物品都无声诉说着慈悲庵的厚重历史。

自从元代建庙，慈悲庵一直是香火鼎盛的佛教场所。主要建筑有山门、观音殿、招提宝殿、文昌阁、陶然亭及南北西三厅。慈悲庵除了承载佛法教化人心之责，同时也由于它的存在而于清代诞生了我国四大名亭之一的陶然亭。就在清康熙三十四年，被派驻负责慈悲庵附近窑厂监督事务的工部郎中江藻，在慈悲庵正殿西跨院内建了三间厅堂和一间凉亭，供他平时休憩之用。亭建好后，意取白居易"更待菊黄佳酿熟，与君一醉一陶然"中"陶然"二字命亭名，亭因庵盛，终跻身我国四大名亭，如今这陶然古亭也成了镇馆之宝。

慈悲庵坐落于陶然亭公园湖心岛西南的高台上

到乾隆年间，慈悲庵增建了文昌阁，也因此让慈悲庵又多一处噪名之所。慈悲庵虽然地处僻壤之地，却离官道最近，是进京赶考举子进京必经之地，来此祭拜十分方便，加上慈悲庵僧人好客，常给远道而来的举子们备以斋饭，因此慈悲庵的文昌阁就与众不同地成了进京举子必拜之阁。又因为文昌阁除了供人祭拜，庵内僧人还提供大学者纪晓岚所作的文雅古诗"运签"并负责解签，纪晓岚的名字让人趋之若鹜，文昌阁几乎算是清代"科举明星"。

清时慈悲庵周围塘泽错落，蒲渚参差，野趣盎然，是京都名流游憩、文人墨客汇集赋咏之地。到民国后期，又因地处偏僻，易于隐蔽

慈悲庵现已变身为博物馆

而被李大钊选中为早期共产党的秘密活动场所，从1921年8月至1923年间，慈悲庵两间平凡的僧房成了革命先驱们风云际会的地方，李大钊、邓中夏、恽代英、高君宇都曾在此进行秘密革命活动。

慈悲庵在1979年进行了全面修缮，次年以博物馆形式对外开放，博物馆有李大钊、周恩来纪念室、陶然亭史陈列室、出土文物陈列室等。在这些展室中，高君宇与石评梅的墓碑最让人动情，后辈总不免唏嘘于这革命先驱和一代才女之间的坚贞爱情悲剧。有人感慨陶然亭是让人悲秋的地方，但是，在深秋的淡淡愁绪中追忆一下慈悲庵曾经的经堂禅意，也许会有一份清淡的自在袭上心头。

## ⑮ 普度寺

普度寺位于东城区南池子大街内普庆前巷。元代时为太乙神坛，明代为南城洪庆宫的一部分，清顺治年间作为摄政王多尔衮的府邸，王邸废除后，康熙三十三年（1694年）改建为玛哈喇嘛庙。乾隆四十年（1775年）重新修葺并于次年赐名"普度寺"。

成为皇家专院时的普度寺规模十分宏大，虽然现在仅存山门及大殿，但原寺轮廓仍依稀可辨。砖木结构的大殿高大宏伟，面阔九间，黄琉璃瓦绿剪边殿顶，而抱厦三间则为绿琉璃瓦黄剪边顶，四周绕以三十六根檐柱，出檐用三层椽子，这在古代的建筑法式中非常罕见。

如今的普度寺与众多的寺庙一样已经成为单一的游览景点，一直免费开放，还辟有一个税务博物馆，寺院也成为附近居民的活动地点，2008年还重建了关闭多年的南门。不知道踱步其中的游客、居民在面对弥散着皇家寺院气息的一砖一瓦时，心底会泛起何种情怀？

# 陆 明、清时期北京兴建的寺院

# ❶ 清皇室行宫的
## 雍和宫

### 祯贝勒府 帝王行宫

跟北京市区其他寺庙相比，雍和宫的历史并不悠久，但却是皇家第一座藏传佛教寺庙，也是目前北京市唯一一座佛事活动频繁、香火旺盛的藏传佛教寺庙。

追溯雍和宫的历史应该从雍正皇帝还是贝勒爷的时候开始，因为雍和宫的前身是后来雍正皇帝的"祯贝勒府"。《清宗人府事例》中记载，康熙三十二年，共十位皇子"俱已分别册封分府，唯允祯、允佑二人是贝勒，而所封府邸是亲王府邸……"这里的允祯（胤禛）就是清朝雍正皇帝，当时是贝勒身份，按照贝勒府府邸的规制，他的父亲康熙皇帝将明朝太监们居住过的官房（清朝定鼎北京后将这里划为内务府官用房）分给了他。

康熙三十三年，胤禛搬进府邸，取名"祯贝勒府"。康熙四十八年（1709年），胤禛晋升为"和硕雍亲王"，"祯贝勒府"也随之升为"雍亲王府"。亲王府从规模、建制到人员配置都与从前的贝勒府大相径庭。然而真正让这座贝勒府发生历史性改变的还是康熙六十一年（1722年）皇帝驾崩，结束了其长达六十年的统治，雍亲王继承皇位迁入宫中，改年号雍正。但雍正皇帝对他曾经居住过三十余年的府邸满怀深情，于是将这里改为自己的行宫，正式赐名"雍和宫"，从此，雍和宫作为帝王行宫和"龙潜禁地"的历史正式开始。

还是贝勒府时期，雍和宫宅院东侧就辟有一个小院，内有亭、台、廊、室，栽种着各种花草树木，供贝勒读书阅典、贝勒福晋赏花观月，称为东书院。后来随着贝勒爵位升迁，这里曾陆续得到扩建和修缮，雍和宫改为行宫后，对东书院进行了彻底修缮，又增添了许多亭台楼阁。复建后的东书院更加古朴典雅，清幽明净。后来的乾隆皇帝就是出生于此，因此，乾隆皇帝与雍和宫及其书院结下了深厚因缘。他写过多首到雍和宫礼佛的瞻礼诗，诗中常常提到他的出生地，流露出对雍和宫缕缕不绝的怀念之情，而乾隆以后的每位皇帝到雍和宫礼佛后都会到此休息。

**多重因素成为藏传喇嘛庙**

雍正十三年（1735年）八月，雍正皇帝驾崩于圆明园，乾隆即位后一改清朝旧制，于同年九月将父亲梓棺安放在雍和宫他生前的寝宫永佑殿里，为了迎棺椁进庙，雍和宫主要建筑在十五天内改覆黄瓦。三年后，棺椁移葬易州西陵后，永佑殿则供奉雍正影像，直至雍和宫改庙，历史上称这段时期为"影堂时期"。当然，在影堂时期，有近

雍和宫佛事活动频繁，香火旺盛

十年时间宫内大部分殿堂已经成为黄教喇嘛诵经礼佛的场所了。

雍和宫改为藏传佛教寺庙是乾隆皇帝一手完成的。从乾隆九年（1744年）开始，清政府在短短的几年之内就完成了雍和宫作为藏传佛教格鲁派寺庙的基本建制。关于乾隆皇帝为何要将雍和宫改为藏传佛教寺庙，文字记载纷繁复杂，归纳起来无外报恩、怀念的个人情结和对国家、民族大义的政治目的。

乾隆生于雍和宫，并在东书院生活了整整十二年，那里的优美环境和祖先的谆谆教诲令他没齿难忘，而在他的心灵深处，雍和宫是一处福地，同时也是他思亲怀旧的地方。把雍和宫改为皇家寺庙，选一些"高行梵僧"居住其间，这样不仅每日"香幢宝网，夕鼓晨钟"萦绕，后辈也可以常去瞻仰、缅怀，使雍正居住三十年的"龙池肇迹之

雍和宫是皇家第一座藏传佛教寺庙

区"不至于闲置荒凉。乾隆需报答的还有他的恩师、在蒙藏地区影响巨大并且终其一生都在为乾隆皇帝处理蒙藏事务奔波的大活佛三世章嘉·若必多吉，有观点认为，雍和宫是乾隆为三世章嘉专门兴建的一处养尊处优的地方。

作为一代帝王，相较于个人情感，江山社稷才是更重大的事业。清朝在顺治、康熙、雍正三朝，通过对藏传佛教采取的迎接达赖、兴建寺庙等种种笼络措施对当时边陲的稳定、民族的团结发挥了巨大作用。乾隆皇帝顺理成章地继承了这些政策，并且进行进一步完善，利用皇家黄教寺庙加强对蒙藏民族事务的了解，扶植忠实于朝廷的宗教上层人士作为自己的代言人。

**三世章嘉活佛衔命整修**

乾隆皇帝做出将雍和宫改为藏传佛教寺庙的决定后，即命三世章嘉国师负责寺庙的改建工程。三世章嘉国师领命后，按照藏传佛教寺庙的规制和要求亲力亲为，拆影壁，建昭泰门，设桅杆，立宝坊，立碑亭，建钟鼓楼。对宫内雍和门殿、雍和宫殿、永佑殿、法轮殿、药师殿等十多个殿堂进行翻建，同时又在寺庙外围修建了八百余间的附属建筑。历经数年，一座规制齐全的藏传佛教寺庙诞生了。乾隆皇帝非常满意，亲赐藏名"噶丹敬恰林"，意为"兜率壮丽洲"，并奖赏三世章嘉国师。

除了这次改建，雍和宫在乾隆年间还进行了几次重修，万福阁、戒台楼、班禅楼等建筑都是后来不断增建或改建的，班禅楼和戒台楼为乾隆皇帝七十大寿时为迎接入觐的六世班禅而特意改建。经过三世章嘉国师领导的这次改建和后来的多次增修，基本奠定了雍和宫的建筑规模。

雍和宫改庙后，清政府在雍和宫设立了行政和宗教两级管理体制以发挥其重要作用。在行政上，雍和宫设有高级管理机构"中正殿管理喇嘛念经处"，直属清朝管理全国蒙藏事务的最高机构"理藩院"。管理处设官员一名，称"领雍和宫事务大臣"，一般都是从亲王中选派。下面再设"总理雍和宫东书院事务大臣"，人数不定，一般从王公和一二品文武官员中选送。当时清政府在雍和宫设有三"房"，即文案房、经坛房和造办房，分别负责管理雍和宫的文书往来、僧人念经以及佛像造办之事。造办房其实是清廷设在雍和宫的一个规模巨大的制造佛像等法物的工厂，有四十名工人分组负责铜金、镀金、铸铜、雕刻、彩画缂丝等不同种类佛像的制作。另外，还配备了八旗军，承担着雍和宫的保卫工作。

在宗教上，雍和宫当时设有两套班子：一套称"总管驻京喇嘛印务处"，负责管理北京，东、西陵，热河，五台山等各喇嘛庙的工作。另一套机构专门管理雍和宫内部的宗教事务，这套机构共分七级，最高一级称"总管喇嘛印务处"。

**四大扎仓教育中心　先修显宗后修密宗**

雍和宫改庙后，三世章嘉国师按照乾隆的意图，依西藏黄教寺庙的修学制度在雍和宫设立了四大扎仓，按照格鲁派"先修显宗，后

红墙黄瓦,气象庄严

修密宗"的修学次第学习。扎仓确定后，乾隆皇帝高度重视，亲自选拨僧人，并对僧人的来源制定了一系列严格的制度，又邀请众多高僧大德来教学，经过认真挑选，一大批"尊国政、知举止、谙例律"，"或在京掌教，或赴藏办事"的喇嘛教人才脱颖而出。四大扎仓成为清代内地最大的藏传佛教教育中心，堪称诞生高僧大德的摇篮。据记载，乾隆时期雍和宫僧人人数定额达到八百名。到乾隆后期，虽然清政府对京城及内地其他地区藏传佛教寺庙的喇嘛人数做了限定，但雍和宫仍以五百零四名高居内地三大中心喇嘛庙之首。

另外，清政府对雍和宫僧人的待遇也相当优厚，除了八十名学艺喇嘛的开销由所送之旗按月送交，其余喇嘛的开销全部按照级别由政府拨给。一般僧众的固定待遇有：每人每月粮米七斗五升以及数量不同的银钱，每人有进宫念经时穿戴的黄蟒袍等法衣十四套，另有各种"特赏"、布施。乾隆年间，雍和宫的香灯地遍及北京周围二十九个县，仅年地租一项收入就达白银近万两。至于雍和宫堪布及兼有虚名的驻京呼图克图等上层人士更是福利多多。除了钱粮外，还有庙产、

雍和宫是乾隆皇帝祈福的重要场所，如今游客信众众多

牧场、牛羊及固定月银，另外还享有政治特权，所以当时有"驻京喇嘛不亚于王爷"之说。三世章嘉·呼图克图兼任雍和宫总堪布时更占有十多座大中寺庙及庙产，外加亲王奉缎，月特赏银五百余两，他的国师金印竟重达八十八点八两。他甚至可以撑黄伞、坐黄轿，皇帝还不时赠给各种金玉宝石、古玩字画，三世章嘉的地位和待遇已经远远高于一般亲王。而当时经三世章嘉国师推荐参与雍和宫管理事务的格鲁派活佛则都有了乾隆皇帝赐给的佛仓。

雍和宫既然是乾隆皇帝一手策划建成的喇嘛庙，自然是乾隆皇帝祈福的重要场所，他经常到雍和宫礼佛听经，请西藏的格西们为他讲经说法，并经常赏赐僧帽、袈裟、银两等。作为位居第一的皇家寺庙，雍和宫的佛事活动当然也会非常频繁。僧人们除了在本庙举行宗教活动外，还要接受中正殿喇嘛念经处的安排经常到皇室去诵经。当时皇宫各园地喇嘛念经的时间、人数多得惊人，一年累计千余日，二点七万多人，这些，大多数由雍和宫承担。

清朝承袭明朝优礼和尊崇藏传佛教政策，也制定了西藏喇嘛和贵族年例进京朝贡制度。来朝贡的喇嘛和贵族，朝贡后都要到雍和宫拜佛、诵经，受到雍和宫喇嘛的接待。其中影响最大的一次是乾隆四十五年，六世班禅为乾隆庆祝七十大寿。在京期间，六世班禅在雍和宫进行了一系列活动：亲临雍和宫大法会，为新建的班禅楼和戒台楼开光，为乾隆皇帝讲经等等，前后在雍和宫住了二十多天。

雍和宫每年农历腊月二十八和正月初四都要举行藏传佛教密宗的一种伏魔驱祟的神舞活动，俗称"打鬼"、"跳布扎"。这种法会的早期，帝王、众大臣及蒙古王公都要参加，而且得做法会的施主。

**政教双治 影响清廷**

因为雍和宫承担着政治和宗教的双重角色，所以堪布的权利非常高，处于内地藏传佛教管理中的核心地位。历届堪布也都是藏传佛教界的著名高僧，他们中大多数都受清廷委派，充当中央与地方联系的使者。首任堪布三世章嘉·若必多吉是整个清代影响深远的一位大活佛，雍正时期就进京，当时只有八岁，与当时还是皇子的弘历相伴相读，友谊深厚，十八岁时便被雍正册封为"灌顶普善广慈大国师"。乾隆即位后又倾尽全力为乾隆处理蒙藏事务，可谓一生功勋卓著。

一世策墨林·阿旺楚臣也是一位深得乾隆皇帝赏识的堪布，因佛学造诣高深而在青年时代就被三世章嘉请至京城，从此一生奔走于北京与西藏之间，为西藏安危殚精竭虑。七世济隆活佛也是由三世章嘉按乾隆旨意在西藏挑选的一位很有影响的活佛，为平定内乱、收复边疆做出过重大贡献，被乾隆皇帝封为"慧通禅师"并赐敕印，并加封"扎萨克达喇嘛"名号。

八世济隆·意希洛桑丹贝衮波对安定西藏，发展社会生产发挥了重要作用，乾隆帝封他"毕力克图"名号，并将羊八井寺赐名永安寺赐给他，即今天的功德林寺。八世济隆圆寂后，九世、十世济隆活佛先后在协助第十一世、十二世达赖喇嘛办理西藏事务、主持寻访十三世达赖喇嘛的过程中做出了很大贡献。

**雍和宫的兴衰如近代史**

清朝末年到民国时期的雍和宫，命运与中国时局紧密相连，可以说是一部浓缩的中国近现代史。这个时期的雍和宫，无论从寺庙管理还是僧人数量等方面都已经和乾隆时期不可同日而语了。鸦片战争后，曾经由皇宫支付的雍和宫每日巨大的开支逐渐中断，由于时局动荡，寺院缺乏管理，宫内大量珍贵文物被盗或被毁，僧人生计都曾经一度难以维持。

1900年八国联军的入侵使雍和宫遭遇了前所未有的大劫难，日本人对雍和宫的珍贵文物、珠宝等进行大肆洗劫，最后竟烧毁了东书院全部建筑。因为清政府的无能和失助，十三世达赖喇嘛率领全藏僧俗奋勇抵抗英国人无端入侵的斗争也以失败告终，而此时在历史上早已形成的西藏三大寺向雍和宫派送堪布的惯例也被取消。

中华民国成立后，虽然恢复了十三世达赖喇嘛的名号，把雍和宫划归新成立的"蒙藏事务局"（后改为蒙藏院）管辖，但因为已经不再是皇家寺院，财源断流、收不抵支，最后不得不打破皇家寺院不开放的禁忌，靠微薄的门票收入维持生计。后来更几易其主，年久失修，昔日的皇家气派荡然无存。

北伐战争以后，雍和宫归新成立的"蒙藏委员会驻北平办事处"管理，蒋介石到北京参观雍和宫后，深感西藏问题关系重大，随即任命阎锡山为蒙藏委员会委员长处理蒙藏问题，令"雍和宫办事处"管理雍和宫日常事务。当时北平市共有僧人三百多人，雍和宫就达八十八人，但雍和宫僧人的收入与当年比则是天壤之别。到国民党时期直至北平沦陷，生活更是每况愈下，有的被迫还俗。但是，在民国初期，雍和宫在失去昔日辉煌、频遭入侵的战乱情况下，仍然承担着连接中央政府与西藏地方关系的独特使命。

雍和宫供奉的佛像唐卡
及珍贵文物颇丰

　　1918年，十三世达赖喇嘛恢复旧制，先后向雍和宫委派罗桑策殿、贡觉仲尼到雍和宫担任堪布，临危受命的贡觉仲尼堪布在民国时期一直活跃于中央与西藏地方舞台上，致力于沟通中央和西藏地方关系，这也是雍和宫在民国历史上最为光荣的一页。

　　随着1949年北平宣布和平解放，雍和宫走入了新的历史时代，建立了民主管理组织，废除"格斯贵"（负责经堂纪律的僧职）在殿堂以铁棒执法的制度，积极参加生产劳动以自养。抗美援朝期间，雍和宫僧人还慷慨解囊支持。

　　作为藏传佛教寺庙，雍和宫依然充当着接待活佛晋京的接待工作，并配合国家的外交活动。1961年，雍和宫被国务院列为第一批全国重点文物保护单位。在此之前，国家曾两次拨款修缮和保护，1950年拨款四亿（旧币）元维修雍和宫天王殿。1952年又拨款八十四亿元修缮。

　　1956年，时任中国佛教协会副会长的噶喇藏活佛出任堪布，成为新中国成立后雍和宫的第一任正式堪布。噶喇藏到任后，健全了雍和宫经典、佛像、法物、法器等文物的管理和财务管理制度，加强佛殿及环境卫生，规定了参观开放制度，并解决了喇嘛住房等实际困难。同时还开设雍和宫招待所以方便牧民群众来京看病。受国家委托，噶喇藏还出访蒙古、缅甸、尼泊尔、印度等国进行宗教交流。

"文化大革命"那段荒唐岁月中，雍和宫以及宗教难以幸免地遭到践踏和蹂躏，宗教工作被取消，喇嘛被批斗、专政、送劳教，寺庙珍贵文物被抄、被盗，房产被占。"文革"结束后，宗教工作开始了重新启程，雍和宫也恢复宗教角色并承担起新的历史使命，招收的第一批学僧现在已成为佛学造诣高深、寺庙管理经验丰富的新一代僧人。

1979年国家拨款200多万元对雍和宫进行全面修缮，并于1982年2月5日对外开放。之后，雍和宫的僧学制度和僧人数量逐渐完善和增加，历史上每年的全部法会活动逐渐恢复，"跳布扎"和"腊八舍粥"活动尤其受到游人和信众的欢迎。

### 新雍和宫 汉藏融合

新时期的雍和宫历经默默奉献、心情耕耘的高全寿（伯云乌尔吉）和爱国爱教的嘉木扬·图布丹两任堪布。现任堪布图布丹今年81岁，出生在内蒙古鄂尔多斯草原上一个牧民家庭，自幼苦学，是一位广受佛教界人士赞誉的学者型高僧。在雍和宫的二十多年中，由他出面接待的国家元首和地区首脑达二百余位，1995年还亲赴西藏参加了十世班禅大师转世灵童的掣签仪式。

图布丹大师生活俭朴却乐善好施，在他的倡导下，雍和宫捐建了数所"希望小学"，并在家乡捐建修复了一座古寺。目前图布丹堪布担任着全国政协委员、中国佛协副会长及北京市佛协副会长等职务。

在雍和宫的历史中，最令信众激动的是曾从雪域高原走来的列位大活佛：第一位走进雍和宫的大喇嘛是六世班禅大师，乾隆皇帝为了六世班禅的进京大兴土木，兴建或改建了很多寺庙。七世达赖喇嘛格桑嘉措一生虽然没到过雍和宫，但对雍和宫的影响却无处不在，从初期的选派僧人，到寺庙改建完工送来僧帽、唐卡、佛像、佛塔等珍贵礼物，他送的弥勒大佛在1990年被加载了世界金氏纪录，可以说雍和宫的历史与格桑嘉措息息相关。其后，十三世、十四世达赖喇嘛、十世班禅大师都曾走进雍和宫，让京城的僧俗两众目睹了藏教大活佛的威仪，这些大活佛为汉藏民族的团结和融和奉献了全部的心血。出生于1990年的十一世班禅额尔德尼·确吉杰布在1996年首次举行佛事活动也给雍和宫历史上写下了光辉一页。

因为是藏传佛教寺庙，雍和宫一直延续"金瓶掣签"转世活佛制度。制作并长期保存金奔巴瓶，先后掣签了蒙古、青海等十几位著名活佛的转世灵童。第十、第十一、第十二世达赖喇嘛和第八、第九、第十一世班禅大师都是由"金瓶掣签"制度选定的。这一制度消除了过去宗教内部在活佛转世中"率出一族"、"分润不均，唆使外族抢掠"等流弊，维护了西藏地方的和平及与中央的关系。

### 红墙黄瓦　盘龙奔宝

如今，端坐于北京市区的雍和宫红墙黄瓦，气象庄严，总体布局、建筑结构和装饰色彩上，保留了明、清皇宫和王府的形制，同时也融合了汉、藏等民族的建筑风格。南北约跨四百米，是由三座精致的牌坊和雍和门殿，雍和宫殿、永佑殿、法轮殿、万福阁、绥成殿等六进大殿和七进院落组成。

走进雍和宫，首先映入眼帘的是建于乾隆九年的三座高大的牌楼，每座牌楼的额题都是乾隆亲笔所书。中座牌楼正南是红色大影壁，两侧各有一座大石狮，狮子造型生动，气势傲然。石狮后面是八字形琉璃照壁，四角饰以黄绿琉璃瓦组成的云龙图纹，中间是"盘龙奔宝"图案。

从中座牌楼往北，有约二百米长条石铺就的辇道——清代帝王方可行走的通道，从辇道往北就是昭泰门。辇道东西两侧有套院，原来曾经是佛仓。辇道两旁是枝繁叶茂、绿树成荫的银杏、松、柏、丁香、石榴、黄杨等植物。进入昭泰门便到了雍和门院，院子很大，东西长，南北较窄。院内有钟鼓二楼，东西碑亭，旗杆、铜狮及参天古槐树都对称而列。鼓楼下方有一口乾隆九年养心殿造办处所制的大铜锅，是清代雍和宫僧人熬腊八粥所用。

古槐年龄经鉴定大多在一百年以上，其中有两株在三百年以上，株株古槐苍老遒劲且绿意盎然，见证并诉说着雍和宫不寻常的历史。铜狮是清宫造办处制品，独具匠心的是这对狮子的腿部雕有鳞片，脖子上系有两个铜铃、三个璎珞。铜狮左右是重檐式八角黄瓦碑亭，各竖一通石碑，东面碑文用满、汉文书写，西面碑文是藏、蒙文书写。四种文字内容相同，汉文是乾隆御笔，主要讲述雍和宫改庙的缘由，体现乾隆对先帝雍正的深切怀念及对其丰功伟绩的追忆。

### 明五暗十 现妙明心

雍和门殿的三座大门上以九九纵横的八十一颗金色门钉装饰，象征九五至尊的皇家地位。大门上是雍和门匾额，正殿门上均有匾额，用满、汉、藏、蒙四种文字书写。雍和门是五间两进大殿，称"明五暗十"。殿内中间的朱漆供桌上摆放着景泰蓝掐丝的香炉、烛台和花瓶"五供"。殿内一尊袒胸露乳、笑容可掬的大肚弥勒佛端坐于金漆雕龙座上。木制贴金的弥勒佛两侧，各有一座紫檀木塔，在塔壁上摆放着274尊泥制浮雕，每尊高约十厘米，多为长寿佛，还有白度母像，故名长寿塔。殿内两侧是四大天王泥塑立像，殿内朱漆木柱上高悬着乾隆所题楹联：法镜交光六根成慧日，牟尼真净十地起祥云；匾额曰：现妙明心。后面供奉的韦陀护法木雕像背对山门，面向雍和宫殿，形象威猛，左右各有一幅画有关羽的唐卡。

出雍和门殿，有一条砖砌甬道直通雍和宫殿露阶，这条甬道又称"仪路"。仪路上有古铜鼎炉和御碑亭。铜鼎炉是乾隆十二年（1747年）清宫殿造办处所制。御碑亭为重檐四角黄色琉璃瓦碑亭，亭内有一座三米多高的石碑，碑文称《喇嘛说》，系乾隆皇帝撰写，故名御碑亭。

### 青铜须弥 十八罗汉

雍和宫大殿前，有一座青铜铸造的须弥山模型，由青铜山体和汉白玉底座两部分组成，是明万历年间掌印太监冯保供奉。

雍和宫殿前石阶左右各有一根25米高的旗杆，旗杆上挂着一面五颜六色、印有经文的喇嘛旗，藏语叫"郎达"，汉语称"风马旗"。雍和宫殿相当于一般寺庙的大雄宝殿，建筑结构是单檐歇山顶。殿中供桌上供奉有乾隆年间制作的铜鎏金七珍八宝模型，两侧各为银质法轮、木制灵芝模型和珊瑚树，还有朱漆木制转经筒、法鼓、铜磬等。殿内供奉三世佛像，佛像面部、手臂及袒露的胸部均为鎏金。释迦牟尼居中，两弟子阿难和迦叶侍立左右。释迦牟尼佛东西两侧分别是造型相同手印各异的弥勒佛和燃灯佛。大殿两侧为东西各九尊的"干漆夹纻"十八罗汉像。

### 三叶观音 般若慈源

殿内东北角供奉由名贵白檀木雕刻而成的三叶冠观世音菩萨立像，像后刻题汉、藏、满、蒙四种文字款，西北角供奉弥勒佛铜立像。墙壁上挂着唐卡白度母和大白伞盖佛母像。殿内楹联为：接引群生扬三千大化，圆通自在住不二法门；法界示能仁佛资万有，净因臻广慧妙证三尊。

出雍和宫大殿就到了单檐歇山式的永佑殿，殿内供桌上是两套铜五供，五供后面是木质漆金八宝模型。殿内的莲花宝座上供奉白檀木雕成的三尊佛像，无量寿佛居中，东西分别为狮吼佛和药师佛。西山墙上悬挂着一幅绿度母堆绣像的复制品，原作品在庙内收藏，是乾隆母亲钮祜禄氏和丫鬟们用七千多块大小不等的绸缎堆绣而成。西北、西北山墙分别悬挂着唐卡白度母像和长寿佛像。殿内楹联写着：般若慈源觉海原无异派水，菩提元路德山相见别峰云。

**鎏金宝塔 描金壁画**

　　青松翠竹掩映之下的法轮殿坐落于永佑殿后门。法轮殿的顶上建有五座天窗式暗楼，每座楼上又建有一座鎏金宝塔。自清代以来，法轮殿一直是雍和宫僧人集体诵经的殿堂。殿中央供奉藏传佛教格鲁派创始人宗喀巴大师高达6.1米的铜像，铜像前面供奉一尊铜质鎏金释迦牟尼佛像。下面的供桌上放置糌粑或条面捏成的贡品，叫做"面贡"。殿内西侧玻璃罩内是僧人用颜料粉制作的代表藏传佛教宇宙观和理想境界的坛城。宗喀巴像东西两侧各有一木质彩绘高台法座，分别是第十世班禅大师和第十四世达赖喇嘛到雍和宫讲经的法座。东法座东侧还有一座宝石蓝色的时轮塔。

　　殿内东西山墙上分别是彩绘描金大型壁画《释迦牟尼源流图》，共三十四段故事，由中央美院王定理先生带领学生画于1954年。壁画前面的经架上摆放着一层层以黄布包裹的藏文大藏经，西墙是108部的《甘珠儿》，东墙是207部的《丹珠儿》，分别为康熙、乾隆年间版本。

　　宗喀巴像后面的大玻璃罩内是一整块紫檀木精雕细琢的五百罗汉山。罗汉山前是乾隆帝抄写的《大白伞盖仪轨经》和《药师经》，都是以宫廷风格装裱。经书北面的玻璃罩内有一个金丝楠木雕成的木盆"洗三盆"，据说是乾隆皇帝出生第三天时洗浴用的木盆。法轮殿内的楹联是：是色是空，莲海慈航游六度；不生不灭，香台慧镜启三明。殿后有一匾额：恒河筏喻。

法轮殿的东西配殿也分别供奉众多佛像，东西配殿往南，即是时轮、药师、讲经、密宗四殿，通称"四学殿"，分别供有佛像、唐卡、壁画。时轮殿中还陈设乾隆年间制造的浑天仪与天体仪模型，以及藏文经本《历算法》。

**三阁列拱 诸多楹联**

法轮殿的后面是雍和宫最宏伟的建筑、三檐歇山重楼式的万佛阁。主体建筑左右有永康阁和延绥阁相互拱卫，中间有悬空走廊相连，使三阁列拱交构，浑然一体。万佛阁正中耸立着一尊由一根白檀木雕成的弥勒佛像，四周建有回廊，弥勒佛像头部在第三层阁高度，胸部位于第二层，人们可以从各层回廊上清楚地观瞻大佛。阁内三面墙上挂着四十一副唐卡，是乾隆十五年（1750年）由西藏七世达赖喇嘛供献，这些唐卡历经两百多年的岁月依然光彩如初。

东西山墙唐卡的前面各有三个木质佛龛，龛内是三尊制于明代的罗汉像。大佛两侧陈列108部大藏经，大佛后面是历史悠久的海藻化石"凤眼香"。

万佛阁的楹联和匾额也非常之多，都是佛教开悟类经典联句，需耐心逐一体会。万佛阁的后部是一座"普陀洛伽山"的木雕，山正中供奉观世音菩萨像，下面有善财童子和龙女像。

左右的永康阁和延绥阁内是木制彩画八角形楼阁模型"转轮藏"和狮子座式木质莲台"开莲现佛"，底部都有能旋转的大铁轮，转动铁轮，转轮藏跟着转动，开莲现佛的莲花慢慢展开现出释迦牟尼像，似乎把人带入佛陀境界。

**开莲现佛　吸引信众**

万佛阁的后面是绥成楼。此楼是庙内最北面的建筑，为上下十四间带走廊的楼阁，殿内供奉十三尊木雕贴铜像。绥成楼分东西顺山楼，东顺山楼是藏经楼，西顺山楼是僧舍。

万佛阁东西厢都是上下两层十间的楼房，西厢称为"雅木达噶楼"，一层供奉佛像，二楼为经堂，东厢叫"照佛楼"，供奉旃檀佛像等。班禅楼和戒台楼分别位于照佛楼和雅木达噶楼的南侧，现在已经作为文物陈列室。

浏览雍和宫各殿堂供奉的数千件佛像、唐卡及珍贵文物令人目不暇接、叹为观止，其中国家一、二级文物就有九百多件。紫檀木雕刻的五百罗汉山、金丝楠木雕龙的大佛龛和18米高的白檀木大佛被称为雍和宫木雕工艺的"三绝"，以大、奇、精著称。藏品中，有许多是十六世纪以来西藏上层人士、大德高僧进献给皇室和本庙的珍贵礼品，具有极高的历史与艺术价值。为此，雍和宫还专门成立了博物馆对这些文物进行保护和宣传。

进入二十一世纪的雍和宫以其强大的宗教力量吸引着满、汉、蒙、藏信众的求法之心。雍和宫也以其神秘、博大、灿烂的文化内涵静静滋染着中外游客的灵魂。

## ❷ 北京唯一的尼众道场

## 通教寺

### 小街胡同 闹中取静

通教寺位于东城区东直门内北小街针线胡同,是目前北京市唯一一所尼众寺院。虽然没有京城其他皇家寺庙或受皇家崇重的寺庙那么规模宏伟、赫赫有名,但因为是尼众驻锡的寺院,通教寺的地位非常独特,并且以戒律精严享誉东南亚。

历史上对早期通教寺的记载很少,它的初建年代可以追溯到崇奉佛教的明代,明代是宦官猖獗时代,手握重权或敛得巨财的太监很多,他们因为不能享受今生的人生快乐,往往把幸福寄托来生,大做佛事功德,修建庙宇,通教寺就是由一个太监出资创建,一座只有几间殿堂的小庙。因为没有帝王将相的重视和关注,寺庙的规模一直不大,始终作为一所民间寺庙默默延续着它的香火。

## 清代改为尼众寺院 专修净土戒规严谨

到了清代,出于什么样的因缘已无据可考,通教寺被改建为尼众寺院,并更名为"通教禅林",传承净土宗。"以持戒念佛为宗,学教习规为助",尼众必须遵守共住规约:"坚持不论台、贤、济、洞,但以戒行精严,深信净土法门为准;只传贤,不传法,以杜法眷私属之弊;专一念佛,亦摄三学,除打念佛七外,概不应酬经忏佛事;无论年纪老小,不遵戒律者,概不留单。"由于它规章严明,归者甚众,常住尼众达五十多人。

清末民初时,随着社会动荡,寺庙遭受影响,殿堂残破,佛像毁坏,整个寺院破败不堪。到1941年时仅剩下有一位老比丘尼印和法师住寺修行。

1942年,在北京净莲寺法界学苑学戒听经的两位福建籍比丘尼开慧和胜雨,来到通教寺并发愿重建殿堂,安单接众。她们历经艰苦,募资修建了大雄宝殿、五观堂、念佛堂、大寮等建筑,使通教寺形成今天的规模和格局。将山门改为坐西朝东,又迁移寺庙周围的居民,庙区扩大到四亩多地(约三百多平方米),还将庙名改为"通教寺"。建成后通教寺改作寺规严整、道风纯正的"十方丛林"。为了培养僧才,通教寺还创办了八敬学苑,并呈文备案,悬挂钟板,使它成为北京市第一座尼众丛林。八敬学苑先后培养了三十多名僧尼,包括被誉为"当代第一比丘尼"的隆莲法师和声名显赫的通愿法师。这些僧尼遵守戒律,诵经念佛,行住坐卧极有威仪,使这座名不见经传的通教寺备受海内外四众弟子推崇,成为北方有名的净土道场。

通教寺寺名由赵朴初题写,整个院落肃穆清净

## 结夏安居 持戒念佛

通教寺始终坚持以修持戒律为本,以净土为宗,念佛为归。所以清规戒律非常严格,宗教活动也多。每年从农历四月十五日起至七月十五日止,全寺尼众"结夏安居",专修"戒、定、慧"三学,除为僧众办事和父母师长病丧等事外,九十天不许出山门。在"结夏安居"期间,任务比平时更重。除完成日常功课外,还规定有因人而异的"私功课",有人规定在这期间读完一遍八十卷的《华严经》,有人刺血写经,有人念佛或燃香、燃灯等。每人自己定出项目,天天检查成绩。越接近圆满,功课越紧。到七月十四日晚,要"通宵忏

通教寺不以规模宏伟闻名，却地位独特

礼"，伏地拜唱"南无本师释迦牟尼佛"整整一夜。

1949年后，通教寺的佛教活动和尼众生活随着时局变化而开始转变，发扬"农禅并重"、"一日不作，一日不食"的佛教优良传统。先成立缝纫小组，后发展为服装加工厂，制作僧衣，同时为社会服务。但作为北京佛教活动场所，尼众始终严守佛制寺规，过着如法如律的宗教生活，以持戒念佛、学教习规为仪，直到"文革"开始。

"文化大革命"中，通教寺遭遇了与北京其他寺庙同样的命运，经像法物被毁，尼僧离散，寺门关闭，宗教活动被迫停止。1978年以后，人民政府贯彻落实宗教信仰自由政策，并拨款修葺通教寺，将"文革"时离寺的比丘尼召回，恢复了停止多年的宗教活动，通教寺又作为佛教活动场所重新恢复开放，十多名年轻尼众经过学习，也留寺修行，为静寂的寺庙增添了活力。

1983年，通教寺被国务院确定为汉族地区佛教全国重点寺院，成为北京市尼众学修及举行宗教活动的场所。1985年秋，通教寺正式对外开放。

**重启山门　恢复盛况**

2009年，针对通教寺房屋主体结构出现松动、房顶漏雨、消防、防雷等方面出现的安全隐患，北京市政府支持专项资金800多万元，北京市宗教局和北京市佛教协会组织开展了通教寺文物修缮工程。

如今的通教寺，又重现其昔日的盛况。山门对面一片长满苍松翠柏、奇花异草的公园，使红墙灰瓦的寺院环境更显幽静。红色山门上赵朴初老人题的"通教寺"三字，院墙上的"南无阿弥陀佛"，让人见了陡然升起一份肃穆清静。跨进山门，二千五百多平方米的整个寺院几乎一览无遗。建筑独特的大雄宝殿修葺一新，面阔五间，绿琉璃瓦顶，三卷勾连搭，檐下高悬着赵朴初题写的大雄宝殿匾额。殿内井口天花，水磨石方砖铺地。殿中莲花座上供奉着阿弥陀佛，法相庄严，雕塑精美。阿弥陀佛左右供奉着观世音菩萨和地藏王菩萨，后面供奉着释迦牟尼佛坐像，观音菩萨对面是站立的护法韦陀。殿内因供有《善财童子五十三参画像》而名闻遐迩。寺内通道两侧是灰筒瓦覆顶的南北配殿各七间。北配殿自西向东依次是伽蓝殿、五观堂，南配殿依次为祖师殿、念佛堂和寮房。寺内还立有1942年重修时立的两道

修葺一新的大雄宝殿

石碑。珍藏日本《大正藏》一部。果树、花木，把整座寺庙点缀得格外雅致、清净。

如今通教寺依然严守古制，持戒念佛，学教习规。尼众除每天早晚课、打佛七等佛事外，每月还专门立诵戒日诵经，农历十五和三十两天，全体尼众一起诵《比丘尼戒》，每逢初八、二十三，诵《菩萨戒本梵网经》。同时还遵守着"结夏安居"的修持传统，每年从四月十五日起到七月十五日止九十天不出山门。另外，通教寺每周还有四次讲座，由本寺比丘尼、居士及一些对佛教感兴趣的女性参加。平时很多居士会来通教寺做义工，帮助法师们处理一些日常事务。通教寺的法师们过着极其简朴的生活，更注重修行度众。

### 传统与现代 慈悲度众生

历史上，一直以持戒精严而闻名的通教寺，在现代社会中依然传承"慈悲为怀、普度众生"的佛旨，于闹中取静处为身处喧嚣都市中的人们提供一个消除烦恼尘劳、减缓身心压力和修身养性的清静场所。对于每一位求助者，通教寺都会真诚接待，通过组织讲法、禅七或佛七、诵经和抄经、心理咨询等方式提供一个温暖的心灵家园。以佛学理念和专业心理学知识为女性信众做临终关怀和往生助念。

通教寺现任住持思智法师是辽宁人，1980年于华严寺出家，1982年在般若寺剃度，依逝波法师受沙弥尼戒。1985年，思智法师自辽宁来到北京通教寺，此后便一直在此修行并升任住持。法师慈眉善目，法相庄严，对寺庙各项事务从容面对。

目前寺院常驻僧尼有三十几位，另有约二十位法师来往挂单。僧尼平均年龄在三十多岁，最大的已九十有余，最年轻的二十出头。值得一提的是，今天的通教寺在继承传统的基础上，已经发展成了一座知识型的尼寺，尼众的学历和文化层次越来越高，为古老佛寺带来了生机和活力。

每到重大佛教活动节日，这座都市小庙要容纳千人，因为长久以来的佛缘名气，东南亚一带的佛教信众来访者络绎不绝。思智法师带着尼徒信众静守这一方净土，于木鱼声声中诵经法会，修行度众，使通教寺始终稳步于现代佛教历史进程中。

## ❸ 夕照寺

夕照寺位于广渠门内(原)崇文区夕照寺中街北侧,创建年代不详,根据明正统年间兵部侍郎于谦为古拙俊禅师所作《中塔图》题记推测至迟于明代已经存在,而且颇具规模,据说曾是浙江昌化县澄济寺的下院。

夕照寺在明代最为兴盛,当时寺院宏大,殿宇繁多。山门前有一大红影壁。在太阳夕照时,大红影壁闪闪泛光,因此得名"夕照寺",并留有"夕阳西照夕照寺"的吟诵之句。明朝时的夕照寺山门殿赫然石额"古刹夕照寺"。寺周围还有属于寺院的田地。

清雍正十年(1732年),又有高僧文觉禅师复修寺庙。使本就繁盛的寺庙更添松竹的清秀,夕照寺也因此继明清以来更以文人墨客前来诗词书画而闻名。当时寺院山门殿与众不同地供有蔡伦像,也许正是书画者对造纸鼻祖的敬奉和感恩。当时夕照寺最著名的是作于清乾隆年间的《古松图》壁画和《高松赋》书法。《古松图》由著名画家陈寿山所画,画的是一高一矮双松,故又名"双松图",与著名书法

夕照寺因山门前大红影壁夕照时闪闪泛光而得名,而今已是另一番景致

重修后的夕照寺内部格局恢复旧制，而配置已改为会馆结构

家王安昆的草书《高松赋》成书画双璧，是绝世珍品。

清末以后，夕照寺历经沧桑，逐渐荒废，到民国时仅存两层大殿。1927年，寺里曾建慈济学校。新中国成立后，夕照寺又被幼儿园和工厂等占用。1957年，末代住持秀泉调往南城区工作以后，夕照寺再无人管理，到"文革"期间，佛像大多被毁，夕照寺也如夕阳西下而日渐衰微。

作为曾经的南城古刹，衍生过一条同名街道的夕照寺，在1987年被列为崇文区文物保护单位。从2002到2007年用五年时间完成了工厂腾退和考古勘探及复建。

重修后的夕照寺，只是外部轮廓和内部建筑格局恢复旧制，整个寺庙的配置已经改为会馆结构，称"金台夕照会馆"。寺庙拱门上方写着"夕照寺"三个鎏金大字，高大挺拔的槐树掩映着山门殿，从门外观望，院内尚有瘦竹显翠，颇有情韵。

早在1950年代初，修市政工程时夕照寺的影壁就被拆除，曾经的夕照红光景象早已不再，而今天又添会馆二字，那夕照余晖的胜景，也只能靠对历史的追想了。

## ❹ 法海寺

　　法海寺在石景山区模式口村北翠微山南麓，是国家级文物保护单位。法海寺始建于明正统四年（1439年），由明英宗近侍太监李童所建。据说，在建寺之初，李童夜里梦见一处仙境，第二天奏明皇上，照着"梦境"寻找就找到了模式口地区，"都城之西，翠微山之阳，玉河乡水峪龙泉古寺之左"，风景与梦境一般无二，遂向一些官吏、僧侣和平民募款，大兴土木建造寺院，历时四年零八个月，耗费大量金银，动用了木匠、瓦匠、石匠、装銮匠、漆匠等能工巧匠近百人，建成后皇帝赐额"法海禅寺"。

　　明代法海寺颇得皇家宠重，地位之高名噪京城。弘治十七年（1504年）到正德九年（1514年）曾重修一次，之后的明世宗、明思宗都曾赐予法海寺法器。法海寺第一代住持福寿、第二代住持嵩严书圆寂后，墓塔前都立有皇帝谕祭碑。第三代住持慧义任职僧录司左善世，主管全国僧务。

到清乾隆二十二年（1682年），朝廷重修法海寺，雍正五年（1727年）第十六世敏珠尔呼图克图进京，清帝赏赐法海寺匾额，从此，法海寺变为喇嘛庙。光绪时期，命十九世章嘉呼图克图管理京师包括法海寺在内的四个喇嘛庙。到民国二十五年时，经历沧桑动荡的法海寺还有木雕、泥塑佛像三四十尊，尤其是三世佛、十八罗汉楠木雕像非常珍贵。后来寺院逐渐残破，解放后的1953年到1993年的四十年间进行了四次大规模修葺，1957年被列入北京市重点文物保护单位，1985年正式对外开放。1988年又被定为全国重点文物保护单位。2001年4月，在市政府的支持下，石景山区启动了法海寺建国后的第六次大修，复建八座古建，对外开放面积增加近一倍。

如今，昔日规模宏大、气势雄伟的皇家寺院又以崭新的姿态矗立于苍松翠柏的掩映之下，藏在群山环抱之中。坐北朝南依山势而建的主要建筑分别设置在三级平台上。第一级平台有山门殿，第二级平台有四大天王殿，第三级平台是大雄宝殿。山门殿仍保留着明代建筑风格，殿后是一东西横向长方形院落。正中设数十级台阶通向天王殿和大雄宝殿。台阶两侧有两块明代石碑，记载法海寺历史。大雄宝殿在最后一进院落的北端，东、西、南三面建有回廊式祖师堂。院子正中有两棵高大挺拔的白皮松，相传已有六百多年历史，至今枝叶茂盛，荫庇半院。院落东西两侧各立一块明正统四年（1439年）所建汉白玉石经幢。殿前台基档侧悬吊着明代龙纽大铜钟，高达二米左右，铸造精湛，钟身铸有《般若波罗蜜多心经》、《金刚经》等经文咒题，与大钟寺永乐大钟可以媲美。

让今日法海寺驰名世界的是国内现存最完整、面积最大的明代壁

苍松翠柏掩映下的法海寺

画。经过五百多年漫长岁月，法海寺大雄宝殿的六面墙上，至今完整保留着九幅极其精美的明代壁画。所绘内容全部是佛教世界的十方佛众、二十诸天、天龙八部、飞天仙女、动物花卉等，面积达236.7平方米，由明代宫廷画师、画士官和画士绘制，手法高超，线条流畅，神韵生动。这些壁画都使用了朱砂、石青、石黄等重色，加之采用"叠韵"烘染、描金、沥粉贴金等手法，不但加强了画面神秘缥缈、宁静深邃的气氛，而且历时五百年颜色鲜艳如初。

最为珍贵的壁画是北墙门两侧所绘《礼佛护法图》，图中有帝后、天龙八部和众鬼神组成浩浩荡荡的礼佛护法行列，两幅画共有人物三十五人，三五成组互相呼应，人物服饰华丽，仪表庄重温雅，色

法海寺堪称我国明代壁画之最

泽艳丽而浓厚。这些彩画以翠绿靛蓝色和描金制作，显得异常华丽严谨，形式朴素大方。

1993年初，在北京法海寺壁画历史艺术价值论证成果研究讨论会上，经专家论证，法海寺壁画是中国现存元、明、清以来由宫廷画师所作为数极少的精美壁画之一，也是北京这座历史文化名城所保存的古代壁画中的杰出代表，与敦煌、永乐宫壁画相比各有千秋，并可与欧洲文艺复兴时期的壁画相媲美。在我国现存明代壁画中，从壁画艺术、规模、完整程度和壁画制作工艺、绘画技巧、人物造型及用金方法等多方面综合论证，法海寺壁画堪称我国明代壁画之最。

## ❺ 智化寺

  智化寺位于东城区禄米仓胡同，最初由深受明英宗宠爱的司礼监太监王振建于正统八年（1443年）的家庙，后得英宗赐名"报恩智化寺"。

  智化寺采用仿唐宋"伽蓝七堂"规制，"土木之变"时王振被诛族。英宗复辟后于天顺元年（1457年）在寺内为王振立"旌忠祠"，塑像祭祀。天顺六年又颁赐一部藏经、两座经橱，供藏于如来殿。智化寺在万历和清康熙年间曾经重修，但是王振的塑像在乾隆七年（1742年）由御史沈廷芳奏请而毁掉。该寺主要建筑自山门内依次为钟鼓楼、智化门、智化殿及东西配殿、如来殿、大悲堂等，殿宇虽经历代多次修葺，仍保持明代早期特征。最令人注目的是寺中主要殿宇皆为歇山黑琉璃筒瓦顶，在国内现存寺院中属罕见之景。寺院用黑色瓦覆顶，依据佛经的"四种色"之"降伏马黑"，此意正与"智化"相对，上以"风"降伏恶魔，下以"智"度化众生。

从明初建成一直到清康熙时期，智化寺香火一直很兴盛。到了光绪年间智化寺由盛而衰。1900年，智化寺遭八国联军拆毁墙垣，封闭佛殿。民国时，智化寺虽有土地26亩，房屋199间，但社会动荡不已，僧人只剩下八位，靠出租房屋维持生计。日伪时期，智化寺的万法堂更被改为啤酒厂，让人慨叹不已！

1957年，智化寺成为北京市第一批文物保护单位，之后市政府拨款修整，到1961年，智化寺升级为第一批全国重点文物保护单位。到1986年，国家文物局拨款进行全面整修，但智化寺始终不能恢复以往的佛事香火之势。1990年，智化寺被北京市文物局定为私人收藏文物的展览窗口。

让今天的智化寺闻名于世的是其保存完整、高深美妙的"京音乐"。"京音乐"距今已有500年历史，有"中国音乐活化石"之誉，与西安城隍庙音乐、开封大相国寺音乐、五台山青黄庙音乐及福建南音一起，同属我国现存的最古老音乐。

智化寺京音乐与建造人王振有着不可分割的关联。作为笃信佛教、并执掌司礼监的大太监，对自己一手打造的智化寺在遇有大型佛事活动时是必须要有音乐演奏的。至于宫廷乐谱是英宗所赐还是王振利用职务之便私拿出来已无从核实，但智化寺确是从正统九年（1444年）就有了正规的音乐演奏乐团。乐团对乐僧的训练要求非常严格，13岁前入寺，通过长达七年的学习，每天练习听音、发音，在很窄的板凳上练习吹奏和打击姿态，直到能在寒冷冬天或酷热夏日下连续演奏四、五个小时仍能韵真声满、字正腔圆，才算合格。智化寺跟其他太监寺院一样都比较封闭，因此艺僧们都是按照十分严格的"口传心

智化寺中主要殿宇皆为歇山黑琉璃筒瓦顶,在国内现存寺院中属罕见之景

上图依次为智化寺如来殿、智化门、智化殿、大智殿

授"的方式代代传授，既不接受其他音乐的影响和渗透，同时也防范音乐的外传。致使京音乐成为我国现存古乐中唯一按代传袭的乐种，并完好保存至今。

智化寺音乐的曲调空灵神秘、古朴典雅。据智化寺保存下来的工尺谱统计，智化寺音乐各类曲目二百余首，曲牌分"只曲"、"套曲"两大类。只曲是单独演奏的曲牌，不能与别的曲牌相联。套曲由若干单个曲牌联成，分白天佛事使用和晚间"放焰口"使用两种，著名佛曲曲目有三皈赞、观灯赞、金五山套曲、五声佛、撼动山等。另外还有描写宫廷和普通百姓生活的内容，曲目丰富多彩，极具艺术欣赏价值。

早在1950年代，智化寺佛教音乐就引起了中国音乐界一些专家的关注并开始对其进行研究。1953年2月，北京市文学艺术工作者联合会在霞公府十五号举行"京音乐"演奏会，丁西林、吴晗、老舍、赵树理、叶恭绰、巨赞法师等150人到会聆听。老舍主持会议，由智化寺等九个寺庙16位僧人进行演奏。随后，智化寺乐僧又应邀赴天津国立音乐学院演奏。中央音乐学院、北京三时学会和文界知名人士还帮助乐僧们在广化寺成立"北京音乐研究会"，对佛教音乐进行研究和传播。

1982年北京市佛教协会恢复活动后，在凌海成等人积极推动下，找到以前的八位老乐僧并请回庙里恢复演奏京音乐。经过四年的努力，北京市佛教协会成立了"北京佛教音乐团"。

1986年12月，中国北京市佛教音乐团应邀到欧洲各国巡回演出。这个由12人组成的佛教音乐团，所到之处，场场爆满，震撼了欧洲乐坛，被视为世界音乐珍宝。

然而令人扼腕感叹的是，因为京音乐所依托的民俗、宗教活动已逐渐萎缩或不复存在，学习京音乐的人因收入不济而难以坚持，京音乐也开始迈向窘境。目前，只有第二十六代传人张本兴老人在执着坚守。张本兴老人曾经出家，后被逼还俗，历经世乱始终不放弃京音乐。虽然他本人现在已不能吹奏而只能改操打击乐器，但依然坚持来寺庙指导仅剩下的乐僧。在他指导下，二十七代已学有小成，能演奏48首曲子，但却难以达到1950年代水平。

张本兴老人一直强调"京音乐"听的不是热闹，是"典雅"、是"板眼"。真希望这"典雅"和"板眼"能重现辉煌，而不是绝唱。

## ❻ 五塔寺

　　五塔寺又称真觉寺，位于北京市海淀区白石桥东侧的高粱河（长河）北岸。因寺内一座建于明成化九年（1473年）的金刚宝座塔，宝座的台座上分列五个小塔，因此俗称五塔寺。乾隆时因讳父皇雍正胤禛名而改称"大正觉寺"。

　　据史书记载，明永乐初年，来自西域印度的僧人班迪达向明成祖朱棣呈献了五尊金佛和印度式"佛陀伽耶塔"即金刚宝座的规式。明成祖与他谈经论法十分投机，封他为大国师并授金印，在西关（今西直门）外长河（今高粱河）北岸赐地建成真觉寺。之后又根据这位高僧提供的规式建成了金刚宝座塔，并重修了寺院。建成后的五塔寺前临长河背倚西山，成为当时京城士人重阳登高、清明踏青的去处。

　　在中国同类十余座塔中，五塔寺金刚宝座塔的年代较早，样式最秀美，堪称明代建筑和石雕艺术的代表作。金刚宝座塔全部用汉白玉建造，周身布满雕刻。塔座的正门上有"敕建金刚宝座塔"的匾额。由于石里的铁被氧化而呈现出淡淡的橙黄色。五座密檐的方塔中，正

五塔寺近景

中的一座高十三层，四角每座高十一层。中塔的正南有一座两层檐的琉璃罩亭，阶梯的出口就在里面，罩亭顶上有一蟠龙藻井，这是皇家寺院的标志。五座塔的顶上均有一小型覆钵式塔刹，中间大的为铜制，其他四座为石质。塔建成后，为保护这座金刚宝座塔，表面石料全部以猪血和上腻子和面粉加糯米汁调匀后的"血料"涂于塔身，再多次贴麻布刷大漆后完成。

在佛教中宝座和五塔各有由来和讲究。按佛经上说，金刚有五方五界：佛部（中）、金刚部（东）、宝部（南）、莲花部（西）、羯摩部（北）。每部有五方主佛：中为毗卢遮那佛，东为阿閦佛，南为宝生佛，西为阿弥陀佛，北为不空成就佛。佛又有五方宝座，即动物坐骑：大曰狮子座、阿閦象座、宝生马座、阿弥陀孔雀座、不空成就迦楼罗金翅鸟王座，所以五塔寺金刚宝塔宝座和五塔的须弥座四周都有狮子、象、马、孔雀、金翅鸟王等五种动物形象的雕刻。

宝座塔最独特之处是凸雕佛足，在中间塔南面须弥座腰的正中位置，足心向外，下面托以盛开的莲花。这种凸雕佛足在北京寺院中仅此一处，其他地方的佛足均为凹刻。另外，塔前两株一雌一雄银杏树，树龄逾三百年，需三人合抱，堪称真觉寺一宝。

五塔寺在乾隆时期因承载乾隆母亲的两次寿庆而出尽风头，为此也对五塔寺进行了全面修葺，并请来一千名喇嘛念经，各国使臣都进贡了寿礼，头戴红顶花翎的大臣们奔波于殿前塔后。寺内主要建筑屋顶全部换上黄色琉璃瓦，在阳光照耀下闪闪发光，金碧辉煌，显示出皇家寺院的威严气势。

自清朝后期开始，五塔寺逐渐衰落，到民国初年仅剩一塔兀立于一片瓦砾中，由于无人看管，宝塔的铜质鎏金塔刹多次被盗。

关于真觉寺被毁经过，众说纷纭，有说是1860年被英法联军烧毁，只剩下明成化九年建造的金刚宝座塔，也有认为是受义和团事件波及而毁坏，还有一种说法是真觉寺在1920年代初还保留着原来的建筑，1927年北洋政府的蒙藏院以2500元将寺院卖给了一个黄姓商人，这人将所有殿堂拆毁当木材卖掉，使四百多年的皇家寺院毁于一旦，只留下金刚宝座塔。孰真孰假已无关紧要，历史遗迹不复存在令人叹惜。

1949年后，政府部门对这一古老精美的佛教建筑十分重视，多次进行维修，特别是在1976年唐山地震波及北京，使宝塔塔基下沉、后部开裂的情况下，政府于1979年较全面地对古塔进行了修缮，并于1982年10月正式对外开放。现在这里辟为北京石刻艺术博物馆，是以陈列北京地区石刻文物为主题的露天博物馆。

## ❼ 承恩寺

　　承恩寺位于石景山区模式口大街东部，占地约三十亩，始建于明正德五年（1510年）。

　　承恩寺看似普通，但要追溯起它的历史可就得刮目相看。首先，建寺人温祥的身份就非同一般，他是明朝司礼监大太监、当朝皇太后的心腹。因此寺庙山门才挂有"敕赐承恩禅林"匾额。其次，寺庙"不受香火、不做道场、不开庙门"的"三不"之规让人匪夷所思，一度成为解不开的谜团。想象一下旧时商铺云集人来人往的模式口古村街巷中，庙前京西大道上车水马龙，惟独承恩寺山门紧闭，庭院深深。堂而皇之的古刹禅林竟成一处可望而不可即的世外桃源。

　　从寺庙创建人温祥看，他曾于正德年间一手查办过庄王之子谋反和都指挥金事江彬造反两件大案，说明他深得朝廷的重视和信赖，甚或是锦衣卫头目也未可知。而就承恩寺所在地理位置上看，此处是军事商旅等各方人士重要通道，借寺庙为掩护监视三教九流的活动可谓不露声色。

承恩寺共有包括山门、天王殿、大殿等四进院落，院墙四角分布碉楼，同时设地道上下相通，为明、清寺庙所罕见。由此，专家认为承恩寺很可能是温祥建立的情报机构。如此看来，作为皇家情报据点，承恩寺违反佛教常规、长年山门紧闭，不受民间香火也就顺理成章了。

据史料记载，明时所建的承恩寺规模宏大，气度不凡，占地达四十余亩。明代大学士李东阳在《承恩寺记》中描述其"高塔前耸，崇岗后峙"。《游西山诸名胜记》中还记载该寺住持僧是光宗帝朱常洛的替身僧。万历皇帝也曾驻跸于此，寺内一直留有"龙座"等物，被皇帝敕赐为"承恩禅林"。到清代，醇亲王，礼亲王等权贵们都曾多次在寺内住宿。据清代《日下旧闻考》记载，承恩寺第一任住持是国家僧录司左觉义法师宗永，后来继任住持元空、圣安、法安等皆是文武双全学识渊博之人，法安还担任过全国佛教领袖。

与世隔绝的承恩寺里有三大奇观，即人字柏、古碉楼和大型壁画。人字柏是一棵八九米高的古柏树，其树干下部如人字两岔而立，岔间跨度约二尺，高约一米五，树龄超过三百年。这种奇特的古树名木，在北京众多园林中实属罕见。

长方形古碉楼分布于寺院内四角，高达三层10米，面积约108平方米，每座雕楼下都设有暗道互通相连，从材质结构看，建造年代比承恩寺更早，颇具唐宋风格。

天王殿内六幅明代壁画均采用明代沥粉堆金工艺，画面清晰形态逼真。东西山墙上四幅巨龙图，青、白、黄、绿四龙于云天盘旋，威武生动，气势非凡。这种被封建社会视为民间禁物的装饰，其他寺庙

承恩寺建寺人温祥身份非同一般，因此山门挂有"敕赐"匾额

难以企及，由此可以看出承恩寺地位之高。这些壁画尤其是两幅全国惟一现存的"放生图"，学术价值极高。

地位崇高的承恩寺在清乾隆二十二年（1757年）和道光二十三年（1843年）得到过两次修缮。但也一直没有对外开放过，直到解放后的1950年代，政府将此设立为一所校园，最终又退还当地政府。1990年寺庙被定为市级重点文保单位，2007年升为国家级文保单位。

近几年，当地政府又对寺庙进行了两次修缮，修缮后的山门、天王殿、大雄宝殿及后殿仍保留明代建筑特点。寺内尚有两座明代石碑，分别立于正德八年（1513年）德皇上敕谕碑和正德十年（1515年）吏部尚书李东阳撰记。另外还有四株郁郁葱葱、果实累累的古银杏，树龄都在四百年以上，也属罕见之物。

修缮后的千年古刹承恩寺终于揭开神秘面纱，长年紧闭的庙门开始向世人敞开。睹物以思人，触景以生情，想象历史长河中曾经缥缈的香火和木鱼青灯下的虔诚。

## ❽ 拈花寺

拈花寺在西城区大石桥胡同六十一号。明万历九年（1581年）由当时权宦、司礼监太监冯保奉孝定皇太后之命建造，因寺内千佛阁内有明代所铸的铜佛"毗庐世尊莲花宝千佛"，座如莲花，在佛座周围的千朵莲花上有千佛旋绕，故名护国报恩千佛寺。清雍正十二年（1734年）重修，名拈花寺。北京有南北两个拈花寺，这里所说的是北拈花寺，原名千佛寺与南拈花寺原名"万柳堂"倒是不谋而合。

"拈花一笑"出自佛典，摩诃迦叶是释迦牟尼佛十大弟子中的第一弟子，号称头陀第一，也就是苦行第一。佛陀涅槃前，在灵山会上，接过大梵天王献来的金色婆罗花，拈花示众，以传心法。众弟子中，只有迦叶尊者破颜会心地一笑，佛陀说："我有正法眼藏，涅槃妙心，实相无相，微妙法门，付于摩诃迦叶。"这就是"拈花一笑"的典故。拈花寺大概也取此意命名。

拈花寺出名自佛典"拈花一笑"

拈花寺里大雄宝殿内原有朝鲜国王贡献的十八座古铜罗汉像和二十四诸天像，殿前还有《新建护国报恩千佛禅寺碑记》和《新建护国报恩千佛寺宝像记》两碑。殿外"觉岸慈航"和殿内"普明宝镜"两匾都是雍正帝御书。大雄宝殿月台前立有世宗御制清雍正十二年《拈花寺碑》。

拈花寺现有面积六千余平方米。寺坐北朝南，分中路和东西二路。中路依次为影壁、山门、八字墙、钟鼓楼、天王殿、大雄宝殿、伽蓝殿，后为藏经楼，东路有六层殿，西路有四层殿。历经四百多年之后的拈花寺已经破旧，那些诸天和铜罗汉已分别移存放到法源寺和妙应寺。

1926年至1945年在寺内曾开办过拈花寺小学，招收各寺庙年小的沙弥。后来被中国人民大学印刷厂长期使用，并对外出租一些房屋，如今寺内已成了一个大杂院，院里大概有四十多家公司。

虽然标示是市级文物保护单位，拈花寺目前这种状况想腾退出来很难，文物危机短期内还无法化解。

## ❾ 长椿寺

长椿寺位于西城区（原宣武区）长椿街，建于明代万历二十年（1592年），明神宗母亲孝定李太后下令敕建，用于供养水斋禅师，神宗赐额"长椿"，祝愿母亲健康长寿。由于受到皇家的庇护，长椿寺占地很多，规模宏大，除主体建筑外，还有妙光阁、九莲阁、香林亭、一茎庵、塔院等，总建筑面积2797平方米，总占地7213平方米，有"京师首刹"之誉。

长椿寺里曾经供奉过两幅画像，一幅是神宗母亲李太后的九莲菩萨像，因她死后被叫做"九莲菩萨"；另一幅是明代最后一个皇帝崇祯生母孝纯刘太后画像，但两幅画像于光绪年间和解放后"文革"时相继丢失。

长椿寺在康熙年间因地震颓毁，后由首辅冯溥捐资重葺。

如今的长椿寺只是原来主体建筑，山门东向，有前殿、大殿与后罩楼三进，虽有改建但原有建筑基本完整。曾经一座高达一点五丈的渗金多宝佛铜塔已移至万寿寺。

民国后期，李大钊等烈士遗体曾在长椿寺停厝。长椿寺现在为北京市文物保护单位。2002年（原）宣武区政府修缮长椿寺并将之打造成集中展示宣南文化的博物馆，2005年正式对外开放。

现在再去长椿寺，藏经阁前那株曾经演绎了五百年旧京四季的古树，开始在红墙黄瓦间见证宣南文化历史。

## ❿ 隆安寺

隆安寺位于东城区（原崇文区）东北部白桥南里一号，是北京外城著名佛寺。

隆安寺始建于明景泰五年（1454年），天顺年间曾毁废。万历三十七（1609年），四川高僧翠林募款重修佛殿后堂三间，称之为净土寺。净土寺殿堂供列五十三龛，结僧徒念佛。明崇祯元年又有僧人大为募捐在殿堂后建立一座高阁。

到康熙四十七年（1708年）的重修奠定了今天的格局，此后基本没有重修记录。清朝的隆安寺佛教规仪曾闻名京城，《帝京景物略》曾有"都城诸寺僧律，隆安为犹肃"的记载。然而，到了道光、咸丰年间，香火中断，庙宇沦为制造佛像的作坊和供达官贵人、富商大贾存放灵柩之地，寺庙周围也逐渐变成"丛葬之所"。

非常值得庆幸的是，隆安寺虽然香火历经变故和衰落，但清康熙四十七年重修的建筑至今基本保存完整。歇山顶砖石结构的山门，单拱券洞门上石额书"敕建隆安寺"。主殿依次为天王殿、前殿、大雄宝殿和后殿"净土社"。各大殿均为硬山绿琉璃瓦顶,气势雄伟,非一般寺庙可比。1984年被列为北京市文物保护单位。

寺内还存有四方石碑,时代最早的明景泰五年碑,记述创建隆安寺经过,其余几方均为历次重修碑记。天王殿后院还有两棵五百余年的古柏和两株北京罕见的楸树。

庆幸之余也是深深的遗憾,尽管隆安保存基本完好,但至今未复归佛教场所,寺内建筑一部分为居民所占,另多部分为崇文区少年宫占用,惟愿曾经的僧教律仪能冥冥中典范于今日之少年。

## ⑪ 万寿兴隆寺

兴隆寺位于西城区北长街路西三十七号，紧邻紫禁城西华门，与福佑寺隔街相望。

兴隆寺明代是兵仗局佛堂，清康熙二十年（1681年）及二十八年（1689年）两次重修，并于康熙三十九年（1700年）奉敕改为万寿兴隆寺，由太监住持管理。清乾隆年间，权监们为了帮助晚年贫困无依的太监，在兴隆寺倡导成立了太监的自养组织"太监养老义会"以救济失业太监。旧时兴隆寺不仅可以停灵、办丧事，寄存"寿材"（空棺）也是寺里的一项收入。

兴隆寺坐西朝东，规模较大，西至中南海，北至庆丰司，南临后宅胡同，有东向殿二进，南向大殿四进，加之各殿的配殿，共有房舍二百余间。临街山门所嵌"万寿兴隆寺"石额，为康熙御笔。

如今，兴隆寺早已改为民居，原有匾额也已不存，但建筑格局未变，尚可窥其原貌。

## ⑫ 广圆寺

　　广圆寺位于西城区阜成门外大街路南。建于明隆庆五年（1517年），清时重修。原寺规模较大，有殿宇上百间，现仅存五开间大殿一座。该殿造型独特，较少见。殿后有巨大古银杏树，生长状态良好，根深叶茂。

　　寺庙掩埋在楼群之中，被一家公司占用。

## ⑬ 大悲观音寺

　　大悲观音寺坐落于朝阳区王四营乡观音堂村村西，又名崇惠寺。古刹始建于明代，寺内供奉释迦牟尼佛与观世音菩萨像，古时香火十分旺盛，随着岁月流转、世事变迁，有的建筑物荡然无存，但观音堂村名被沿用下来。

　　从2008年开始，在林友华居士的发心下，在与观音堂村毗邻的古塔公园内重建大悲观音寺。

## ⑭ 小龙华寺

　　小龙华寺在西城区什刹海后海北沿二十三号。建于明代，清道光年间曾改名"心华寺"，为拈花寺的下院。

　　小龙华寺坐北朝南，中轴线有山门、前殿、耳房、东西配殿、后殿等，是保存较完整的小型寺庙。

小龙华寺是保存较完整的小型寺庙

## ⑮ 通州普渡寺

通州普渡寺坐落于北京东郊武术之乡——通州区张家湾镇陆辛庄。陆辛庄是明初期迁徙民所建村落,村中的一片大水塘是辽代延芳淀遗迹,迁徙民众立村后在水塘西岸外建筑一座道教庙宇三士庙,初为南向二进院落,清道光十七年(1837年)与光绪二十三年(1897年)曾予重修,民国二十六年(1937年)增建玉皇阁。经数百年扩大完善,终成今日格局。解放后曾为乡政府住所,后改为小学校,"文革"中遭到破坏,闻名遐迩的标志植物——古青杨树也惨遭砍伐,寺庙萧条多年。

国家实行宗教自由后,普渡寺续燃香火。1985年9月,被公布为区县级文物保护单位。2002年,一些善信自发筹资对寺院进行了整体恢复和重建,用时两年,先后复建了大雄宝殿、圆通殿、伽蓝殿、地藏殿、天王殿、藏经楼、禅堂等。如今寺庙坐北朝南呈三进院格局,面积1680平方米,庙墙高厚,有一个特别之处是三重主殿正脊除两端外皆由筒瓦砌成，看似龙鳞，打破我国古代传统建筑房脊结构式样，又不失传统规矩与风格。

另一个特别之处是，普渡寺在几百年变迁中已经逐步成为道佛合一的寺院，寺内既供奉文殊、普贤、地藏、药王等诸菩萨，同时又供奉王母娘娘、真武、关羽和八仙。

也许正因如此，寺庙香火才会如此兴旺。2008年怡僧法师驻锡通州，认为是慈航普渡的观音道场，所以取名普渡寺。因为北京城里也有一个普渡寺，所以说这个寺庙就得加上通州二字以区别。

## ⑯ 圣恩禅寺

　　圣恩禅寺位于昌平崔村镇香堂村内,始建于明正统三年(1438年)。现存建筑重建于2002年,延续明清时期建筑风格,有山门、天王殿、大雄宝殿、东西配殿,还有放生池、流通处、文化长廊等设施。

　　寺内还有分别立于明景泰三年(1452年)和清道光六年(1826年)的石碑,碑正面"重修文引"记述着重修寺庙的历史沿革。背面记录着方圆数十里几十个村子的善男信女所积功德。

## ⑰ 福佑寺

　　福佑寺位于西城区北长街北口路东，清代皇家寺院。福佑寺创建于清顺治年间，面积并不算大，但却与清代几位帝王息息相关。

　　首先，福佑寺作为康熙（玄烨）皇帝年幼时"避痘"之所。清初时期，时称痘疹的天花病流行，人们谈疹色变，官府查到天花病人，一律驱赶离城二十里，以防蔓延。感染了天花的玄烨，虽贵为皇子，也不能留住皇宫，遂由乳母、太监陪同移到与皇宫一水之隔的北长街避痘。也正因如此，当顺治帝后来染天花弥留之际，对继承王位的人选就采纳了他的忘年之交、德国传教士汤若望的意见，认为玄烨已出过天花，有免疫力，不会再得天花。而他的哥哥福全尚未出天花，随时有可能染病，命运难测。于是玄烨被立为太子。虽然这是一个简单逻辑的选择，但在位六十一年的康熙还是创造了中国封建王朝最后一个盛世而成为一代大帝。因此，康熙一直认为此处是一个宝地，儿孙满堂之后将此地赐给了雍正。到雍正元年（1723年）又赐给宝亲王

如今的福佑寺仍然保持原来建筑的格局

（即后来的乾隆皇帝）作府邸，但乾隆并未迁入，而是在登极后改为喇嘛庙，称为福佑寺。因为曾经祭祀雨神，故俗称"雨神庙"。

到了近代，福佑寺又与后来当上了国家主席的毛泽东有了短暂缘分，1919年12月毛泽东率湖南驱逐军阀张敬尧的代表团来北平时就曾暂住此处，在此成立平民通讯社并出任社长。

作为曾经的皇赐喇嘛庙，1927年福佑寺被改为班禅驻北平办事处，成为西藏和首都之间的联络地。1979年北京市人民政府公布福佑寺为北京市文物保护单位。1980年后很长一段时间仍然恢复为班禅驻京办事处。

如今的福佑寺仍然保持原来建筑和格局，坐北朝南，外垣门朝西，中路依次为照壁、东西牌楼、山门、钟鼓楼、天王殿及东西配殿、大雄宝殿、后殿及东西配殿、后罩房。

中轴线依次有18.5米长、黄琉璃瓦绿剪边顶的照壁，在山门和影壁之间有两座牌楼，东牌楼上"佛光普照"、"圣德永垂"和西牌楼上"泽流九有"、"慈育群生"题额都是雍正皇帝亲笔。钟楼内的铜钟也是铸造于雍正年间。

大雄宝殿五间，歇山调大脊，大脊中央有须弥座，上有莲花座铜塔。雍正、乾隆二帝都认为先祖康熙皇帝在位时功绩甚大，死后自然成佛，所以将康熙的"圣祖仁皇帝大成功德佛牌"牌位供奉于此，大殿题额曰"慈容严在"。

幸运的是福佑寺已归于佛教单位，虽然很少开放，给外人神秘之感，但曾经的佛教历史和回忆得以完整保存。

## ⑱ 法华寺

　　法华寺位于（原）崇文区法华寺街，是北京外城大寺之一。

　　法华寺始建于哪个年代已无据可靠，只记载在清康熙及同治年间经过重修，清代法华寺一带是驻扎八旗军队的地方，称作营房，顺治十八年（1661年）改设正蓝旗教场。

　　法华寺的出名缘于臭名昭著的袁世凯。袁世凯清末曾经住在法华寺内，1898年"戊戌变法"时，维新派谭嗣同奉光绪皇帝密旨，深夜到法华寺与袁世凯密议，但却被袁世凯出卖而导致变法失败、谭嗣同丧命。

　　民国年间法华寺曾被辟为临时停灵的灵房。现在仅存山门、三层大殿和东、西配殿等建筑。山门为三开间歇山顶建筑，两次间为棂窗，正间券门上有匾额"大兴法华寺"。其后三进大殿均面阔三开间，并有前廊；东、西两侧配殿亦为三开间；除主要建筑外，东、西还有跨院，房屋数十间，为（原）崇文区重点保护文物。

## ⑲ 大钟寺

大钟寺位于北京市海淀区北三环西路北侧，正名叫"觉生寺"，因为大钟楼内悬挂着驰名中外的永乐大钟，因而被人们称为"大钟寺"。与众多北京寺庙相比，大钟寺的历史并不悠久，但在中国第一历史档案馆保存的《京师二百九十一座寺庙细数折》中却位列第三，主要原因就是因为这口永乐大钟。

清雍正认为"宜为寂静清修之地，用是肇建梵宇"而于雍正十一年（1733年）建成觉生寺，占地三万多平方米，是清帝祈雨、佛教徒礼行佛事之所。大钟寺坐北朝南，影壁、山门、钟鼓楼、天王殿、大雄宝殿、观音菩萨殿、大钟楼等建筑由南向北依次排列，中轴线两侧各有配殿和跨院。

大钟寺最著名也最重要的当然是永乐大钟。过去老北京有一首回文诗俗谚叫"人过大钟寺，寺钟大过人"，讲的正是永乐大钟。明成祖朱棣营建京师有三大工程，除故宫、天坛，就是永乐大钟。大钟高

6.75米，直径3.3米，重46.5吨，钟唇厚18.5毫米。采用泥范法（中国的三大传统铸造工艺——泥范法、铁范法和失蜡法）铸造，铸造过程非常浩大而壮观。但最为举世罕见和引人惊叹的是钟面230184字的佛教经文和咒语。钟的外面是《诸佛如来菩萨尊者神僧名经》、《弥陀经》和《十二因缘咒》，里面为《妙法莲花经》，钟唇为《金刚般若经》，蒲牢（钟纽）处刻《楞严咒》等，计有经咒十七种，皆汉字楷书，字体工整，古朴遒劲。试想，将泱泱23万字一字不多一字不少排列整齐势必经过一番精心运算。据说当时大书法家沈度率京中名士先在宣纸上把经文写好，然后用朱砂反印到钟模上，再由工匠雕刻成凹陷的经文，然后以火为笔，以铜为墨将这光洁挺秀、见棱见角的23万金字一挥而就，真是叹为观止。

大钟铸好后，待到冬天，先每隔一里挖一口井，再沿路挖沟引水，泼水结冰，然后开始搬运。大钟最早是挂在宫中，直到万历三十五年（1607年）才被移到西直门外万寿寺悬挂起来，并为它专门建了一座方形钟楼，每天由六位和尚专司撞钟之职，"昼夜撞击，闻声数十里，其声纮纮，时远时近，有异它钟"。

觉生寺建成的雍正十一年（1733年），根据阴阳五行生克之说，雍正皇帝最后决定将大钟置放在这块风水宝地。移钟工程颇费周折，历经十年，直到乾隆八年（1743年）才得以移入觉生寺钟楼，乾隆还专门题写"华严觉海"大匾高悬于钟楼之上。

如今，永乐大钟迁至觉生寺大钟楼已近三百年，数经地震考验仍安然无恙，这都得益于高超的铸造工艺和科学的力学悬挂结构。除此之外，专家称颂大钟有"三绝"：第一绝是形大量重、历史悠久；

大钟寺的永乐大钟

第二绝是钟面铭文字数之多居世界之多；第三绝是奇妙优美的音响，轻撞时声音清脆悠扬，回荡不绝达一分钟，重撞则声音雄浑响亮，尾音长达两分钟以上，方圆五十公里皆闻其音，有"幽雅感人、益寿延年"之誉。

明、清两朝，每逢辞旧迎新之际，大钟寺的和尚都要敲钟一百零八下。据说一是因为一年有十二个月、二十四个节气、七十二个候；二是因为佛教认为人有一百零八种烦恼，敲一百零八下钟，人听了钟声便可消忧解愁。

大钟寺于1957年成为北京市重点文物保护单位。1985年被辟为古钟博物馆，收集并陈列各类古钟数百口，成为钟的王国。馆中既有原始社会的陶钟，也有民国的警钟；有高达两层楼的大钟，也有仅酒盅大小的微型钟，另外还有少数外国钟。在这钟的王国中，永乐大钟名至实归当选钟王。为了保护钟王，同时又能使更多人欣赏钟王的美妙之声，大钟寺古钟博物馆实行每年正月初一到初三每天敲钟三次，每次敲钟三下。每敲一下钟声可在殿中回荡七十秒钟。而凝聚十几亿华人目光的中央电视台春节联欢晚会上，每年的零点钟声也正是来自大钟寺的永乐大钟。

想来明成祖当初铸造诸多佛经于钟上，为的是弘扬佛法，使佛经传诸久远。大钟寺几经兴废，并历经社会改朝换代，而大钟始终不变其恢宏、雄壮、激昂的钟声，铸写了23万多字佛经的永乐大钟，每撞击一下，字字皆声，等于诵读一遍经文，带着美好祝福，传播四方，自然功德无量。

## ⑳ 嵩祝寺和智珠寺

嵩祝寺和智珠寺并排坐落于东城区景山后街嵩祝院二十三号，掩映在一片密匝的民居与高大的围墙之中。东面的嵩祝寺红墙黄瓦，金碧辉煌，而西面的智珠寺则破败不堪，重檐亭式殿宇已失去当年风采。

清初，蒙古准噶尔部屡次东犯，当时驻长城古北口的总兵蔡元上奏朝廷请求修复长城以抵挡蒙古入侵。康熙明白万里长城根本抵挡不了蒙古骑兵的铁蹄，只有宗教才是安抚人心、民族和睦的最好办法，因此开始大量兴建喇嘛寺院。嵩祝寺就是这些喇嘛寺院中的一个，建于清雍正十一年（1733年），是清帝专门为国师章嘉呼图克图建造的梵修之地，在黄教寺院中地位极为尊崇，与雍和宫齐名。智珠寺原来专供章嘉呼图克图的随员居住。

嵩祝寺的前身为明代的番经厂、汉经厂所在地，是皇家御用的印

嵩祝寺的前身是皇家御用的印刻藏文经典之所

刻藏文经典之所。番经厂主要念习西方梵呗经，并专门印刷喇嘛用的蒙文、藏文、天竺文经卷。汉经厂主要念习释迦牟尼诸经，并专门印刷和尚用的汉文经卷。目前国内只剩两套的京版大藏经的刻版最初就存放在嵩祝寺，首印亦在嵩祝寺，因此京版大藏经又称"嵩祝寺版"大藏经。

嵩祝寺建成后，章嘉活佛驻锡并掌管内蒙古、京师、盛京、五台山、甘肃等地黄教寺院。第二世章嘉开始，历代章嘉活佛均以嵩祝寺为驻京总部，统管蒙藏地区及北京的宗教事务，维护民族团结、社会稳定等事宜。

从明代的番经厂到清代的活佛驻地、京版大藏经的诞生地，嵩祝寺历经600年历史。与西侧智珠寺共同公布为一个北京市文物保护单位。1995年政府对年久失修的嵩祝寺进行修缮，共修复殿宇21座，发现并保存了清中期的绝版古彩画，这些古画虽经历二百多年的侵蚀，依然色彩如初，令人叫绝。

嵩祝寺坐北朝南，建筑规模较大，分三路。主要殿宇集中在中路，东路为寮房、配房、佛堂、经堂等。西路主要为喇嘛住宅。中路从山门到后楼共五层殿宇。后楼匾额"慧灯普照"、楹联"碧彻瑶陛春色丽，琪花芝草日华鲜"都是乾隆御笔。

智珠寺也是坐北朝南，从山门殿至后殿共五层殿宇。山门门楣有石额"敕建智珠寺"。智珠寺的山门殿、天王殿、正殿及东西配殿、大殿及东西配殿、后殿及东配房尚存，其余配殿、配房等均拆除或改建。现为单位使用。

## 柒 集中区域分布的佛教寺院群

# ❶ 皇家御苑的佛寺与佛堂

皇家御苑的佛寺与佛堂是专为皇帝及皇室成员礼佛瞻拜、修身养性而建造的,普通人不能进入。

皇家御苑的佛寺与佛堂无论是藏传佛教还是汉传佛教,在建筑形制上都依照传统的做法建造,外形上都根据其所处位置而调整适应周围的大建筑环境,但内部的陈设和供奉则与其他佛寺类似,只是规模更大,处处体现着皇家气派。

**紫禁城中的佛堂**

紫禁城里的佛教建筑一般都是以佛堂形式出现,且数量很多,这些佛堂主要在皇宫佛教活动中心——中正殿佛堂区、建福宫花园佛堂区、慈宁宫佛堂区、慈宁花园佛堂区、御花园佛堂区、宁寿宫佛堂区、养心殿东西配殿及各处殿堂暖阁内设立的小佛堂。

**中正殿：**位于紫禁城的西北角、建福宫花园南面。面阔三间，单檐歇山顶，正中南出一抱厦，南边与香云亭、宝华殿紧挨，三座建筑之间用通廊连接成"王"字形。以中正殿为中心从南到北分布着十座藏传佛教建筑，形成紫禁城中规模较大的全部由佛堂组成的佛教建筑区，总称中正殿。

中正殿总领宫中的佛教事务，明代时是道教活动的场所，清康熙三十六年（1697年）正式改为藏传佛教活动场所，设立了中正殿念经处，专门管理清宫藏传佛教活动，隶属于内务府掌仪司，主管喇嘛念经和佛像、供器、法器的造办。可惜这个宫中佛教中心在1923年的一场大火中与建福宫花园一同被烧毁。

**宝华殿：**坐北朝南，位于原中正殿的南部、雨花阁后昭福门内，面阔三间，黄琉璃瓦单檐歇山顶，是主要供奉释迦牟尼的佛堂。日常佛事活动主要是喇嘛诵经和设供献佛等，清代的皇帝每年都会多次到这里拈香引礼，表达自己的一份崇敬和虔诚。目前殿中陈设已经面目全非，只有殿前匾额上还悬挂着咸丰皇帝的御书"敬佛"，殿前矗立的刻满藏文经咒的铜鎏金幡杆还能让人想象出曾经的佛堂景象。

**雨花阁：**位于紫禁城的西北角，是乾隆十四年（1749年）由章嘉国师负责在明代原有建筑的基础上拆改建造而成的一座藏传佛教的密宗佛堂，是清宫中最大的一处佛堂，采取"明三暗四"的格局，外部庄重，内部使用空间被充分利用，是汉藏合璧的建筑精品。

雨花阁第一层是智行层即事部，最珍贵的是花费大量紫檀、料银、人工历经两年时间才完成的三座坛城；第二层到第四层分别是德行层即行部、瑜伽层即瑜伽部、无上层即无上瑜伽部，每层形式都与

雨花阁

一层基本相同，都有一龛和一供案。

　　雨花阁还有重要的供品是唐卡，现存五十七幅，都按照一定的密教仪轨排列安放，主题都是关于祈祷长寿、国泰民安、赐福于民。清时每年四月初八日，五名喇嘛会在雨花阁念诵大怖畏坛城经。

　　雨花阁的东西配楼分别是三世章嘉活佛和六世班禅的影堂，里面供奉着章嘉活佛和六世班禅的银造像。这两位藏传佛教高僧都是乾隆帝非常敬重的师友。

　　**梵宗楼**：在雨花阁西北、昭福门内，坐西朝东，两层三开间，卷棚歇山顶，建成于乾隆三十三年（1768年），是中正殿佛堂区修建最晚的一处佛堂。

皇家御苑的佛寺专为皇室成员而造

　　梵宗楼虽然面积不大且偏于一角，但其中却供奉着地位非同一般的主神：一层的红铜文殊菩萨坐像113毫米，是皇宫中最大的文殊造像，且游戏坐姿在明清藏传佛教的文殊造像中非常罕见。二层的青铜九首三十四臂十六足大威德怖畏金刚像高177毫米，也是皇宫内最大的一尊大威德造像，乾隆皇帝把大威德金刚当做战神供奉，把自己的全套衣冠、盔甲和兵器供奉在大威德金刚像前。

　　**养心殿仙楼佛堂**：位于养心殿西暖阁"勤政亲贤"殿的后面，原来是长春书屋，在乾隆十一年（1746年）改成了佛堂。

　　仙楼佛堂分上下两层，中间有天井连通。楼下中间供奉着一座高一丈三尺的无量寿宝塔，从一层通到二层，整座仙楼形成了以宝塔为中心的格局。佛堂供奉的则主要是唐卡，目前尚存47幅，以表现五方佛和格鲁派三大本尊为主题。

**慈宁宫大佛堂**：慈宁宫位于紫禁城的西路，建于顺治十年（1653年），是太皇太后、皇太后居住的宫殿。慈宁宫后殿就是大佛堂，是太后、太妃们礼佛的场所。大佛堂面阔七间，进深三间，黄琉璃瓦歇山式顶，殿前有月台上陈设香炉、香筒。

大佛堂是清宫中唯一以汉传佛教为主的一座佛堂。殿内装修考究，佛龛、供案、佛塔、佛像、经卷、法物、供器等陈设众多，其中，元代干漆夹纻的三世佛、护法力士和十八罗汉像是传世塑像精品。目前，大佛堂内已经空空荡荡，1973年为了接待柬埔寨西哈努克亲王访华，将这里的陈设供品都已移到了洛阳白马寺。

**慈宁宫花园**：慈宁宫花园坐落在内廷外西路慈宁宫的西南面，是太皇太后、皇太后及太妃嫔们游憩、礼佛的场所。花园占地面积6800平方米，但建筑不多，佛堂咸若馆、宝相楼、吉云楼等主要集中在花园北部。

咸若馆坐北朝南，在花园北部中央，是园中的主要建筑，明代初建时叫咸若亭，万历十一年（1583年）改叫咸若馆，清乾隆年间大修、改建成今天的面貌。咸若馆正殿五间，前面抱厦三间，四周有围廊，平面呈"凸"字形，正殿为黄琉璃瓦歇山式顶，抱厦为黄琉璃卷棚式顶。馆内悬挂乾隆御书"寿国香台"匾额，内部装修非常精巧，具浓郁的藏式佛殿风格，并陈设龛、案、佛像、法器等供物。

宝相楼是咸若馆的东配殿，坐东面西，上下两层，面阔七间，卷棚歇山式顶，绿琉璃瓦黄剪边。

宝相楼集显宗和密宗于一体，有"六品佛楼"之称，体现了格鲁派显密兼修和先显后密的修持特色，是清宫佛堂的重要模式。殿内两层供奉了七百多尊小铜佛像和各种佛经。

吉云楼是咸若馆的西配殿，与宝相楼对称，只是殿内的供奉有所不同，供台两层摆放着大小、造型完全相同的一万多尊五彩描金擦擦佛母像。

慈宁宫花园中有很多花木点缀，树木以松柏为主，间以梧桐、银杏、玉兰、丁香等，花坛中有牡丹、芍药等，在礼制森严的皇宫里，晨昏在幽静的花园佛堂诵念佛经也是一种心灵的寄托和慰藉。

**佛日楼**：在紫禁城外东路的宁寿宫区域的最北端，仿造建福宫花园的吉云楼建于乾隆三十五年（1770年），是皇帝专用的佛堂。

佛日楼是一座二层小楼，坐北朝南，卷棚歇山顶。殿内供奉三世佛、十八罗汉和四大天王，墙壁悬挂唐卡。对佛像数组式的供奉方式和色彩鲜丽的唐卡使佛日楼显得庄重而威严。

**梵华楼**：在佛日楼的旁边，是与佛日楼同时建造专供皇帝礼佛的空间。也是一座二层楼房，坐北朝南，面阔三间，卷棚歇山顶，采用藏族建筑风格，与佛日楼共享一个楼梯，供奉六部显密神像，是清宫中的六品佛楼之一。一楼正中明间供奉一尊210毫米高的铜泥金释迦牟尼立像，是皇宫中最大的立像。东西两侧的殿堂内供奉六座铜胎掐丝珐琅大佛塔。二层除明间供奉宗喀巴木质髹漆泥金坐像，其他殿堂均供奉千佛。梵华楼最值得一提的是所供奉的唐卡，都是按照墙壁的尺寸定做，没有装画轴，是一种壁画式唐卡，并有明确纪年，非常稀有珍贵，经历二百多年的岁月沧桑，依然色彩鲜艳，形象分明，蕴含丰富的佛教内涵。

**慧曜楼**：在建福宫花园中，属于花园的补充建筑，建于乾隆二十三年（1758年），也是清宫中第一次设计和装修六品佛楼，乾隆皇帝在此花费了很多心思，从佛像到唐卡都经过他的反复修订，不断更换，用了四年时间才基本完成，形成最终的格局。

慧曜楼分两层，面阔七间。楼上明间供奉一尊宗喀巴大师银像，前面的供桌上还另有一尊宗喀巴大师金像，墙上挂三幅宗喀巴源流图唐卡，其余六间从西到东一次供奉般若、无上阳体、无上阴体、瑜伽、德行、功行六品诸佛像。楼下明间供奉一座紫檀木七层喇嘛塔，塔上又供奉55座紫檀木和铜制佛塔，墙上悬挂三幅释迦牟尼传唐卡。因为是乾隆的精心挑选和设计，所有的供品都尊贵无比，处处显示皇家气派和对佛教的崇敬。

### 西苑三海的佛寺与佛堂

明清时期将北海、中海、南海统称为西苑，又叫三海。三海始建于辽代，金、元、明、清各代都不断增修，一直是皇家园林所在。风光秀丽，景色宜人，是喧嚣都市中的一片幽雅之地。融合了皇家园林的富丽堂皇和江南私家园林的古朴自然，以及寺庙园林的庄严肃穆。

西苑佛教建筑以北海分布最为集中，1925年被辟为公园。1949年后疏浚湖泊，进行全面修整，并增植了果树花卉等，与园前团城同为全国重点文物保护单位。

永安寺白塔

永安寺

小西天

**永安寺、白塔**：永安寺位于北海白塔山的南部，永安桥的北面。始建于清顺治八年（1651年），当时叫白塔寺，乾隆七年（1742年）重修时改为永安寺，属藏传喇嘛庙。

永安寺依山而建，坐北朝南，从山脚到山顶分布着佛寺殿堂、包括有法轮殿、正觉殿、普安殿以及配殿、廊庑、钟鼓楼等。山门建在三十多级的台阶之上，面阔三间，歇山顶，黄琉璃瓦绿剪边。穿过钟鼓楼、法轮殿、正觉殿、普安殿后就是善因殿，善因殿后面的山顶上就是北海的标志——著名的白塔。白塔是一座覆钵式喇嘛教砖塔，建于清顺治八年（1651年），白塔立于长方形白石须弥座之上，塔高35.9米，塔形端庄秀美，十三重相轮重叠而上，塔顶是鎏金宝顶，顶下两层铜质伞盖,称作天盘和地盘,地盘周围挂有十四个铜铃,有风吹过,叮当作响,更衬托出园林的寂静安宁。

白塔历经劫难,多次受到地震的破坏,但每次都很快就得到修复,也正是因为地震和修缮才了解到白塔中的装藏之丰富,铜鎏金嘛哈噶喇佛、十两重的银满达、装有舍利的银盒等都是尊贵佛物,还有佛龛、供桌、茶叶果品、珍珠玛瑙、纸笔等等,舍利盒里装有十八颗大小舍利子更是珍贵无比。

**西天梵境**:在北海太液池的北部、静心斋的西侧,又称天王殿。始建于明代,当时是西天禅林喇嘛庙,清乾隆二十四年(1759年)重建,前临北海,正对琼岛,是一组精美的佛寺建筑群。

西天梵境建筑最大的特点是以琉璃装饰。整个佛寺从一座制作精良、结构繁复的三间四柱七楼式牌楼起始,向南面临太液池,穿过牌楼后是面阔三间的拱券式山门,天王殿、大慈真如宝殿等殿宇全部为琉璃仿木结构、歇山楼顶、黄琉璃瓦绿剪边,精美华贵。华严清界殿已经于1954年拆除,华严清界殿后面是七佛塔亭和琉璃阁,琉璃阁以硕大的形体和装饰的华美细腻而为人称道。在整座建筑的外壁上,四面都镶嵌着造型大小完全相同的长寿佛塑像多达1376尊,每个门的拱券上的浮雕图案更是令人叫绝。遗憾的是,原来的内部供奉品如今已一无所有,西侧的琉璃墙也几经焚毁、修复,早已不是旧时模样。

**小西天**:北海西北角一组规模很大的建筑群总称为小西天,包括极乐世界和万佛楼两组建筑,是乾隆皇帝为祝贺母亲孝圣皇太后六十大寿而建造。

极乐世界又称观音殿,是一座25米高的方形四角攒尖顶的亭式建

白玉佛

筑。殿内的五百罗汉精工细作，生动传神，与宣武门外善果寺的罗汉山、朝阳门外九天宫的天宫并称"北京泥塑三绝"。万佛楼在观音殿北面，是乾隆为母亲祝贺八十大寿而建，是一座坐北朝南面阔七间的三层建筑，三层共有佛龛及里面所供佛像10099尊，所以称万佛楼，可惜所有的佛像在八国联军入侵时被洗劫一空了。

**阐福寺**：坐落在铁影壁的西面、五龙亭的北面，始建于明代。到清乾隆十一年（1746年）仿照河北正定兴隆寺的规模和样式进行改建，进入寺门就是天王殿，之后就是大佛殿。殿分三层，四面各有一座方楼，中间为佛殿。

阐福寺几经劫难，光绪二十六年（1900年）遭八国联军的抢掠，佛身镶嵌的珠宝被洗劫一空。民国年间又被大火烧毁，新中国成立后多次维修，目前尚存山门殿、天王殿、钟鼓楼、东西配殿等，现在已经成为北海经济植物园。

**万善殿**：在中海的东北岸，靠近水云榭，与紫光阁隔岸相对。原来是明代崇智殿的旧址，明代各朝皇帝在实录修成之后都要在此焚烧草木，明清两代在每年的七月十五中元节时在这里举行盂兰盆会。清顺治年间进行修葺改成万善殿。

万善殿面阔三间，平面呈方形，重檐歇山顶，上覆黑琉璃瓦黄剪边。大殿前后分别悬挂顺治和康熙二帝的"敬佛"匾额。乾隆三十五年（1770年）重修时增加了很多密宗的佛像，改变了顺治时的禅宗色彩。

因为顺治帝笃信佛教，他修葺的万善殿曾邀来憨璞、玉林通琇、木陈道忞等高僧来此驻锡，并赠以金帛、书画、经书等，表达了一代帝王对佛教的一片虔诚。

**承光殿**：是团城的主要建筑，为重檐歇山式大殿，殿顶覆黄琉璃瓦绿剪边，飞檐翘角，造型优美，且变化多端，可与故宫角楼相媲美。

承光殿当初是作为皇帝、后妃们休憩和观灯之所，到光绪年间才改为佛殿，这还是缘于从南洋归来的明宽法师进贡的一尊白玉释迦牟尼坐像。白玉佛高1.86米，重2400斤，身披袈裟，满身缀各色宝石，华丽精美，是典型的南传佛教造像风格，据说慈禧太后就非常喜欢这尊白玉佛。

如今，遭受八国联军刀劫后的白玉佛依然珠光宝气地安置于承光殿中。

## 颐和园的佛寺与佛堂

颐和园位于北京西郊，距城12公里。它是中国现存古代最大的一座园林。园内除有亭、台、楼、阁、宫殿、水榭、游廊、长堤、石桥、石舫等一百多处富有民族特色的古典建筑，以及展出的无数艺术珍品外，还有许多与佛教文化相关的寺宇、佛塔、雕像、经藏、法器等建筑文物。颐和园主要由万寿山、昆明湖两大风景区组成，面积290公顷，其中水面约占四分之三。颐和园历史要追溯到八百多年前金朝第一个皇帝"海陵王"完颜亮，他把都城迁到燕京后，在这儿设立"金山行宫"。金山就是现在的万寿山。后来金章宗完颜璟又把玉泉山泉水引到金山底下，并命名河为"金水河"，湖为"金湖"。元朝时金山改名"瓮山"。

1292年，元代管水利的官员郭守政建议在这一带开凿河道，疏浚瓮山诸泉。他把昌平一带的泉水引到瓮山脚下，扩大湖面，并改名为"瓮山泊"，即昆明湖。这个人工湖曾多次改名，有时叫"西海"或"西湖"。"西湖"这一名称，曾获得过"十景"美誉。至明朝先是助圣夫人罗氏在万寿山之南修建圆静寺，随后明武宗在湖滨修建行宫，取名为"好山圆"，把"瓮山"改回叫"金山"，把"瓮山泊"改名"金海"。明熹宗时，宦官魏忠贤一度曾把这个园林占为己有。清兵占领北京，"好山圆"改称"瓮山行宫"。乾隆十五年（1750年）乾隆帝为了庆祝母亲孝圣皇太后六十寿辰，改"瓮山"为"万寿山"，并修建"大报恩延寿寺"，又疏导玉泉诸脉，把山下湖泊改建为"巨浸"。从此，湖名改为"昆明湖"。万寿山和昆明湖通称为"清漪园"。乾隆还在山上、湖滨大事修建宫殿、亭台。至此，这片湖山经过历代人工装饰美化，已达到很高的园林艺术水平。

这座历史悠久的名园，曾经遭到两次惨重破坏。1860年，英、法联军侵入北京，清漪园仅余不能燃烧建筑物铜亭、多宝佛塔等幸存。

1888年，慈禧挪用南洋海军军费3000万两，扩大旧址，增建宫殿、楼阁。她慕苏、杭园林之名，在修建时前山仿杭州西湖，后山仿苏州临湖建屋，并改"清漪园"为"颐和园"，意为"颐养中和"。1900年八国联军入侵北京，颐和园又遭严重破坏。后山一带庙宇荡然无存，各种珍贵文物被抢劫一空。1902年，慈禧从西安"回京后大修颐和园，穷极奢丽，耗费四万两，歌舞无休日"。

辛亥革命后，颐和园一度成为逊帝溥仪私产，他于1914年将园对外开放，但门票售价很贵，只有少数人前往游览。1924年溥仪被冯玉祥逐出皇宫，颐和园才由"北平特别市政府"接管，改为公园，门票仍贵。此后，在日本帝国主义和国民党统治时期，先后25年，颐和园饱受摧残，阁圮廊倾，湖淤水浅，花木凋零，文物散失。至今，北京居民仍常怀念以前园里的翡翠观音、翡翠西瓜、连城璧玉、夜明珠、珍珠鞋等稀世瑰宝。

1949年以前，园内已是一片荒凉景象。1948年12月北京和平解放，颐和园自此开始新篇章。三十多年来，政府有步骤有重点地扩大修复这座名园。北宫门和后山古典建筑，有的整修恢复旧貌，有的重建。现在，多宝琉璃塔风铃随风发出清脆悦耳的响声，乐农轩修复如故。1860年被英、法联军烧毁的寺庙按原貌再现。现在从东宫门到前山、半山以至西堤，所有建筑物都油漆一新。从娇小的"画中游"到高达41米的"佛香阁"，都已焕然一新。颐和园内的主要佛教建筑和文物有：

**万寿山**：在颐和园内。燕山余脉，海拔108.94米。传说曾有老人在山上凿得石瓮，因名"瓮山"。前临瓮山泊，又称"西湖"，即

排云殿

今昆明湖。建筑群依山而筑，现存者是英法联军烧毁后慈禧重造的。万寿山前山，以八面三层四重的佛香阁为中心，组成巨大的主体建筑群。从山脚的"云辉玉宇"牌楼，经排云门、二宫门、排云殿、德辉殿、佛香阁，直至山顶的智慧海，形成一条层层上升的中轴线。东侧有"转轮藏"和"万寿山昆明湖"石碑。西侧有五方阁和铜铸宝云阁。后山有宏丽的藏传佛教建筑四大部洲和屹立于绿树丛中的五彩琉璃多宝塔。山上还有景福阁、重翠亭、写秋轩、画中游等楼台亭阁，登临时，可俯瞰昆明湖景色。

**智慧海**：在颐和园万寿山巅。是一座无梁佛殿，由纵横相间的拱券结构组成。通体用五色琉璃砖瓦装饰，色彩绚丽，图案精美，尤以嵌于殿外壁面的千余尊琉璃佛更富特色。殿内所供高大观音坐像，为清乾隆（1736—1795年）造。殿前有琉璃牌坊一座。牌坊和无梁殿前后石额依次题写为"众香界"、"祇树林"、"智慧海"、"吉祥云"，构成佛家的一首三言偈语。

**宝云阁**：在颐和园万寿山佛香阁西坡。清乾隆二十年（1755年）建。是用铜铸造的佛殿，号称"金殿"。高7.55米，重207吨。重檐歇山顶，四面菱花隔扇，造型仿木结构，通体呈蟹青色，坐落在汉白玉须弥座上。殿内佛像供器经帝国主义抢掠破坏，已荡然无存，门亦散失不全，使宝云阁状如亭子，故俗称"铜亭"。铜亭结构与木制亭子相同，但它的梁、柱、斗、拱、椽、瓦、隔扇、对联等都是用铜铸的。铜亭共重41万多斤。铜亭阁上的花纹，采用传统的铸造工艺——拨媳法制作。它的独特的铸造技术和建筑艺术为世界稀有。

**转轮藏**：在颐和园万寿山前山。是一座佛教建筑，为帝后礼佛诵经处。正殿为二重三层檐楼阁，两侧各有双层八角配亭。亭内有木塔

智慧海

贯穿，贮存经书佛像塔中有轴，可以转动，是佛教法器演化来的建筑物。"转轮藏"由一块石碑和三间楼房组成。石碑正面刻有乾隆皇帝手书"万寿山昆明湖"六个字，背面刻的是他撰写的记，主要内容是叙述修竣昆明湖始末。这块石碑通高9.87米，碑座、碑身、碑帽都用巨石雕刻而成。造型雄伟，雕刻精美，具有典型的民族风格，石碑左右有两座亭子，亭子各有一个八面形木塔，塔中有轴，推之就转动，是仿照杭州法云寺藏经阁建造的。

**佛香阁**：在颐和园万寿山前山。八面三层四重檐，高41米，下有20米高的石台基，气势宏伟，是全园的中心建筑，为颐和园标志。佛香阁建筑在六十多米高的山坡上，阁中有四根高达三十多米的擎天柱，是用坚硬的铁力木做的。佛香阁外形是按照武昌黄鹤楼设计的。清乾隆时（1736年—1795年）在此筑九层延寿塔，至第八层"奉旨停修"，改建佛香阁。咸丰十年（1860年）毁于英法联军，光绪时（1875年—1908年)在原址依样重建，供奉佛像。1953年政府开始修缮，工程浩大，仅油画一项就费工一万六千多个。工程用料数量也相当惊人，洋油用了1300磅，大赤金用了5斤，桐油用了6700多斤。全部修缮工程历时近两年。

**四大部洲**：在颐和园万寿山后山。建于清乾隆年间，系仿西藏桑鸢寺形式而筑。由东胜身洲、南瞻部洲、西牛货洲、北俱卢洲四大部洲和八小部洲，日台、月台及红、绿、黑、白四座梵塔共十八座建筑组成。中心为象征须弥山的佛殿香岩宗印之阁。四大部洲的建筑平面分别为正方、三角、圆、半圆形，以对应地、火、水、风。该建筑群融合汉藏两地建筑特点，依山而筑，具有鲜明的色彩和宏伟的气势。

咸丰十年（1860年）毁于英法联军，光绪时（1875年—1908年）曾经局部修整，近年又大加修复，欲再现乾隆时的规模。

**多宝琉璃塔**：在颐和园万寿山后山。清乾隆时建，砖结构，平面八角形，七层，高16米，系楼阁式与密檐式相结合的塔。下部三层塔身较高，仿楼阁式，每层施重檐，上部为密檐三层，檐下施斗拱。塔身外表满嵌彩色琉璃小佛，整个塔身造型优美，比例匀称，色彩丰富，小巧玲珑，为琉璃塔中杰作，它是清漪园的遗物。塔身用七色琉璃瓦镶砌，下承汉白玉须弥座，四周围以红墙，前设冲天两柱牌楼一座。对面立以汉、满、蒙、藏文镌刻的《多福琉璃塔颂》石碑。

**静明园的佛寺与佛堂**

静明园是北京著名的"三山五园"之一，坐落在玉泉山上。乾隆时山上寺庙众多，如今能完整一见全貌的已经不多。华藏海是一处佛寺，在玉泉山南侧峰顶，现在能看到的只有寺后那座八面七层密檐式华藏石塔了。香延寺在玉泉山的主峰上，依山而建前后殿匾额分别为"妙高"和"香岩"，中间的玉峰塔是仿江苏镇江金山江天寺慈寿塔的形制建造，每一层都有对联、匾额，并供奉佛像，玉峰塔影是静明园十六景之一。建于乾隆年间的妙高寺如今也只剩下金刚宝座塔了，与还有四进院落的圣源寺琉璃佛塔的规制相同，金刚宝座塔附近还有楞伽洞、含经堂、南无西方极乐世界赡养道场等佛教建筑，都有精雕细刻的佛教图案；清凉禅窟也是静明园十六景之一，尚存亭台楼阁，清静幽深。云外钟声是明代上华严寺旧址上建造起来的一组佛教

静明园

建筑，大殿后有资生洞、华严洞、罗汉洞、水月洞、伏魔洞、观音洞等，形制相仿，都供有佛像。

**静宜园的佛寺与佛堂**

静宜园是一座以山地为基址建成的行宫御苑，最早是金大定年间的香山寺，明代增建了许多佛寺，乾隆年间又加扩建，并改名静宜园。静宜园环境清幽，风景宜人，是佛教修持的好地方。静宜园的佛教建筑不算多，但都很有特色。

**昭庙**，全称是"宗镜大昭之庙"，是乾隆为来京祝贺他七十大寿的六世班禅修建的夏季驻锡之地。

昭庙前是一座二十多米长的琉璃牌楼，汉白玉石匾额上嵌有汉、满、蒙、藏四种文字。牌楼后面就是庙的主体建筑，前殿三间，殿中

昭庙

有白台，围绕东、南、北三面上下一共四层，西面建有清净法智殿，之后有哄抬，也是上下四层。庙的西侧有一座七层八角密檐式琉璃宝塔，塔身光彩夺目，塔檐挂满铜铃，风吹铃响，更显山林清幽。

始建于金代、又名甘露寺的香山寺非常著名，但历经毁坏和重修，现在大部分建筑都已不存。位于香山寺西北的洪光寺更是只剩下遗址可供瞻仰遐想了。只有以卧佛闻名的十方普觉寺和以金刚宝座塔闻名的碧云寺还基本保有完整面貌，供虔诚之人前去礼拜。

**圆明园的佛寺与佛堂**

有"万园之园"之誉的圆明园随着八国联军的一场大火已经灰飞烟灭，而曾经因皇室虔诚礼拜而庄严肃穆的慈云普护、日天琳宇、舍卫城、法慧寺、宝相寺等寺庙、佛堂也随之化为一片废墟，坐落于绮春园大宫门西侧的喇嘛庙正觉寺是惟一幸存者。建于乾隆三十八年（1773年）的正觉寺全部建筑三进院，在清末曾被划归雍和宫下院，在圆明园大火中幸免于难实在是一个奇迹，如今，政府又进行修复，希望能重复曾经的佛教氛围。

**畅春园的佛寺**

畅春园也是清代三山五园之一，建于康熙十九年（1680年），是清代第一座离宫型皇家园林。在道光以后就逐渐废弃了，到英法联军的炮火袭来，就更是所剩无几，恩佑寺和恩慕寺如今都只剩下一座山门孤零零地伫立路边。永宁寺也仅存三间正殿和五间后殿。

俗称南池子的南苑也曾经是清代皇家行宫御苑，但在八国联军入侵之后，苑中建筑遭到破坏，庙宇也难逃厄运，如今能看到的只有几座御制石碑耸立于旷野之中，很难想象曾经规模宏大、庙宇壮丽的皇家御苑。

## ❷ 房山区寺院群

历史上的房山地区一直是佛教圣地,在北京佛教发展史上写下过辉煌一页。

房山佛寺肇始于东汉的天开寺,之后历代相传,到两晋、北朝时,佛寺在房山逐渐兴起,如云盖寺、木岩寺、洪恩寺;有确切记载的最早的上方山诸寺,距今已有一千四百多年的历史。隋唐时期随着佛教的兴盛,房山的佛寺也空前兴盛,形成了以上方山及新建的云居寺为核心,包括龙泉大力禅寺、宝积禅寺和灵峰寺在内的佛教文化圈。云居寺在房山乃至北京的佛教地位至高无上,因保存着1122部、3572卷、14278块石刻佛教大藏经被誉为"石经长城",同时还保存着纸经22000多卷、木版经77000多块以及释迦牟尼佛舍利。辽金以后直至民国,房山几乎成为佛寺的王国,据民国十七年(1928年)《房山县志》记载,当时著名的佛寺有55座,而小规模的佛寺几乎村村都有,107座古塔林立,占北京古塔总数的一半以上,其中唐塔占全国唐塔的37.5%，有"宝塔冠京师"之美誉。

房山的佛寺年代久远，数量众多，在宗教传承、佛典传承上都有着重要地位，而今遗留在房山大地上的一座座古老佛寺令人对昔日繁华的无限追忆。

## 上方山兜率诸寺

上方山兜率寺位于房山西南，开山祖师百咏南禅师于东魏孝静帝天平二年（535年）来上方山结庵清居，开创了上方山诸寺的历史。隋唐时期，上方山佛寺初具规模，辽代上方山兜率寺是天开寺住持守常居住的地方；同时还与云居寺有着密切关系，并且一直延续到明清时期。到金代，"上方山"名已经见于石刻，当年的上方山寺仍是天开寺的上方寺，金代石刻称作"天开寺上方"。金代上方山著称于中都地区，并产生了禅悦、度公、崇公、靖公禅师等几位享誉全国的高僧。

金元之际，上方山下的天开寺及所属的观音院、龙王寺、中院寺均毁于兵燹，上方山也遭到一定破坏。至元二十七年（1290年）忽必烈特赐圣旨护持天开寺，同时住持天开寺和上方寺的应公禅师兴废起颓，修复诸寺。到明代，由于太监的参与，上方山寺迅速发展并独立于天开寺，太监不仅出巨资修缮上方山，创建寺庵，还两次施明版《大藏经》，迎来了历史上的空前繁荣，山上到处可见僧人的身影，晨钟暮鼓，四时梵呗，僧人或结庵而居，或依洞而栖，留下了著名的上方"九洞"，并致寺庵发展到120座，全盛时住僧二百有余，出现了天香和孤山两位高僧禅师。

明清交替时，社会动荡使上方山开始走向衰败，寺院建筑年久失修，到康乾盛世时期，上方山寺庵也只恢复到72座，而且是得到皇帝和亲王的关顾，顺治、雍正和乾隆三位皇帝曾为上方山题匾，王公朝贵也为上方山寺庵题写书联。

除了皇室的关照，官员、邑会组织、百姓信众、外地商贾、其他寺院僧人等民间助施也让上方山寺得以恢复发展。但到了晚清时期还是每况愈下，上方山僧人也减少到80人，香火不足以维持生计，僧人开始涉足商业，在四周的商业重镇开设商号，到民国时，旅游畅兴，上方山僧人开始经营旅游。但是到七七事变后，日寇侵占房山、良乡地区，地方武装蜂起，与进攻的日军在上方山激战，山寺惊扰，僧人四散。新中国成立后，人民政府有计划地对上方山寺庵进行了修复。

在上方山寺的历史上最繁盛也最著名的是众多的寺庵，现在留下名字的有103座，清代康乾时期的72庵现在有迹可循的还有57座，其中庵寺建筑49座，在49座寺庵建筑中保存基本完好的有云梯庵、瓣香庵、红桥庵、兜率寺、华严洞华严庵、舍利殿、毗卢殿、向阳庵、藏经阁、法华庵、退居庵、斗泉庵、尊圣殿等13座；此外，上方山现存的寺院建筑还有兜率寺山门、青龙峰钟楼。残存的寺庵有下佛殿、堂子庵、文殊殿、观音殿、净业庵、朝阳庵、吕祖阁、望海庵、弥勒殿、圣泉庵等十座；虽然倾颓尚能找到残址的还有接待庵、药师殿、十方院等26座。49座寺庵之外还有洞居八处，分别是延寿洞、文殊洞、九环洞、金刚洞、白牛洞、西方洞、背阴洞、观音洞等。

如今，置身兜率寺前，远眺黛色青峰，耳听寺庙钟声，顿感心驰神往，沉浸于千古名山上连绵古刹的神秘与祥和。

在房山的现存佛寺中，除了云居寺和上方兜率寺两大名寺，保存较为完整或还有香火延续的寺庙还有瑞云寺。

### 瑞云寺

瑞云寺位于史家营乡曹家房村，据说始建于汉代，辽以后多次重修，清时为护国显光禅寺。

瑞云寺有天王殿、药师殿、菩萨殿和千佛阁五进院落，其中千佛阁为硬山黄瓦顶重檐楼阁式建筑，高15米，非常壮观，寺内供奉高10米的铜铸千手千眼观音佛像。瑞云寺历代都是佛教圣地，民国初改为道观，单间无梁殿的山门上有曹锟所书"瑞云观"名。寺中保存元代"故大行禅师通圆懿公功德碑并序"碑，碑记文字有2600字之多，为房山区重点保护文物。

### 香光寺

古刹香光寺位于大房山东南麓的大韩继村，始建于唐代，距今已有一千余年的历史。明永乐年间，成祖谋臣姚广孝因功绩卓著，拜为资善大夫、太子少师，少师辞归山林后，朝廷恩赐香光园为其别业，所以香光寺又称少师园。

成祖以后，香光寺因年久失修，逐渐颓败，以致"夜见火光，或闻虎鸣，丰草满园，毒蛇交横"，直到万历年间，御马监太监张公其奉命重修成五进六层寺庙，同时在寺东重建一宝塔以壮奇观，于寺后开辟园田以供寺僧蔬品，香光寺又香火复燃。然而，明万历之后的几百年，香光寺几经兴衰劫难，最终未能完整地保存下来。

**万佛堂**

万佛堂位于房山区西北云蒙山南麓的河北镇万佛村，始建于唐开元至天宝年间（713年—756年）以及大历五年（770年），当时叫龙泉寺，后改称大历禅寺。寺院几经兴废，到明万历年间重建时将寺旁岩壁上的唐代石雕"万菩萨法会图"镶嵌在殿内墙壁上，更名万佛堂，全称"大历万佛龙泉宝殿"，元明清三代都有修建。

万佛堂为三间歇山顶无梁砖石结构殿堂，门楣上嵌有四周浮雕莲花瓣石匾，上书"大历古迹万佛龙泉宝殿，大明万历己丑春吉日重建"。

经近年再一次抢修，殿内再现了昔日辉煌，由31块汉白玉组成的巨幅浮雕有佛像约万尊，场景壮观，技艺高超，是北京绝无仅有的浮雕壁画。

**灵鹫禅寺**

灵鹫禅寺位于坨里乡北营村谷积山，始建于元代，是积谷山中历史最久远、规模最大、至今保存完好的寺院。

现存寺院建筑为明代修建，坐北朝南，主要建筑分布在中轴线。

有山门、二进殿宇和四块石牌。山门额书篆字"敕赐灵鹫寺",山门与第一进殿之间有明正统五年(1440年)四月八日碑记,第二进殿是无梁建筑的正殿;第二进殿后两旁立辽、元石碑。寺后台地上有一座圆通殿。

**环秀禅寺**

环秀禅寺位于崇各庄乡小幼营村西,始建于明成化年间,寺坐南朝北,占地约三千平方米,正殿为三间无梁殿建筑,面阔12.3米,保存完好。殿内为穹隆顶,高7米。对面的墙壁上有券顶的佛龛三个,下设连通的须弥座。座和佛龛都是汉白玉石垒砌。殿前有站台,上面矗立螭首龟趺碑"敕建环秀禅寺碑记"。

**铁瓦寺**

铁瓦寺位于河北镇政府院内,始建于明正德年间,清康熙三十二年重修,因殿顶满铺铁瓦而得名。

铁瓦寺坐北朝南,北靠青山,面对大石河。寺院内古柏苍翠,寺后清泉汩汩流淌,景致优雅。泉水长年不断,顺暗沟流入大石河。山门的额楣上嵌匾楷书"铁瓦禅林",进山门,两旁各有两间单檐清水脊配殿。

正殿铁瓦殿为圆柱形建筑,高6米,发券门窗,殿顶采用攒尖做法,六条脊身朝六个方向垂下,把顶分成六个扇面。顶上满铺铁瓦,

白水寺

环秀禅寺

万佛堂　　　　　　　　　　　　　　　　　　　灵鹫禅寺

共计有458块，瓦表多有铸字，如"菩萨顶正德十年（1515年）造"、"五台山菩萨顶铁瓦寺"等。殿尖由宝珠收拢，殿脊和刹也是铁制，共用铁约三千公斤。类似建筑，世界少见。

### 弘恩寺

弘恩寺位于窦店镇望楚村西。建于明万历年间（1573年—1620年）。清康熙五十七年（1718年）重修，清乾隆七年（1742年）毁于大火，后又重建。寺坐北朝南，主要建筑有山门、钟鼓楼和五层殿宇，前面三殿保存完好，寺内碑刻林立，是明清一座规模宏大的重要寺院。现为房山区文物保护单位。

### 白水寺

白水寺位于房山区城关街道西北十二里处的歇息岗，原名白水兴隆寺，寺前有白水山溪淌过，俗名大佛寺，建寺年代不祥，明成化元年重修。明清两代白水寺冠以"白水异浆"，列入房山八景。

由于年久失修，现仅存无梁殿和三尊石雕像。大殿坐北朝南，重檐弯庐顶，砖石结构。殿内有三尊花岗岩石站像，中为释迦佛，高五点八公尺。与卧佛寺大铜佛不相上下，螺髻，面部丰圆，两耳垂肩，身着袈裟，两手持印，微露足尖，脚踏椭圆形莲座。两旁左阿难、右迦叶肋侍。三尊石站像衣纹流畅，雕法古朴，是北京较大型的石雕像。

## 常乐寺

常乐寺位于崇各乡常乐寺村,距离卢沟桥西10公里处,建于明万历年间。

常乐寺坐北朝南,占地150亩,最大的特点是东西北三面都由半圆形的围墙围起,长达一华里之多。围墙高8米,依山而建,蜿蜒曲折,由青石白灰筑成,东西两面有对开的过街楼门,砖砌券门,两门相距一华里,远看似一座城池。

常乐寺有两层殿宇,前面三间是形制非常特殊的无梁殿,汉白玉券门窗,重檐歇山顶,明间是穿堂,三面墙壁上有壁画;后殿三间为硬山调大脊,殿前有宽阔站台。

## ❸ 海淀区寺院

海淀作为北京著名风景区，它的青山绿水、奇峰峻岭一直备受僧人青睐，早在辽金时代就密布着数不清的寺庙道观，真可谓西山四百八十寺，多少楼台烟雨中。

海淀最早的寺庙当数西山脚下以铜卧佛闻名于世的卧佛寺，阳台山上建于辽咸雍四年的大觉寺是第二古寺，至今已有近千年历史；始建于元代的香山碧云寺是第三大古寺；西直门处高粱河畔的五塔寺建于明永乐年间；位于京西八里庄的慈寿寺和建于明万历六年（1578年）的永安塔；魏公村钢铁研究总院内，有一座明代大慧寺，建于明万历五年（1577年）皇家园林寺庙万寿寺位于长河之滨的广源闸旁，建于雍正十一年（1733年）的大钟寺是闻名全国的以钟命名的寺院……

**黄普院**

黄普院位于凤凰岭景区内车耳营村西北约三公里处，最早由金章宗完颜景创建,是金章宗狩猎行宫,京西八大水院之一,又名圣水院。明正统二年赐额妙觉禅寺,弘治十四年又改称明照洞瑞云庵,俗称皇姑院。

俗称皇姑院是缘于明太康公主,太康公主是孝宗朱佑樘晚年所生,公主如花似玉,聪明伶俐,深得皇帝宠爱,但是自幼身体非常柔弱多病,御医也无能为力,于是就有太监到白云观求仙问道,白云观长老说必须出家,而且以京城西北方为宜。于是派人到京西北去物色寺庙,访遍了西山弘教寺、大觉寺、护国寺,最后到了车耳营村的黄普院,觉得这里山清水秀,风光优美,是出家人修身养性的好地方,于是宫女嬷嬷们陪着公主就到了黄普院服侍出家的公主。一年多时间,公主的身体果然日渐恢复,待痊愈后,皇帝在后宫宫女中找了一个和太康长相相似的人,偷偷送到黄普院把女儿替出来接回了皇宫,因此黄普院曾一度改名为皇姑院。

**秀峰寺**

秀峰寺位于鹫峰山下,明正德六年(1511年)由太监高让所建,据传鹫峰曾是辽人屯兵的七十二寨之一,鹫峰之名缘于峰顶两株酷似山鹫的古松。寺有三进,殿房数十间。

秀峰寺坐西朝东,三进院落,殿房数十间。寺里古木参天,是鹫峰公园里古树最集中的地方,有一级古树四棵,二级古树二棵,还有一株树龄未定的古楸树,著名的"箭杆冲云松"扎根巨石间,颇像蓄势待发的利剑射向苍穹。

1925年道士王修真废寺为道观，改名为修真观。1927年，农矿部地质调查所在秀峰寺筹建我国第一个地震台。1929年大律师林行规买下这个寺院后，更名为秀峰寺，并予修整。抗战时期，秀峰寺创下佛教之外的辉煌历史，作为抗击日本侵略者的重要据点、平西情报站，聂荣臻元帅评价平西情报站"相当十万雄兵"。

秀峰寺还是今天《北京日报》的摇篮，日寇投降后的1945年8月至11月，中共华北局城市工作部在这里创办了专对北平人民进行宣传的《新闻要报》，即《北京日报》的前身，当时采访、编辑、电台、印制、发行工作人员都住在禅院。社长赵凡、采访组长杜导正、秘书长马建民和作家杨沫夫妇的住房至今犹在。1950年，林律师的夫人将古寺捐给政府，后归北京林业大学所有。

近年，北京林业大学国家鹫峰森林公园花费两年时间将秀峰古刹修复如初，清幽古朴的寺庙开始接待游人香客。

### 莲花寺

莲花寺位于海淀区北安省乡阳台山下，始建于明代。清末为太监养老送终之所。

莲花寺坐北朝南，建筑格局为四合院式布局，三进院落。依山势分为三级。最下层为水池，第二级有院门及马圈等，最高处为四合院布局的殿堂。其中院有山门殿、正殿和配殿，寺南北建有跨院，各有正殿三间，如今部分建筑已改建。

寺内有清光绪十八年（1892年）告示碑、光绪二十八年（1902

年)《重修莲花寺碑记》碑和光绪三十一年(1901年)《重修莲花寺碑记》碑。

竹北凤山山脚还有一座近四十年历史的莲花寺,楼高三层,内分前后殿,主奉观世音菩萨,每年皆吸引不少善男信女。

## 大慧寺

大慧寺位于大慧寺路六号,明正德八年(1513年)司礼监太监张雄创建,因寺内有大佛,俗称大佛寺,明万历、清乾隆和宣统年间有过三次重修。

大慧寺占地二千三百多平方米,建筑面积约六百多平方米。现只存大悲殿,虽经清乾隆二十二年(1753年)修葺,梁架木结构仍然保存明代风格。是一座灰筒瓦重檐庑殿顶建筑,面阔五间,进深三间。殿内两侧有明代泥塑二十八诸天像,形象生动,极为精美。在诸天背后的墙壁上,是大型彩色工笔连环壁画,描绘一个普通人一生为善,超生得道的故事。

大悲殿内原供18米高的大铜佛,被侵华日军毁坏。现有的木胎彩塑释迦牟尼佛、弟子及胁侍菩萨像是1940年代重塑。大殿两侧须弥座上,28尊高3.3米的佛教护法神彩塑,造型饱满,气势雄伟,神态各异。帝释天、梵天等汉化诸天为帝王装束,肃容威仪;天王、韦驮是怒目金刚,天将威风;菩提树神、鬼子母神雍容端庄,慈祥敦厚。二十八天神中东首第一尊是东岳大帝,他是中国道教诸神体系中管阴间之王,被佛教"请"来护法。

1957年，大慧寺被宣布为第一批市级重点文物保护单位，并进行整体保护复建。

**宝藏寺**

宝藏寺，原名苍雪庵，位于海淀乡董四墓村西北的金山上，因此又叫金山宝藏寺，由西域僧人道深始建于明宣德初年，明正统三年（1438年），道深和尚又主持重修，皇帝赐名"宝藏禅寺"，明朝末年，宝藏寺荒废。

宝藏寺到清朝时历经重修，清康熙三十八年（1699年），普善和尚游历到此，见寺庙荒废，于是度化百姓，捐资重修，于康熙四十七年（1708年）竣工。修复后的庙宇"斋寮殿宇结构巍然，香灯灿设金碧辉煌"。乾隆三十一年（1766年），和硕怡亲王弘晓到宝藏寺游览时发现庙宇年久失修，于是又捐资重修，使宝藏寺丹碧辉映，庙貌焕然一新，和硕怡亲王还给其中的一间禅室取名"清凉禅室"。同治八年（1869年），众善士倡议重修宝藏寺，开山建设客堂三所，到光绪年间，宝藏寺里新建了太监坟地，晚清一些著名的太监死后大多安葬于此，光绪七年（1882年），宝藏寺再次重修。

宝藏寺在宣统三年（1911年）的重修规模最大，由长春宫花翎三品主管张祥斋重修并扩充庙宇，使宝藏寺达到前所未有的规模。民国年间，中国历史上最后一个大太监小德张也曾重修此寺庙，他对寺庙的增修动力更多来自于自己的归宿安排，据说小德张曾留下遗嘱要埋在金山宝藏寺，但最后也身不由己葬在了天津。不过经过清朝的几次重修增建，宝藏寺确实成为一座规模不小的寺庙，到1928年寺庙总登记时，面积竟有二顷二十四亩，房屋共168间。

宝藏寺不仅是佛教圣地，风景也令人向往，其中宝藏八景名列当时北京佛教胜景之最，是文人墨客、达官贵人争相前往的名胜，留下了很多佳话：道光十三年（1833年），著名的女诗人顾太清（1799—1876）与其丈夫奕绘（1799—1838）游览宝藏寺时写下了《宝藏寺》诗。道光十七年（1837年）重阳节，龚自珍与徐星伯、吴虹生等曾骑马游览宝藏寺。1936年重阳节时，夏敬观（1874—1953）、黄君坦（1901—1986）曾与著名画家溥心畲游宝藏寺。

宝藏寺不仅风景优美，桂花也是赫赫有名，因为每到花开时节，整个寺庙香气袭人，所以叫"宝藏潘桂"。清代陈康祺《郎潜纪闻初笔》曾记都门花事情况："都门花事，以极乐寺之海棠，枣花寺之牡丹，丰台之芍药，什刹海之荷花，宝藏寺之桂花，天宁寺之菊花为盛"。当时，许多王侯贵戚把各府邸的桂花树都种在宝藏寺里，因此宝藏寺内桂树越来越多，越来越有名。

2001年5月，为保护国家历史文化遗产，总参管理局对金山宝藏寺再一次进行修葺。

**普照寺**

普照寺位于北安省乡大觉寺北约五百米处的小山脚下，始建于明天顺五年（1461年）。

黄普院

宝相寺

宝藏寺

极乐寺牡丹

大慧寺壁画

普照寺坐西朝东，四合院布局，分为南北两院。南院门额曰"普照禅林"。院内正殿三间，面积90平方米，明间后檐墙处增建有神龛。

普照寺紧邻大觉寺，与大觉寺始建年代几乎同时，也是皇家敕建，只是清代时曾经被一个太监出资修缮后自己居住。与大觉寺同样也有一棵非常古老的银杏树，年代比大觉寺的千年银杏略少，但枝叶繁茂却较为胜出。

由于清末时曾被德国人借住并改建为传教基地，所以虽然外表是中式庙宇，但室内格局却带有明显的中西合璧遗迹，现在还可以看到横梁和檐壁上许多壁画，都有天主教的图案。在侧院的十八僧房里，甚至还有日式和室。

如今的普照寺已经被铁路分割成两部分，也不再对外开放。在铁路的另一边，有当年的普照寺大门，写有"紫气东来"的影壁执着地诉说着普照寺曾经的历史。

## 万寿山

万寿山原名瓮山，位于颐和园内，前临昆明湖，明弘治七年（1494年）孝宗的乳母助圣夫人罗氏在山前建园静寺，清初曾作宫廷养马的草料场。乾隆十五年（1750年）为庆祝皇太后六十寿辰于园静寺旧址建大报恩延寿寺，次年将山改名为万寿山。并将开拓昆明湖的土方按照原布局的需要堆放在山上，使东西两坡舒缓而对称，成为整个颐和园的主体。

万寿山佛寺群依山而筑，现存建筑是慈禧重建于英法联军烧毁后的旧址之上，从山脚的"云辉玉宇"牌楼，经排云门，二宫门，排云殿，德辉殿，佛香阁，直至山顶的智慧海，形成一条层层上升的中轴线。

## 定慧寺

定慧寺在海淀区四季青乡罗道庄村阜石路，始建于明宣德年间（1426—1435年），初名善法寺，正德六年（1511年）改为云惠寺，康熙四十一年（1702年）赐名定慧寺，明清两代多次大规模修缮，是当时的京西名刹。

定慧寺坐北朝南，呈四合院式布局，山门殿、天王殿、钟鼓楼、前殿、东西配殿、大殿、东跨院前后殿，近四十间殿房，门额及天王殿额皆康熙帝御书，大殿保留了明代建筑形式。

寺内还保存有明正德、万历和清康熙、乾隆敕谕碑五块。寺内松柏参天，龙藤虬枝，以松抱槐和皂角树而独具特色。1984年5月在大殿后出土明代铜质布袋僧两尊，为明代佛像的珍品。

## 摩诃庵

摩诃庵位于阜成门外八里庄慈寿寺塔东边，明代嘉靖二十五年（1546年）由太监赵政集资创建。赵政曾任钦命提督五军三千营军务司设监太监，摩诃庵是他为自己修建的墓地，为了能延续自己的香烟后代，便在墓地建庵，让寺僧世世为他烧香。虽然庙的规模不大，可是名声远扬。尤其在万历年间后，香火更盛。当时摩诃庵院内有杏树上千棵，每当花开时节来庵内上香和赏花的人更是络绎不绝。至清代，慈禧太后每年春季去妙峰山朝山时，八里一歇，这里便成了"茶水站"。

寺院坐北朝南，共三路。中轴线上依次为山门、钟鼓楼、山门殿、大雄宝殿、后殿、金刚殿，并有东西配殿及配房，最后为太监赵政墓，墓地上有青松一株，郁郁如盖。大雄宝殿为明代建筑风格，殿顶中部团龙藻井，雕龙盘曲，龙头下探，衔一悬灯，为一般寺庙所无。殿内另有明代壁画，殿前月台两侧有明碑二座，东路金刚殿，殿内壁上嵌有61方明代重临集篆三十二体金刚经刻石，字体古朴雄健，为古代书法难得之珍品。

摩诃庵建制不大，但一向以宏敞净洁著称，据说所用砖木，皆为修建故宫之余料，故建筑十分精美。庵院内松竹交荫，鸟语花香，格外清幽恬静，香炉、石塔、花坛，雕镂精细，布设有致。明清两代文人墨客春游至此，观景赏花多有题咏。摩诃庵围墙四隅各有角楼一座，登楼驰目，川原秀色尽收眼底。

### 极乐寺

极乐寺位于海淀区东升乡五塔寺东约五百米处，临高梁河。

极乐寺的始建年代世说不一，一说为元代至元年间（1335—1340年）所建，另说为明成化年间（1465—1487年）所建。寺坐北朝南，原分三路，中路有山门、前殿、正殿及东西配殿。正殿后为达本和尚塔，东跨院是花园，有寄心斋、池塘等景观，西跨院为僧房。寺内曾有明嘉靖二十八年（1549年）《创建极乐禅林记》碑，为大学士严嵩撰书。碑阳刻有明万历五年（1577年）《极乐寺护持香火坟茔碑记》。今存正殿和正殿耳房。

极乐寺以牡丹闻名一时，尽管不是国花，但可能因为上至天子、下至平民百姓都对牡丹花情有独钟，因而极乐寺内的牡丹园被命名为国花堂，明朝时期极乐寺国花堂是观赏牡丹的最佳处。

**黑寺**

海淀黑寺在海淀区东升乡马甸村西，原为前后两寺，中以一街相隔。两寺与附近的黄寺同为喇嘛庙，因覆以黑瓦，故俗称黑寺。

前黑寺原名慈度寺，建于清朝初年，寺坐北朝南，有殿五重，以打鬼（跳布扎）、历科武会试、雕塑精品这"三绝"闻名遐迩，遗憾的是，黑寺毁于民国年间，"三绝"也自然荡然无存。

后黑寺原名察罕喇嘛庙，为东蒙察罕呼图克图活佛于清顺治二年（1645年）募化创建，由于察罕活佛在藏传佛教界和大清王朝中功德卓著、地位显尊，黑寺在京城也就成了与黄寺齐名的藏传佛教名刹。

民国十五年（1926年），前黑寺部分主体建筑——内包括诵经大殿由当时驻守北京军阀李景林部洗劫一空后纵火烧毁。随后寺主第八世察罕活佛阿旺耶希扎华僧格（1876—1943）转居阿鲁科尔沁旗（在今赤峰市境内）属寺罕庙（戴恩寺）与拉什寺（现今已不存在），于1943年圆寂在罕庙外仓。1946年，当时两岁的那日松在第五世杨松活佛主持的灵童寻访中，由十世班禅大师、色多活佛和章嘉活佛共同认定为察罕活佛第九世，后坐床于罕庙外仓。1957—1959年间第九世察罕活佛那日松曾被时任中国佛教协会副会长的嘎拉僧活佛迎请至雍和宫学经，期间驻锡于雍和宫和黑寺。

新中国成立之初，黑寺中还有部分僧人看管黑寺院落及部分土地财产，实行土改期间国家收回黑寺所属部分土地财产。"文革"时期，黑寺被当地马甸村革委会征用为饲养处并历经破坏，先后被强行拆除了山门、天王殿、后殿及其他部分殿宇及多数房屋。

现今，黑寺只留有东西两座配殿和活佛仓等建筑。活佛仓内仍保留有三、四层套院近三十多处房屋，遗址总面积约一个足球场大小，现无人看管。

### 宝相寺

宝相寺位于香山南麓，建于清代，仿山西五台山殊相寺而建。

乾隆二十六年，适逢乾隆皇帝之母七十寿辰，举国同庆。乾隆皇帝陪同笃信佛教的皇太后到五台山礼佛，山下殊相寺内的文殊像"妙相端严，光耀香界"，深得帝后的喜爱。当时，乾隆便默记在心中，待回到行营，即"摹为小图"。返京后，乾隆皇帝又将其"廓成大图"，并系以赞，命人刻成石碑。为珍藏此碑，翌年下令在西山宝谛寺以西"营造兰若，视碑摹而像设之"，工程极为浩大，从乾隆二十七年兴建，至三十二年（1767年）告成，命名为宝相寺。

宝相寺内主体建筑是旭华之阁，是无梁式结构，外表为黄色琉璃砖瓦，内部为发券顶，其檐下嵌有石刻横额，上书"旭华之阁"，为乾隆皇帝御笔。殿内立有二块石碑，左面镌刻文殊菩萨的画像及乾隆三十二年的御笔题诗；右面是乾隆二十七年立的御制宝相寺碑；殿内正中供奉文殊菩萨塑像，"金色庄严，惟具惟肖"，其工艺并不低于五台山的殊相寺。旭华之阁后原建有香林室、园庙、方庙、牌坊等诸多建筑，现均已不存，只有旭华之阁保存尚好并经重修。

## ❹ 西山八大处

　　八大处是指分布在石景山区西山东麓的翠微山、卢师山和平坡山的山下、山麓、山腰和山顶的八座庙宇，占地约140平方公里，距北京城区17公里。明代有"八佛社"之称，清代又称"八大禅处"，近代俗称八大处。

　　八大处的建筑分别出现于我国隋、唐和明清时期，现存大部分寺庙重建于清代。早在隋代即有僧人栖息于此。八大处西、北、东三面环山，南为敞开的平原，素以"三山、八刹、十二景"著称于世。山间岩壑幽邃，林木葱郁，涧泉潺潺，环境秀美幽静。八座古刹依次排列，即长安寺、灵光寺、三山庵、大悲寺、龙王堂、香界寺、宝珠洞、证果寺。沿山路拾级而上，一座座掩映在苍松翠柏之中的寺庙，便会逐一出现在眼前。其中一、二处在山脚下，三处开始进入山麓，四、五、六处在半山腰，七处建在山顶，八处在七处对面的卢师山上。八大处以其悠久的历史，重要的佛教地位以及独特的建筑艺术久享盛誉，散发着山川和人文感召力。

自1978年起，国家投资百万元，对各处进行了大规模修缮。1953年开始引种红叶树种，开辟北京第二红叶景区。自1988年起八大处每年农历九月举行重阳游山会。

**最受皇家青睐的一处：虎头长安寺**

长安寺是八大处第一处，位于翠微山脚下，背倚山峰颇似猛虎，故有虎头山之说。长安寺原名善应寺、翠微寺，又名"万应长安禅寺"。建于明弘治十七年（1540年），清顺治十六年（1659年）有济南居士捐资予以补修，康熙十年（1671年）由礼部尚书龚鼎孳主持进行大规模修葺。在八大处中，长安寺最受皇室青睐和重视，现在寺院还保持创建时"规模宏丽，表表杰出"的规模，占地面积30亩，由两个长方形院落组成正方形布局严谨的建筑群，红墙灰瓦，松柏掩映，是清代官式做法的范例，同时有明代建筑的布局和风貌的遗存。

长安寺院门是门楼式建筑，入门楼迎面又青砖影壁，上有砖雕"登欢喜地"大字；山门殿后一口铸于明万历年间的铜钟；第二进殿堂是三世佛殿，供奉泥塑贴金的三世佛；第三进院是观音殿，殿中供奉清代塑制的观音菩萨；三进院落建于同一平面，层层推进，与配殿一起共三十余间殿宇。

长安寺一向以奇花异木著称，三世佛殿前两侧各有一株参天婆娑的白皮古松（俗称龙爪松），距今已有七百年历史，旧时称"松树大仙"。寺院另有玉兰、紫薇、金丝木瓜等名贵花木，声名远播。

长安寺殿堂院落外的塔院是长安寺住持的灵塔。以著有《量周语录》一书流传于世的量周和尚和徒弟惠月都曾在长安寺讲经说法，并且与朝廷交往密切。整个清代，长安寺几乎都是由华严宗僧人管理，直到民国初年改由临济宗高僧、深通佛理的寿天禅师住持寺务，寺院宗风才随之改变。寿天禅师因念经嗓音圆润清亮如金玉之声，在经棚中一人声音压过众人，因此有"寿半棚"之称。

长安寺1950年代以后一直被外单位占用不对外开放，1978年由园林部门接受并修缮才得以全面恢复，重现辉煌气象。

**最尊贵的二处：佛牙灵光寺**

灵光寺位于翠微山东麓，始建于唐代，初名龙泉寺，金大定二年（1162年）重修，改名觉山寺。明代成化十四年（1487年）再修后，取名灵光寺。1900年该寺毁于八国联军的炮火，现寺内建筑大都为建国后重建。

灵光寺最尊贵之处是供奉了世界上仅有两颗之一的千年佛牙舍利。中国佛教协会1958年至1964年用六年时间修建了舍利塔以永久供奉佛牙舍利。

**文人高僧聚集的三处：翠微三山庵**

翠微三山庵始建于金天德三年（1151年），早年称"麻家庵"。

三山庵

清乾隆年间（1736—1795年）曾重加修葺。因位于翠微、平坡、卢师三山之间而得名三山庵。

三山庵占地一千多平方米，建筑玲珑别致，只有一个院落，内有三间山门殿和五间正殿组成的两进殿宇，院内松柏参天，殿宇幽静。

值得称道的是正殿门坎下一块黑色纹理的长方形汉白玉石，上有花纹如流水行云，酷似一幅浓淡相宜的山水画，故称"水云石"。正殿东厢房后有一敞厅，筑于高台之上。敞厅上悬"翠微入画"匾额。

历代文人画家多钟情于这"翠微入画"的林寺美景，清代龚自珍形容这里是"义士魂"、"佳人骨"。以翠微景色为背景所作的图画更是不胜枚举：明有"观流图"、"观泉图"和"望月图"。清有王士祯题《卢师画山》画卷、《乾隆松石流泉间闲坐图》等。除了文人墨客钟情于此，高僧也喜居此处并因在这里著述而声名远播。三山庵从清乾隆以来归属六处香界寺，香界寺高僧住持多居住在三山庵，最著名的是华严宗高僧达天通理和弟子心兴二僧著述颇丰。达天通理用二十年时间完成《法华经》注疏，雍正十一年（1733年）参与《龙藏》的校对。乾隆十一年（1746年）后住持香界寺开讲《楞严经》，七年后奉皇帝之命任僧录司印务，在圆明园为帝后讲经得赐紫袈裟。乾隆四十五年（1780年）乾隆帝七十大寿参与祝寿深得六世班禅尊崇，被乾隆帝封为"阐教禅师"。他的弟子心兴在三山庵写成《山居撰要》、《五经会要》、《八识规矩摘要》三部书分别三卷，名曰"翠微三要"。

从一处长安寺，二处灵光寺信步游走，感觉幽深玄妙，过了三山庵后，山路变得陡峭，游兴也不断升华。

**松涛竹影的四处：隐寂大悲寺**

大悲寺位于平坡山半腰处，旧名隐寂寺。创建于元代，清康熙五十一年（1712年）改为大悲寺，乾隆六十年（1795年）重修。

大悲寺占地五千多平方米，建筑以保存明代遗风而著称。尤以药师佛殿正脊龙凤砖雕最富特色。整座寺院坐北朝南呈狭长形，前后三进，殿宇依山势而建。山门镶嵌有康熙亲题的"敕建大悲寺"匾额，第一进正殿为大雄宝殿，殿内供奉三世佛，两厢分别列有出自元末雕塑家刘元之手的十八罗汉塑像，塑像用檀香末和香沙塑成，经历"文

大悲寺的大雄宝殿

革"劫后余生仍香气袭人，为无价之宝。

大悲寺入门翠竹满院，丛生的翠竹，茎节匀称，枝叶秀丽。尤其独特的是这里的丛竹即便是雪絮冰封，依然青翠欲滴，为八大处稀有景致。另外大殿后有两棵高耸入云的银杏树，树龄已逾八百年之久，至今长势旺盛。

大悲寺在元、明两代皆为名刹，清代康熙、乾隆时期香火尤盛。康熙帝几度幸临赐诗，康熙五十一年（1712年）召见慧灯和尚到畅春园，并发内府资金为其整修大悲寺，后来的乾隆帝也曾赐住持慧灯和尚诗，对大悲寺恩宠有加。

大悲寺师徒相传，世代承袭，属临济宗派的"子孙庙"，外僧无权干涉。

### 静里听泉的五处：螭汤龙泉庵

龙泉庵位于大悲寺西北，又名龙王堂，因为庵内既有龙泉，又供"龙王"，所以两个名称一直并用。

龙泉庵始建于明仁宗洪熙元年（1425年），清顺治二年（1645年）在该寺地下发现一泓清泉，清康熙十一年（1672年）重修。

龙泉庵坐北朝南，占地约6000平方米，格局为东西并列、地势相差约三米的两组院落，有龙王堂、卧游阁、听泉小榭、妙香院和华祖院等。龙泉庵以泉道曲折，流泉晶洁，终年不冻，永不干涸闻名。一进寺门，游人就会听到潺潺流水声，打破了深山古庙惯有的寂静。从刻有"龙泉庵"三字的山门入院就是一方形水池，池壁用青石砌筑，池水自北院龙王殿后面的峭壁流出，流经第一进院落，再经石螭吻（石雕龙头）注入水池，然后慢悠悠地流逝，终年不息，由于水质清甜，人称"甜水螭汤"。

龙泉庵因内有龙泉而添祀龙王，龙王堂这副"佛德巍巍麓中天之杲日，慈风荡荡振大地之春雷"兼顾赞颂佛祖和龙王的对联也成一大特色。龙泉庵的建筑和佛像，都是清代作品，现仍留存乾隆御书处。

龙泉水池左边的"听泉小榭"妙在听泉，紧邻一池清泉，潺潺流过，泉声水韵悠柔绵长，犹如一曲曲天籁之音，令人平添几分遐思。

龙泉庵历来以古柏及山泉而闻名，庙门左右石座上各植柏树一株，人称"树旗"。康熙年间诗人画家汪文柏著《西山纪游诗》集对龙泉庵清泉及古松就曾大加赞赏。其后的龚自珍更有赞咏古松的诗句，弃官还乡前还特地到龙泉庵与住持惟一道别。

龙泉庵山门

龙泉庵以泉水永不干涸、水质清甜闻名

龙泉庵与大悲寺一样也是"子孙庙"，1982年后，政府投资重修，使古老的寺庙焕发青春。

值得一提的是，出龙泉庵后门，沿盘山道而上，一白石桥旁立着一特大岩石，石上有数十万年前冰川留下的遗迹。已故著名地质学家李四光于此石上留下了"冰川漂砾"手迹。

**面积最大的六处：平坡香界寺**

香界寺在龙王堂西北，因位于平坡山，又名平坡寺。始建于唐代，初名平坡大觉寺，沿用了辽金元三代，直到明洪熙元年（1425年）重建后，改名大圆通寺，并把平坡山改为翠微山。清康熙十七年（1678年）再次重建，称圣感寺。清乾隆十三年（1748年）修缮后，改为香界寺，意为"香林法界"。

香界寺是八大处的主寺，面积也最大，占地1.8万平方米，是经康熙、乾隆两朝营建奠定的寺院格局，规模宏大，殿宇巍峨。殿堂依山势而建，层层增高。中轴线自南向北依次为：山门殿、大乘门、天王殿、香岩初地殿、三世佛殿、藏经楼。在大雄宝殿院内有石碑二块，左侧碑上有康熙和乾隆书写的建寺始末。右侧碑正面为康熙书写的"敬佛"两个大字，碑阴是一尊"观自在菩萨像"，菩萨的面部还雕有胡须。关于这块碑还有一个传奇故事：当年康熙来寺游览礼佛，走到殿前，突然双腿一软跪在地上不能起身，眼前浮现观音菩萨的形象。康熙大为惊诧，忙令僧众念经礼忏，自己口中也念着菩萨名号，过了一阵才平复如初，于是便命人在他跪的地方挖掘，最终挖出了这

香界寺诸景

块碑，康熙觉得灵验，于是书写了"敬佛"两字刻在碑上，为表示受佛法感化之意，给寺院取名"圣感寺"。

香界寺自建寺以来即为历代帝王登山野游休憩之所，来八大处"巡幸"时需要在这里休息，因此寺院建有行宫和花园，规制与寺院不同，规模宏壮，点缀极佳，前厅前面有眺远斋，开门远眺，豁然开朗，京西远景，尽收眼底。

香界寺藏经楼前庭院宽敞，院内栽种了牡丹、芍药、丁香、木槿、樱桃、紫藤罗等珍奇花木。最为珍贵的是八大处唯一一棵明代所植玉兰花，与楼齐高，花开时节，馥郁满庭。另有两株娑罗树也是八大处的珍贵植物。

香界寺从明代开始就是高僧传法、文人墨客游览的圣地，明成祖朱棣的重臣、也曾是出家人的姚广孝曾说"平坡最幽胜，真学佛者所宜处，好游之士所必也"。清代诗人画家汪文柏也有诗词赞叹香界寺的殊胜。住持香界寺或在香界寺传法的高僧也很多。明永乐六年（1408年）有日本僧人住持香界寺两年时间。戒台寺第一代住持知幻大和尚在修建戒台寺之始就住持当时还叫大圆通寺的香界寺。康熙修圣感寺时，钦命的第一代住持海岫法师是临济宗三十三世，人称"鬼王菩萨"。海岫法师之后，继其法席的超永禅师做住持，并且功绩卓著，住持编辑了禅宗灯谱巨著《五灯全书》。乾隆年间华严宗第三十代高僧达天通理大师住持香界寺开讲《楞严经》并开坛传戒，弟子心兴大师写了《五经会要》。清末民初时期，香界寺还经历了慧安成公、真实、无染、量阔德福等十代住持，民国二十二年依然开坛传戒度僧，因此，香界寺的佛教地位一直令人肃然起敬。

乾隆皇帝吊唁海岫和尚,敕建牌楼并题额"欢喜地"

宝珠洞莲花八福灯
祈福————许愿灯
来福————龙凤灯
清福————如意灯
洪福————富贵灯
万福————无尽灯
慧福————智慧灯
寿福————长寿灯
幸福————健康灯

宝珠洞导览

**位置最高的七处：翠微宝珠洞**

宝珠洞是八大处中最高的一处，建于清乾隆四十六年（1782年），占地约600平方米，寺院内有正殿及两厢配殿，依山势高差约六七米。殿后有岩洞，深广约五米，内砾石胶结，砾石颗粒状若巨珠，故名"宝珠洞"。据说宝珠洞是清代香界寺住持海岫和尚长年累月用十指一粒粒砾石抠成的。海岫和尚曾在此洞内修行居住四十多年，并坐化在石洞内，乾隆年间洞内还供奉过他的肉身像，现洞内还有他的石刻像。

海岫和尚德行超卓，深得康熙帝敬重，曾七次来寺里会见他并赠诗。乾隆年间，乾隆帝因思念死去的香妃成疾，海岫和尚率一百零八名僧人诵经驱之使乾隆痊愈，因此名震京师并获"鬼王菩萨"称号。海岫和尚在世时笃实持躬，勤劳砥行，住世一百四十春安然坐化。他西归之后，乾隆帝念其枚命之恩，前来吊唁，却见他死而如生，双目炯炯，于是敕建牌楼并题额"欢喜地"、"坚固林"。

宝珠洞前有敞亭，名眺望亭。因为宝珠洞地处最高处，因此凭栏远眺，昆明湖、永定河等京都山川景色历历在目。

**古老神奇的八处：卢师证果寺**

证果寺、秘摩崖位于卢师山上，旧名卢师寺，与其他七处寺庙隔山相对，为八大处中历史最悠久的一处寺院。

证果寺始建于隋仁寿年间（601—604年），初名尸陀林。唐时，

证果寺为八大处中历史最悠久的一处寺院

饮誉千载的秘摩崖

浙江卢师年老辞官后择山修行，在河上乘一木舟任其漂流，舟所止处就是其修行去处，最后小船沿着永定河支流到了燕京郊野尸陀林这个石窟里住了下来。不久他收了两个龙子做徒弟。唐天宝年间大旱，几年不下雨，土地龟裂，庄稼无种无收，卢师两个徒弟化成两条青龙下起大雨。卢师因之被皇帝诏封为"感应禅师"，并敕建"感应寺"。元泰定三年（1326年），被改为"大天源延圣寺"，明景泰年间又称"清凉寺"、"镇海寺"，天顺年间英宗重修，赐名证果寺。

证果寺虽历经重修，至今还保留明代的完整格局，全寺建筑布局为三组，中路自南而北为山门殿、三世佛殿，形成寺院的中轴线。方丈院在地势狭窄的东院，西部有一个院落和秘摩崖。

寺院古迹除了门前的两座明代神话碑记的报恩碑和碑后明代铜钟，最著名的就是饮誉千载的秘摩崖了。寺西有一青石门，上写"曲径通幽处，禅房花木深"，穿过此门，西北角崖壁上侧伸出一块巨石，距地面三米左右，下临悬崖，秘摩崖就居其中。清末至民国初年，秘摩崖壁间诗文墨迹甚多，最有名的是翁同龢、宝竹坡、林琴南等，可惜几经劫难已所剩无几。

证果寺千百年来也是高僧辈出，明代的福海、广贤灯住持都由朝廷钦命，清道光年间第一代住持海峰源亮禅师被皇帝任命为主管全国佛教的"僧录司印堂"之职。民国后更有宽、法俊等高僧住持并延续着证果寺的灯火。

# ❺ 石景山区寺庙

石景山区人文荟萃，佛寺众多，除了宛如七星北斗缀在卢师、平坡、翠山三山之间的"三山八刹十二景"，耸立在永定河畔的石景山上也是寺庙林立，碑碣垒垒，晾经台、藏经洞别具一格；慈善寺、双泉寺、承恩寺等古刹名寺也都分布于这块美丽的土地上。

**慈善寺**

慈善寺位于天泰山山腰处，始建于明代，为旧日京城百姓烧香礼拜、求福许愿的地方，也是旧时京西著名的庙会所在地之一。从乾隆时代起，如意礼仪钱粮圣会、上吉如意老会、鲜果圣会、放堂圣会等都在慈善寺活动。

慈善寺依山势而建，从建成起，历经明、清特别是清代历朝重

慈善寺幽深静雅

修，寺庙日益扩大，最终发展为拥有一百多间房舍、二十四处殿堂的寺院规模。整个寺院布局坐北朝南，各殿宇按"北斗七星"排列，主要包括正院、东跨院两大部分，正院由前殿韦驮殿、正殿大悲坛和后殿藏经阁三进组成，集佛教诸神、道教诸神、民间诸神为一处，整个寺院供奉大小神像一百六十多尊。

北斗七星的殿宇中，三进后殿藏经阁最吸引人。大殿五间二层。一层塑有魔王坐像，身穿黄袍，面向东南；二层是过去僧人藏经之所；大殿正中塑有魔王坐像，高1.9米，身穿黄袍，面向东南。传说殿内供奉的魔王爷就是顺治皇帝的肉胎，因为有清顺治皇帝在此出家并修炼成佛，被赐号魔王和尚的传说，所以藏经阁又被称为伏魔殿。寺内现存一些皇家规制的建筑模式、大悲殿屋脊的雕龙，以及康熙多次到天台山拜祭，或赐匾额，或赐金帛，似乎也印证着这些传说。每年三月十五日是传说中的魔王和尚成道日，慈善寺便开庙三日。

慈善寺里最奇特的要数韦驮殿，在别的寺院供奉弥勒佛、四大金刚、韦驮殿供奉惯例不同，这里是关羽、韦驮共处一殿，弥勒佛则请到寺外，另建一座弥勒佛殿。

新中国成立前夕，慈善寺因失火而损毁了部分建筑。以后尘封深山五十载，房屋坍塌，院落破败，"文革"期间更遭到践踏和破坏。政府从1999年开始加以修缮，2001年被列入北京市重点文物保护单位后又加大投资，对五进院正殿、玉皇殿、山神殿、斋堂等进行修缮。现在已基本恢复原貌。

慈善寺四周遍植松柏，苍郁灵秀，幽深静雅，不仅是僧人持修之所，也是凡人清心静养的好地方。1921年至1924年间，爱国将领冯玉祥就曾三次隐居此处，其间张作霖的代表杨宇霆、李景林、张学良，阎锡山的代表，段祺瑞的代表，孙中山的代表汪精卫、孔祥熙、徐谦，包括共产党的创始人之一李大钊等都曾到慈善寺拜访过冯玉祥。冯玉祥在山上除了读《七子兵略》等书籍，还经常借读庙里的佛经。至今慈善寺附近石崖上还留有他手书的刻石"勤俭为宝"、"真吃苦"、"耕读"、"淡泊"等楷书大字，跃然山门外东山坡和寺后北山坡上。

皇姑寺最著名的是每年四月的庙会

## 皇姑寺

皇姑寺位于西黄村,始建于明天顺初年,叫顺天保明寺,因开山始祖吕牛曾救过明英宗朱祁镇,英宗复辟后诏封吕牛为"皇姑",故俗称皇姑寺。

皇姑寺在清康熙十六年至五十年之间毁于火灾。康熙五十年(1711年)重建,康熙皇帝御题碑文纪事,并改名显应寺。

皇姑寺最著名的是每年农历四月初一到四月十五的庙会,初一开山门,初八是"佛诞日",初一到初八是皇姑寺庙会最热闹的时间,来自京东八县的香客和逛庙会的人每天近万,初九以后,庙会上人流逐渐减少,四月十五关山门。皇姑寺庙会是以民间信仰、宗教活动和岁时风物为主的一个庙会,前后共延续二百多年。

皇姑寺历经沧桑,在2008年北京奥运前夕又迎来了百余年来最大的一次修缮,恢复康熙重修时的规模,坐北朝南,四进院落的天王殿、普贤真人楼、观音殿、吕祖圣母殿西配殿、东藏经楼、西方接引楼、药师阁及东西耳房等遗址清理、整体围墙修复、院内地面铺装等,重现了当年的金碧辉煌和香火缭绕。

# ❻ 门头沟寺院群

"天下名山僧占多",京西寺庙文化有着悠久的历史,南接石景山境内的八大处,北到凤凰岭一带,沿山一线分布着众多寺庙。明人王廷相诗云"西山三百七十寺,正德年中内臣作",可见历史上的西山寺庙非常繁多,仅门头沟所建的寺庙就有上百个,现在尚存遗址、被门头沟区文物部门列为保护单位的还有数十处,其中交通较为方便、较有观赏价值的,除名气很大的潭柘寺、戒台寺外,还有更多历史悠久、建筑雄伟独特的寺庙:有曾经在佛教历史上占有重要位置的樱桃沟村北仰山栖隐寺;有集佛、道、儒于一体的涧沟村妙峰金顶娘娘庙;有历史特别悠久的田庄淤白村白瀑寺;有元代风格整体建筑的齐家庄灵严寺……

## 广慧寺

广慧寺坐落于桑峪村北二里的山丘,创建年代已经无考,据说比潭柘寺历史还要久远。

广惠寺坐北朝南，三面环山，现尚存一处山门、一段影壁墙、一座大殿、一座西配殿和一块残缺的龟趺。大殿两层三间，正脊硬山，筒瓦吻兽，前后出廊，门窗皆为斜棂铭，殿内后山墙有壁画，西配殿三间，硬山清水脊，前出廊，门窗为斜棂格和工字锦。院内有两株巨大的银杏树，极为茂盛。

广惠寺身处深山，人烟罕至，与潭柘寺的车水马龙形成了鲜明的反差，不过重修工程已经开始，不久的将来，幽静的深山中又将重现广惠寺曾经的香火。

## 灵岳寺

灵岳寺位于门头沟区斋堂镇白铁山上，创建于唐贞观年间（627—649年），辽代重建时称"白铁山院"，金代时称"灵岳寺"。从元代到清代共经历过四次重修。

斋堂镇的存在也与灵岳寺密切相关。灵岳寺是门头沟最早的寺庙，京西重镇斋堂镇原是灵岳寺施茶舍粥的地方，善男信女在灵岳寺进香，一般都在斋堂歇一晚，久而久之，斋堂镇由此得名。

灵岳寺的寺院处于白铁山主峰前的平台上，其朝向为南，整个寺庙实际是两进院结构。在中轴线上有山门、天王殿和释迦佛殿；南部山门两侧为钟鼓楼，其中天王殿是悬山式建筑，建筑设计极为巧妙；释迦佛殿是单檐庑殿顶调大脊式建筑，面积达一百余平方米。寺内现存至元三十年（1293年）《重修灵岳寺记》碑以及清康熙二十二年

（1683年）《重修灵岳禅林碑记》。

灵岳寺是北京地区最早的木结构建筑，寺内的大雄宝殿、山门建筑保存了大量元明时期的建筑风格和工艺手法，特别是大雄宝殿内的明代建筑彩画，具有极高的研究价值。而且从唐始建至今，虽经历代修缮，仍基本完整保持唐辽时砖石、木构件上的明代彩绘、清乾隆时期的挑檐下木柱等，一组建筑中同时保存这么多个朝代鲜明建筑风格的文物古迹，在北京独一无二，被称为中国古建的"活化石"。

北京奥运之前，灵岳寺被划入"人文奥运文物保护工作计划"进行修复，并首次尝试了"原真"法，只做"清扫"加固，不重新油饰彩绘；不落架、不改变原结构、不"着色"修缮灵岳寺，使灵岳寺这座古建活化石一如既往地以独特的建筑风格承载着佛教使命。

### 灵严寺

灵严寺位于清水镇齐家庄村，占地五亩，是清水河上游地区最大最古老的佛教寺院。

灵严寺始建于唐武德年间，元至正年间重建，明嘉靖六年（1527年）重修，而到了明永乐年间改为尼姑寺。

灵严寺坐北朝南，原有山门殿、钟鼓楼、太子殿、伽蓝祖师堂、大雄宝殿以及两厢配殿十数间。抗战期间，灵严寺大部分被日军焚毁，只剩下大雄宝殿，也是全寺的主体建筑，飞檐斗拱，油漆彩绘，气宇轩昂，最为难得的是其木架和硕大的斗拱都还是元代时的原件，面阔三间建于石基上，殿顶及山墙等在清代曾改建过。殿内现供奉释迦牟尼佛像，两侧铜菩萨像四尊，佛前小佛像四排，多达五十尊。殿东侧塑刘备、关羽、张飞像。

灵严寺还有成化二十二年（1486年）《重修灵严寺记》和嘉靖六年（1527年）《重修灵严寺碑记》两块石碑，记述着灵严寺的古老历史。

## 白瀑寺

白瀑寺位于雁翅镇淤白村北的金城山下，是一座佛道并存的拥有900多年历史的辽代古寺。

北京人都说，先有潭柘寺后有北京城，当地人则坚信先有白瀑寺后有潭柘寺。白瀑寺的创建源自辽代高僧圆正法师，自幼出家对华严经有超人之解的圆正法师在寿昌年间（1095—1100年）云游至金城山，见这里群峰秀丽，泉流飞瀑，遂驻锡于此修行，野菜充饥，泉水解渴，后有一樵夫惊见，得知高僧要在此地建寺，于是施米两升并传播消息，周围四县善男信女纷纷解囊捐助，辽乾统年间（1101年—1110年）白瀑寺建成，大殿、禅房、厨库一应俱全，檀信朝拜，络绎不绝。

白瀑寺现存正殿三间，左右配殿各三间。寺西有保存完整的正公塔，正公塔是开山鼻祖圆正法师的舍利塔，建于金皇统六年（1146年），塔高10米，六角实心，下半部为密檐式，上半部为覆钵式。塔身三层密檐，密檐之上双层仰莲承托覆钵，一种密檐到覆钵式过渡的塔形，金代密檐式塔中的杰作，国内少见，非常珍贵。

**双林寺**

双林寺位于清水镇上清水村西北二里山坡间，是百花山瑞云寺的下院，始建于辽代，因寺旁靠清水河，称"清水院"，后改名双林寺。辽、金、元、明、清历经修缮。主要大型建筑已经毁于战火，现存辽代"统和十年经幢"和元、明时期配殿各一座，均面阔一间，3.5米见方，悬山调大脊，砖雕鸱吻，板瓦合瓦，梁架使用叉手，是北京罕见的元代木结构建筑，在北京建筑史上有一席之地。八棱形辽经幢高4米余，幢身为两层，由十四件石雕件迭砌而成，下为八方基座，有圆形仰莲承托幢身，上有方形小龛，周雕佛像，龛顶是定珠状石件。

历经沧桑的双林寺在近代时期一直由林业队占用，林业队撤走后现在成了双林寺度假村。再面对这名山古刹，只能用心去想象鬼斧神工的古老建筑孤立于大自然的久远境界了。

**宝峰寺**

宝峰寺位于门头沟区斋堂镇西斋堂北，是白铁山灵岳寺的下院。宝峰寺始建于明代，清代重修。寺院内有前殿三间，正殿三间，两厢配殿各三间，西院设有僧舍三间。寺旁还有明代建筑的砖塔三座。

大悲岩观音寺

寺内有清同治三年（1864年）宛平县告示碑一块，系宛平县的断案文告，记载了同治年间斋堂村天主教徒聂德书欲侵吞庙产，全村百姓与之争讼之事。另有百年丁香树数株。

斋堂村是斋堂镇的中心，人口比较密集，原有庙宇多座，大多毁于战争，宝峰寺是保存尚好的一座。

### 大悲岩观音寺

大悲岩观音寺位于斋堂镇沿河城向阳口村北山上。因寺庙建在石岩凹进处，而斜出的山崖又未将寺庙全部盖住而被当地人称为"盖不

宝峰寺　　　　　　　　　　　　　　　　　　灵岳寺

白瀑寺　　　　　　　　　　　　　　　　　　广慧寺

严小庙"。

大悲岩观音寺始建年代无考,明正德八年(1513年)重修,称"大悲岩";明嘉靖三十二年(1553年),住持惠铭等人再次重修。明崇祯十三年(1604年)游僧慧住大师慕名寻幽来到大悲岩,见寺庙颓败,发愿重建,得到正在维修沿河城敌楼的贾公及沿河附近殷实商贾、民众的大力支持,至1641年告竣,改称大悲岩观音寺。到清康熙五十八年(1719年)又重修殿宇,增设僧房,改称"灵岩寺"。

大悲岩观音寺经历代重修,殿宇巍峨,气势宏大,更因供奉观音菩萨而闻名。寺坐北朝南,分东西两院,四合院形制,由山门、两厢配殿、正殿构成,正殿建在宽敞的岩洞之中,面阔10.4米,硬山调大脊,大式作法,旋子彩绘。殿前立两通重修石碑,分别是明崇祯年间的重修大悲岩观音寺碑记和清康熙年间的重修大悲灵岩寺碑。东院建筑建于民国时期,具有鲜明的民国特色。

大悲岩观音寺是佛道混合的寺庙,供奉玉帝、观音、关帝、娘娘等,香火兴盛。

**小龙门观音堂**

小龙门观音堂位于清水镇小龙门村,建于明代,是佛道混合型寺庙。四进院落。寺内建有门楼、前殿、正殿、龙王殿等四进。这里山高林密,周围有大片的阔叶林地,风光非常优美。

仰山栖隐寺　　　　　　　　　　　　　双林寺

## 西峰寺

西峰寺位于永定镇岢箩坨村西沟内的李家峪。西峰寺始建于唐代，当时与马鞍山腰戒台寺同称一名"慧聚寺"，属戒台寺下院。到了元代，因为"内有胜泉涌出不匮，外有山岚环绕如幛"，泉"名胜寒池，大旱不枯"，遂将慧聚寺改称玉泉寺。唐、辽、金、元时期为戒台寺圆寂僧人火化之处。到了明代明英宗正统元年（1436年），"历事五朝"的惜薪厂掌厂太监陶容因公到玉泉寺，发现该寺已破败不堪，遂出资重建，历经两年竣工，明英宗朱祁镇亲赐寺名"西峰寺"。到明代宗景泰四年（1453年），明代宗朱祁钰还赐于西峰寺谕碑一通，明令对古寺进行保护，同时赐经卷一藏，以示恩典。

清代时西峰寺改建为恭亲王载洵的园寝，修建了园寝阳宅，西峰寺遂成恭王府的家庙，之后恭亲王次子载滢还在此修建地宫作为墓穴，可惜没有如愿入藏，如今地宫还保存完好。

现在的西峰寺建筑大致保留清代庭园风貌，分内外两层院落，有山门殿、天王殿以及两厢回廊禅房三十余间。正南和西北与戒台寺、潭柘寺遥遥相望。寺内一株元代古银杏，伟岸参天，有一千八百多岁树龄，人称"百果王"。树高近四十米，躯于树围八米多，撑起一个巨大的树冠。

1984年，西峰寺内建起门头沟区博物馆。

## 仰山栖隐寺

仰山栖隐寺，建于金代。金章宗多次游幸此寺，并留有诗文。明代经太监王振重修。遗址内仅存的僧塔为砖石结构，造型十分奇特，塔身呈腰鼓状，三层密檐，门头沟区这种造型的塔仅此一处，全国也仅有少数与之相似的塔，是研究异型古塔的重要实物。在佛教历史上曾经占有重要的位置。

## ❼ 朝阳寺及周边寺院群

朝阳寺及周边寺院群包括圣泉寺、朝阳寺、天溪庵、德胜庵、山西庵等寺庙，坐落于北京怀柔桥梓镇口头村及甘涧峪风景区。金元至明清时期，甘涧峪村曾先后建有数十座佛教寺庙，形成庞大寺庙群，俗称甘涧峪七十二庙，经过历史沧桑，到清末民国时期陆续颓毁，多年冷落。

甘涧峪山区生态极佳，林木覆盖率达百分之八十二以上，自然环境幽雅宜人。自古就多山泉，水质清澈甘甜，因此得"甘涧峪"之名。

圣泉寺景区背靠燕山，地处怀柔慕田峪长城和红螺寺景区之间，面积五平方公里。景区幽静深远，集自然、人文景观于一体，是理想的禅修静心、参学访道之胜地。

圣泉山是九龙山之龙头，山顶观音寺为一方名胜，始建于唐代，于明代复修，观音寺向来有著名女将樊梨花感念观世音菩萨闻声施救之恩而建寺供奉的传说。明代京师名僧碧天大和尚云游至此，深悟此地藏风聚气，经多年募化，由其弟子定澄禅师主持重修。清嘉庆年间，口头村乡绅大户共同发起集资再次全面修复。

正殿圆通殿供奉观音菩萨，东配殿为圣泉茶舍，西配殿为圣泉禅堂。可容纳二十人共修。寺周围南松北柏，苍翠茂盛，寺内有圣泉古井。

2007年6月，宗教局将观音寺交由僧团管理使用，明奘法师受邀组建僧团于2007年6月12日入住圣泉山顶观音寺并成立筹建处，将寺庙群扩建为庞大的佛教文化综合活动区。

如今，殿宇新辉，宝像重光，圣泉山建成佛教文化苑，由禅修中心、多功能弘法楼、书院及图书馆、中外经典互译及出版、传统佛教文化体验区、旅游商贸区、寮房生活区构成，融清修、教育、养生、旅游、商贸为一体，可容纳四百人法会共修，大殿内3.7米高镀金释迦说法佛像端坐于核桃树下。由农家小院改置而成的圣泉精舍，供居士来寺共修食宿，可容纳二百人挂单。

园区内贯彻"清静行·生活禅"的理念，结合现代人的身心特点和需求，针对不同人群开展系列禅修活动、佛法推广及各种文化活动，以期拓辟一片心灵净土、智慧殿堂和休闲乐园。

朝阳寺：生态景区中较大的一座寺院，始建于明万历年间，复建于清咸丰六年，寺庙地势较高，背后几条山脉奔泻而下交汇此处，背山瞰谷，坐镇朝阳，日出早日落晚，气候宜人，因而得名"朝阳寺"。登高远眺，与对面远山上弥勒顶凉亭遥遥相望。寺内药师殿供奉药师佛、日光菩萨、月光菩萨，殿两侧为八大菩萨壁画。可容纳六十人禅坐共修。现为明奘法师方丈寮所在地。

地处高位的朝阳寺

天溪庵：坐北朝南，四方格局。环境清幽秀美，因山门外有小溪流过而得名。殿内供奉弥勒菩萨一尊，悬挂释迦佛画像、福禄寿三星图、文昌帝君像。可容纳八十人禅坐共修。

德胜庵：正殿供奉华严三圣（即毗卢遮那佛、文殊菩萨、普贤菩萨）。悬挂华严三圣画像。德胜庵有古迹龟化石，述说着放生池内老龟在德胜庵内长年聆经听法、得成道果的传说。

山西庵：三面环山，茂密的松柏环抱着寺院，环境幽雅，景色秀丽。正殿供奉观音、善才童子和龙女。

朝阳寺及周边寺庙群处于群山环抱之中，翠竹松柏掩映，潺潺溪水流过，环境清幽、禅意悠远，每一处都再现了当初高僧们精选清修之地的佛门佳境。

捌 北京佛教大事记

| | |
|---|---|
| **两晋** [256—420] | 康法朗、帛法桥、竺法雅等人在北京以及周边活动。潭柘寺修建。 |
| **北朝** | 昙衍、灵询、昙遵等人传教于此。北魏孝文帝期间奉福寺、光林寺（即今天宁寺）修建。昙无竭率二十五位僧人赴印度求法。 |
| **北魏** | |
| 太和十三年 [489] | 北魏政权在今海淀区西车儿营建大石雕佛像，称北魏太和造像。 |
| 景明四年 [503] | 房山建木严寺。 |
| 永熙元年 [532] | 百咏指南法师在上方山结茅棚。 |
| **东魏** | |
| 元象元年 [538] | 建魏使君寺。 |
| **北齐** | |
| 天保五年 [554] | 建密云大安寺。 |
| **隋朝** | |
| 开皇十一年 [591] | 隋文帝在全国建塔安置所得佛舍利，北京弘业寺（即原光林寺）建塔。 |
| 大业年间 [605—617] | 僧静琬为防止佛经毁灭，发愿刻经，开启了绵延千年的房山刻经活动。 |
| **唐** | |
| 高祖武德五年 [622] | 建慧聚寺（即戒台寺）。 |
| 贞观五年 [631] | 静琬法师建云居寺。 |

| 十年［636］ | 唐太宗下旨重修奉福寺。 |
| 十九年［645］ | 太宗修悯忠寺，追荐征高丽阵亡将士。 |
| 咸亨二年［671］ | 范阳僧义净赴印度求法。 |
| 万岁通天元年［696］ | 武则天建成悯忠寺。 |
| 开元十七年［729］ | 玄宗妹金仙长公主赐云居寺四千余译经及大量田产以资房山刻经活动。 |
| 大历年间［766—779］ | 建龙泉寺（即今灵光寺）。 |
| 长庆元年［821］ | 藩帅刘总乞为僧，法号大觉，建报恩寺。 |
| 太和十年［835］ | 真性律师圆寂于云居寺。 |
| 会昌三年［843］ | 武宗灭佛，云居寺被毁。 |
| 会昌六年［846］ | 智泉寺重修，于废墟中得舍利石函，幽州刺史张仲武将之送到悯忠寺供养。 |
| 中和二年［882］ | 悯忠寺失火被焚。 |
| 景福元年［892］ | 李匡威重修悯忠寺，并建阁供奉观音，经朝廷批准，将原悯忠寺多宝塔中的舍利迎入观音阁。 |
| 乾宁二年［895］ | 河东节度使李克用建瑞云寺。 |

**五代**

| 后周显德二年［955］ | 世宗灭佛，僧尼再次逃往辽朝统治下的幽燕地区。 |

**辽**

| 统和年间［983—1010］ | 燕京开始刊刻《大藏经》（又称《辽藏》、《契丹藏》）。 |
| 应历十四年［964］ | 谦讽和尚重修云居寺，并结千人邑会。 |
| 统和七年［989］ | 圣宗于延寿寺饭僧。 |
| 八年［990］ | 无碍大师为悯忠寺建释迦太子殿。 |

| | |
|---|---|
| 十二年 [994] | 因造景宗像成圣宗于延寿寺饭僧。 |
| 太平七年 [1027] | 在韩绍芳请求下,圣宗恢复房山刻经并赐"普度坛利钱"。 |
| 重熙十二年 [1043] | 《契丹大藏经》刻峻,于辽南京刊行。 |
| 清宁三年 [1057] | 云居寺《四大部经》刻成,翌年赵遵仁撰《续镌成四大部经记》述之。重修毁于地震的悯忠寺,基本上成今日之格局,赐名"大愍忠寺"。 |
| 五年 [1059] | 志智建大昊天寺。 |
| 七年 [1061] | 法均律师受诏"校订诸家章钞",任三学寺论主。非浊在奉福寺开坛传戒。 |
| 八年 [1062] | 宋楚国大长公主赐第建竹林寺。 |
| 咸雍四年 [1068] | 建清水院(即今大觉寺)。 |
| 七年 [1071] | 于翠微山龙泉寺建十层八面招仙塔,内藏佛牙舍利。 |
| 大康元年 [1075] | 法均律师圆寂。 |
| 大安三年 [1087] | 高丽僧义天自北宋求法归,撰《新编诸宗教藏目录》。 |
| 九年 [1093] | 通理开放戒坛,得银钱万,用于刻经。 |
| 十年 [1094] | 增建悯忠阁,将两级改为三。善制法师为悯忠寺建水月观音像。 |
| 寿隆二年 [1096] | 建永安寺(即今白塔寺)。 |
| 寿昌四年 [1098] | 慈智大师圆寂于悯忠寺。 |
| 天庆七年 [1117] | 绍坦建云居寺南塔藏佛舍利。 |

## 金

| | |
|---|---|
| 天会三年 [1125] | 建大延圣寺。 |
| 六年 [1128] | 希辨在仰山栖隐寺传法,开曹洞宗之端。 |
| 八年 [1130] | 金太宗"禁私度僧尼"。 |

| 皇统二年 [1142] | 金熙宗因得子"令燕、云、汴三台普度",达三十万之多。熙宗见名僧海慧,邀至上都说法,建大储庆寺。法律开普度戒坛,度僧尼十万余,受紫衣,得"严肃大师"封号。 |
|---|---|
| 正隆元年 [1156] | 海陵王禁止民间二月初八佛事活动。 |
| 大定二年 [1162] | 重建龙泉寺,改称觉山寺(即今灵光寺)。 |
| 三年 [1163] | 晦堂受世宗命住持大延圣寺。 |
| 四年 [1164] | 建西山昊天寺。 |
| 十八年 [1178] | 金世宗降谕"禁民间不得创兴寺观"。潞洲崔法珍自刻《大藏经》献于朝廷,在此基础上,金世宗召集各地名僧加以校勘,并增加新的内容,成为金藏。 |
| 二十年 [1180] | 大定,建仰山栖隐寺。义谦法师担任云居寺住持,云居寺遂成禅宗道场。 |
| 二十一年 [1181] | 弘业寺改为大万安禅寺,祖朗为住持。 |
| 二十六年 [1186] | 建大庆寿寺和大永安寺,世宗赐名、给田。 |
| 明昌三年 [1192] | 金章宗规定僧人三年一试的考核录取制度,限制僧人名额。 |
| 四年 [1193] | 章宗将万松行秀延入内廷说法,宫嫔罗拜,盛况空前。 |
| 承安二年 [1197] | 万松行秀受诏住持仰山栖隐寺,章宗礼拜问安。 |
| 五年 [1200] | 义谦法师圆寂。 |

## 元

| 太宗九年 [1237] | 窝阔台遣马珍往各地考察僧道徒众,取一千人,八月,令齐集燕京,重新接受入教仪式,是为元代佛教复苏之始。 |
|---|---|
| 宪宗元年 [1251] | 蒙哥任命燕京高僧海云统管佛教事物,并翻修普济寺,更名为海云寺,燕京遂成北方佛教中心。 |
| 二年 [1252] | 隆安善选圆寂。 |

| 五年［1255］ | 蒙哥汗下令佛道辩论，佛教占据上风。 |
| 六年［1256］ | 忽必烈下令于悯忠寺焚毁道教经典。 |
| 中统三年［1262］ | 追封隆安善选为国师。 |
| 四年［1263］ | 忽必烈设总制院，统管全国佛教事务及吐蕃地区军政大事。忽必烈从八思巴受"威德喜金刚灌顶"。万松行秀圆寂，建塔于广济寺侧。 |
| 至元七年［1270］ | 八思巴"升号帝师、大宝法王"，从此元朝确立帝师制度，皇帝即须从帝师受戒。建大护国仁王寺。 |
| 八年［1271］ | 元世祖召禅、教（天台、华严等宗），命令两派辩论，开始崇教抑禅。在大都之西始建白塔，历时八年而成，尼泊尔人阿尼哥参加设计修建。 |
| 十六年［1279］ | 于白塔前建大圣寿万安寺，有奇光烛田，世祖大喜，赐良田一万五千亩。 |
| 十七年［1280］ | 设功德司，功德司使由宣政院或帝师兼领，管理祈福法会和印经。 |
| 十八年［1281］ | 赐雪庵溥光"大禅师之号，为头陀教宗师"。世祖忽必烈再次于悯忠寺焚毁道教伪经。 |
| 二十二年［1285］ | 华严宗知拣受诏住持大圣寿万安寺，并被授释教都总统、开内三学都坛主等职。世祖忽必烈组织编撰《至元法宝勘同总录》，两年后完成。 |
| 二十三年［1286］ | 以摄思怜为帝师，命西僧于万安等寺递作佛事。 |
| 二十四年［1287］ | 定演受赐土地，建大崇国寺，雄辩大师传以道宗亲书金字戒本。 |
| 二十五年［1288］ | 世祖再召江南高僧到大都廷辩，"使教冠于禅之上"。 |
| 二十六年［1289］ | 世祖迎旃檀佛像入万安寺供奉并做佛事二十会。 |

| | |
|---|---|
| 二十七年［1290］ | 忽必烈命西藏僧侣递作佛事于万安等寺共七十二会。朝鲜僧惠永领写经僧百人入京，赠世祖金字《法华经》，并抄录金泥大藏经，期间至万安寺讲《仁王经》。 |
| 二十八年［1291］ | 忽必烈命西藏僧侣罗藏等递作佛事于万安寺。 |
| 元贞元年［1295］ | 成宗命海云法师再传弟子住持大庆寿寺，并赐"临济正宗之印"。铁穆耳在万安寺主持"国忌日"，饭僧七万余。 |
| 大德五年［1301］ | 赐万安寺地六百顷，钞万锭，至世祖、裕宗影像于寺内。 |
| 七年［1303］ | 万山行满住持仰山栖隐寺，声传四方。 |
| 皇庆元年［1312］ | 知栋圆寂，其弟子德严继承住持大圣寿万安寺。万安寺雕版印刷蒙文佛经《入菩提行论疏》一千份。 |
| 皇庆二年［1313］ | 阿僧哥等为万安寺塑造大小佛像一百四十尊。 |
| 延祐元年［1314］ | 仁宗追封海云为"光天普照佛日圆明佑圣国师"。 |
| 延祐三年［1316］ | 万安寺住持德严参加"旃檀瑞像"源流的讨论。 |
| 延祐七年［1320］ | 建寿安寺次年专门抽调兵丁为该寺铸造佛像。 |
| 至治元年［1321］ | 天台宗性澄受诏入京，赐"佛海大师"号。奉仁宗、英宗御容于万安寺。 |
| 三年［1323］ | 于万安寺做水陆法会七昼夜。 |
| 天历二年［1329］ | 建大承天护圣寺。废功德司。 |
| 至顺二年［1331］ | 建碧云寺。按太禧宗禋院臣建议，汰去万安等十二寺僧九百四十三人。万安寺住持德严因"盗公物、蓄妻孥"被免，三年后复职。 |
| 至正元年［1341］ | 至高丽僧慧月修石经山华严堂。 |
| 七年［1347］ | 建柏林寺。 |

**明**

| | |
|---|---|
| 洪武年间 | 燕王朱棣重修天王寺，宣德十年（1435）敕名天宁寺。 |

| | |
|---|---|
| 洪武十五年〔1382〕 | 道衍应选侍燕王朱棣，住持庆寿寺。太祖在南京舍僧录司，在各府设僧纲司，州设僧正司，县设僧会司。 |
| 洪武二十四年〔1391〕 | 颁布《申明佛教榜册》。 |
| 永乐元年〔1403〕 | 成祖重申"三年一给度牒"制度，实际上是四年一给。 |
| 五年〔1407〕 | 直隶以及浙江诸郡军民子弟"私批剃为僧，赴京冒请度牒"，被发配辽东、甘肃。 |
| 六年〔1408〕 | 松岩智寿修广荐法会，度阵亡将士。 |
| 十年〔1412〕 | 僧无初德始为嘉福寺住持，开始了重修工作。 |
| 十一年〔1413〕 | 松岩智寿住持庆寿寺，成祖"诏以月朔、望升天王殿法座说法，诱劝四众"。 |
| 十六年〔1418〕 | 道衍（姚广孝）坐化庆寿寺。华严宗止翁慧进进京，居海印寺，升左觉义，"被召领天下僧众"，并校注大藏经。 |
| 十七年〔1419〕 | 因祥瑞频出，钦颁佛经至大报恩寺。 |
| 洪熙元年〔1425〕 | 仁宗重建平坡寺，赐额大圆通寺。仁宗释放被成祖囚禁的禅宗名僧溥洽，命居庆寿寺。 |
| 宣德元年〔1426〕 | 建真觉寺。宦官阮简重修慧聚寺，请知幻道孚住持。观翁至京，馆于庆寿寺。 |
| 二年〔1427〕 | 张太后重建潭柘山大万寿寺，赐名龙泉寺。 |
| 三年〔1428〕 | 宣宗为张太后重建旸台山灵泉寺，改名大觉寺。 |
| 四年〔1429〕 | 宣宗重建崇国寺，改名大隆善寺。孙皇后重建大承天护圣寺，改名大功德寺。 |
| 九年〔1434〕 | 宦官阮简重建慧聚寺，于正统五年（1440），英宗赐名万寿寺。临济宗雨庵祖渊入京，为左觉义，兼大功德寺住持，以大功德寺、大慈恩寺、大隆善寺为禅、讲、教三宗院所。 |

| | |
|---|---|
| 正统元年〔1436〕 | 越南宦官金英于古刹旧址上建寺，次年英宗赐额圆觉寺。 |
| 二年〔1437〕 | 相瑢法师募资重修悯忠寺，易名崇福寺，成为禅宗寺院。 |
| 四年〔1439〕 | 英宗近侍太监李童向官吏、居士等募钱修建龙泉寺，五年始成，英宗赐额法海寺。 |
| 五年〔1440〕 | 宦官刘顺舍宅为寺，英宗赐额法华寺。宦官王振奏请英宗将慧聚寺改额万寿禅寺，并召取无际、大方为传戒宗师。《北藏》刻成，颁行各大丛林。 |
| 六年〔1441〕 | 宦官范弘重建永安寺，英宗赐额。 |
| 九年〔1444〕 | 宦官王振舍宅建智化寺，然胜为住持。禅宗无际了悟进京，为十人传戒宗师之一。 |
| 十年〔1445〕 | 宦官吴弼建寺，英宗赐额华严寺。 |
| 十三年〔1448〕 | 英宗重修庆寿寺，改额大兴隆寺。 |
| 景泰二年〔1451〕 | 代宗汪皇后传懿旨"度僧三万"。 |
| 三年〔1452〕 | 代宗新建大隆福寺。 |
| 五年〔1454〕 | 从年初开始，"天下僧童数万，赴京请度"，其中"两京各度一千名"。 |
| 六年〔1455〕 | 代宗重修天宁寺。 |
| 七年〔1456〕 | 慧聚寺住持道孚圆寂。 |
| 八年〔1457〕 | 重修大圣寿万安寺，十一年后才完成，易名妙应寺。大隆福寺成，临济宗古心道坚为住持。 |
| 天顺四年〔1460〕 | 新建崇兴寺。 |
| 成化元年〔1465〕 | 宪宗重修妙应寺。宦官刘嘉林舍宅建寺，宪宗赐名广济寺。 |
| 二年〔1466〕 | 宪宗为周太后祝寿重建报国寺，改名大慈仁寺。山西僧人普慧在西刘村寺遗址上重建寺庙，二十年后始成，宪宗赐额"弘慈广济寺"。万贵妃重建龙华寺。王振 |

|  |  |
|---|---|
|  | 将宫廷音乐移入智化寺。宦官廖屏建广化寺。 |
| 三年 [1467] | 宦官韩谅舍宅建正觉寺。 |
| 六年 [1470] | 南山福寿举本初慧义为大功德寺住持,自己居大兴隆寺。 |
| 七年 [1471] | 重修大隆善寺,增其额为大隆善护国寺。南山福寿圆寂。 |
| 九年 [1473] | 重修真觉寺,"创金刚宝座",仿古印度样式。 |
| 十四年 [1478] | 成化宪宗重修觉山寺,改额灵光寺。 |
| 十五年 [1479] | 宪宗重修觉山寺,赐名大灵光寺。 |
| 十六年 [1480] | 宦官邓鉴改本谅所建庵为寺,宪宗赐名隆教寺。 |
| 十七年 [1481] | 宪宗助建兴教寺。 |
| 十八年 [1482] | 宪宗增建寿安寺。宪宗敕令妙应寺白塔周围用砖造灯笼一百零八座,以奉佛塔。 |
| 十九年 [1483] | 宪宗重修大慈恩寺。 |
| 二十年 [1484] | 新建大永昌寺,二十二年再次兴建,均未成而止。 |
| 二十一年 [1485] | 宪宗敕建观音堂。 |
| 二十三年 [1487] | 孝宗在即位召中宣停建一切寺观,并准监生杨玺上疏,拆毁大永昌寺。 |
| 弘治元年 [1488] | 孝宗决定停止度僧,令无度牒者还俗,禁止僧人游方,并裁减僧录司官员以及两京寺院住持。 |
| 八年 [1495] | 朽庵宗林入京,被"命为登坛大戒主"。本初慧义圆寂。 |
| 十年 [1497] | 孝宗"以良乡县庄地赐大慈仁寺,凡一百十二顷"。 |
| 十一年 [1498] | 孝宗建福祥寺。 |
| 十七年 [1504] | 孝宗建延寿塔寺。建长安寺。 |
| 十八年 [1505] | 武宗革除弘治年间传升的汉藏僧封号、官职。 |
| 正德二年 [1507] | 武宗在京在外准度僧三万名。 |
| 三年 [1508] | 武宗及王太皇太后、张皇太后、夏皇后等助建衍法寺。 |

| 四年 [1509] | 武宗建玄明宫佛殿。 |
| 五年 [1510] | 武宗建护国寺、保安寺。 |
| 七年 [1512] | 武宗建镇国寺，重修大慈恩寺。 |
| 八年 [1513] | 宦官张雄建大慧寺，武宗赐额。 |
| 九年 [1514] | 武宗助建弘善寺。 |
| 十年 [1515] | 武宗增建金山禅寺。 |
| 十六年 [1521] | 世宗即位，查革僧官，鼓励僧人还俗。 |
| 嘉靖元年 [1522] | 谕令拆毁京师内外寺庵，得黄金三千两。 |
| 五年 [1526] | 世宗诏令禁止戒坛传戒及民间法会。 |
| 六年 [1527] | 以有伤风化为由拆毁"京师尼姑寺六百余所"，下令停止开度僧人。 |
| 十一年 [1532] | 临济宗桂峰满香经考选为右讲经。 |
| 十四年 [1535] | 大兴隆寺罹火焚毁，世宗下令不复再建。 |
| 十五年 [1536] | 下令拆毁禁苑佛殿。 |
| 二十八年 [1549] | 曹洞宗大方觉连授广善戒坛传教宗师，三十一年住持护国广慧寺。 |
| 二十九年 [1550] | 智端重修广济寺。 |
| 四十二年 [1563] | 重修大觉寺。 |
| 四十三年 [1564] | 重修大功德寺。 |
| 四十五年 [1566] | 李妃重建净因寺。 |
| 隆庆元年 [1567] | 瑞安广祯为龙华寺住持，大开法社，阐天台、禅宗。 |
| 五年 [1571] | 李贵妃重修延寿寺。 |
| 六年 [1572] | 普安寺建吉祥道场，古风觉淳主坛筵，弘天台、华严。 |
| 万历元年 [1573] | 陈太后建仁寿寺。紫柏真可至京参访。 |
| 二年 [1574] | 神宗、李太后建承恩寺。无极明信圆寂。 |

| | |
|---|---|
| 四年 [1576] | 李太后重建慈善寺,赐名护国慈寿寺。 |
| 五年 [1577] | 神宗建万寿寺,并赐钟一口。 |
| 六年 [1578] | 禅宗印空圆月圆寂。 |
| 七年 [1579] | 首辅张居正停止在京开度僧人。开版刻《续入藏经》,四年后成,计似十一函,四百一十卷,一五八六年通行颁布,散施天下名山。 |
| 九年 [1581] | 古风觉淳、笑岩德宝圆寂。李太后建成千佛寺,遍融真圆为住持。 |
| 十年 [1582] | 一江真泽圆寂。 |
| 十一年 [1583] | 陈、李太后建真圆塔院。 |
| 十二年 [1584] | 遍融真圆圆寂;广济寺重修竣工。 |
| 十四年 [1586] | 紫柏真可宿潭柘寺,与憨山德清初次会面。 |
| 十五年 [1587] | 云居寺住持盗卖石经被发现。 |
| 十七年 [1589] | 瑞安广祯圆寂。 |
| 二十年 [1592] | 李太后建长椿寺。达观禅师整修云居寺时发现隋代所藏舍利,后李太后迎入宫供奉三日,紫柏真可用太后施舍赎回云居寺产,修复琬公塔院,并化缘刻经,与憨山德清第二次会面。 |
| 二十一年 [1593] | 李太后建慈恩寺。紫柏真可驻锡碧云寺,目诸佛道影。 |
| 二十二年 [1594] | 李太后等助建慈隆寺。 |
| 二十六年 [1598] | 李太后助建智慧文殊庵。 |
| 二十九年 [1601] | 神宗建祖师殿。 |
| 三十一年 [1603] | 紫柏真可在潭柘寺被锦衣卫所抓,于狱中坐化。 |
| 三十三年 [1605] | 禅僧慧光本智于广慧寺讲《楞严经》未毕圆寂,李太后赐金建塔。神宗建西方三圣庵。 |
| 四十二年 [1614] | 永海律师入住崇福寺,改禅为律。 |

| | |
|---|---|
| 四十三年 [1615] | 如馨律师圆寂，神宗特诏悯忠寺请其遗像供于寺内，并亲笔写赞。 |
| 四十四年 [1616] | 神宗建慈明寺。 |
| 四十五年 [1617] | 神宗建圣祚隆长寺。 |
| 崇祯元年 [1628] | 恒明法师于玉泉山二圣庵潜心修行。 |
| 四年 [1631] | 刻经出资人之一，书法家董其昌在洞额题"宝藏"二字，宣告了历时千载的房山云居寺刻经结束。 |
| 十三年 [1640] | 田贵妃增建长椿寺。 |
| 十五年 [1642] | 思宗建九莲词荫寺、大士庙。恒明大师率众掩埋战死于玉泉山的士兵尸体，并举行水陆大会超度亡灵。 |

## 清

| | |
|---|---|
| 顺治年间 | 定僧道官制，京师设僧录司，左右善世、阐教、讲经、觉义、掌释等。 |
| 顺治二年 [1645] | 满月法师圆寂于二圣庵。严格管制佛教，规定"内外僧道，均给度牒，以防奸伪"，并收缴前朝旧敕。 |
| 五年 [1648] | 广济寺改律宗道场，玉光律师于广济寺开堂传戒，并应恒明法师邀请出任方丈。 |
| 八年 [1651] | 建普圣寺，又称"十达子庙"。 |
| 十三年 [1656] | 广济寺住持恒明大师离京南下，在金陵"印藏经五千四十八卷"。 |
| 十四年 [1657] | 顺治帝会海会憨璞和尚，赐号"明觉禅师"，开始留心参禅。 |
| 十六年 [1659] | 召天童道忞和尚，谕万善、悯忠、广济三处结冬。次年还归，赐号"宏觉禅师"。玉光法师于广济寺奉旨说具足戒，皇帝"赐衣钵七百五十人"。 |
| 十七年 [1660] | 下令免费发放度牒，致使官方掌握的僧人人数激增。 |

| | | |
|---|---|---|
| | | 玉光法师圆寂。 |
| 十八年 | [1661] | 顺治帝欲出家未果,太监吴良辅代之,顺治往悯忠寺观其祝发。 |
| 康熙二年 | [1663] | 恒明大师在广济寺后筑阁以藏南刻大藏经。 |
| 四年 | [1665] | 清馥殿改为弘仁寺,供奉旃檀佛像并撰《旃檀佛像西来历代传祀记》。 |
| 六年 | [1667] | 恒明大师圆寂于广济寺。 |
| 七年 | [1668] | 广济寺万中法师作持戒简要颂,以训示后学,流传甚广。 |
| 十年 | [1671] | 万中法师圆寂。重修长安寺,更换寺中明代天兵罗汉像,并勒石志之。 |
| 十一年 | [1672] | 照省和尚主持重建龙泉庵。法源寺常修律师圆寂。 |
| 十三年 | [1674] | 仿明制在京设僧录司。 |
| 十六年 | [1677] | 德光法师圆寂于广济寺,造塔于玉泉山二圣庵旁。 |
| 十七年 | [1678] | 广济寺内建戒坛殿及戒坛。重建圆通寺,改额圣感寺,海岫禅师任住持。 |
| 二十年 | [1681] | 广济寺大悲戒坛成,举行祝国裕民道场四十九昼夜。 |
| 二十二年 | [1683] | 超永和尚任圣感寺住持,编禅宗《五灯全书》。 |
| 二十三年 | [1684] | 别室天孚和尚撰成《弘慈广济寺律院新志》。 |
| 三十一年 | [1692] | 赐金重修潭柘寺。 |
| 三十三年 | [1694] | 新建普度寺。扩建红螺寺。 |
| 三十四年 | [1695] | 皇帝赐广济寺御书金刚经八卷、药师经十卷,十八罗汉赞十首,临米芾观音赞一首。 |
| 三十六年 | [1697] | 天孚大师在广济寺建戒坛。 |
| 四十三年 | [1704] | 《弘慈广济寺新志》刊行。 |
| 五十一年 | [1712] | 康熙重建大悲寺,亲书"敕建大悲寺"匾,并于畅春园召见大悲寺住持慧灯禅师。 |

| 五十二年［1713］ | 为庆康熙六十寿扩建柏林寺。 |
| 五十九年［1720］ | 时为皇子的雍正帝重修大觉寺，并添建四宜堂院等。 |
| 六十一年［1722］ | 康熙重修崇国寺，改名护国寺。 |
| 雍正元年［1723］ | 在畅春园建恩佑寺供奉圣祖遗容。重修隆福寺。建嵩祝寺。 |
| 十一年［1733］ | 建觉生寺，任命文觉禅师为住持。建大钟寺。华严宗通理法师奉旨于圆明园校勘藏经，并精研《华严大疏》。 |
| 十二年［1734］ | 重修崇福寺，改额法源寺，宝华山文海律师应诏入京，驻锡法源寺。重修永安寺，赐名十方普觉寺；重修千佛寺，改额拈花寺。雍正十三年到乾隆三年，选清代高僧著述，增入明《北藏》中，为一六七二部，七二四七卷，名《大清重刊三藏教目录》即《龙藏》。 |
| 乾隆八年［1743］ | 永乐大钟移至觉生寺，并修钟殿。 |
| 九年［1744］ | 乾隆帝为法源寺写《般若波罗蜜多心经》，后镌刻于石。法源寺住持圆升圆寂。雍和宫由帝王行宫改为黄教寺院。 |
| 十一年［1746］ | 乾隆降旨雍和宫仿西藏拉萨传召大法会每年年初举办祈愿法会。 |
| 十二年［1747］ | 以国库帑银重修大觉寺。高宗幸法源寺，御赐"法海真源"匾额。 |
| 十三年［1748］ | 扩建碧云寺，又建五百罗汉堂，金刚座宝塔。发帑银重修圣感寺，改额香界寺。 |
| 十六年［1751］ | 为庆太后六十寿建大报恩延寿寺于万寿山。七世达赖喇嘛奉旨从西藏三大寺、上下密院选派格西十人到雍和宫弘法。 |
| 十八年［1753］ | 拨帑银重修妙应寺白塔为母祈福，并手书经文,藏于塔中。 |

|  |  |
|---|---|
| 十九年〔1754〕 | 取消官给度牒制度。 |
| 二十四年〔1759〕 | 命和硕庄亲王允禄编《满汉蒙古西番合璧大藏全咒》八十八卷,附《同文韵统》六卷,《字母读法》一卷,《读咒法》一卷,共九十六卷,颁发京城直省各寺。 |
| 二十五年〔1760〕 | 庆乾隆五十寿重修宏仁寺。 |
| 二十六年〔1761〕 | 庆皇太后七十寿重修真觉寺,因避讳改为大正觉寺。 |
| 二十七年〔1762〕 | 策墨林一世活佛奉旨进京任雍和宫堪布,达十六年之久。 |
| 三十年〔1761〕 | 文海禅师圆寂。 |
| 三十五年〔1762〕 | 重修大功德寺,乾隆御笔亲题并撰写重修碑文。 |
| 三十八至五十五年〔1773—1790〕 | 将《大藏经》译为满文。 |
| 四十一年〔1776〕 | 重修妙应寺,并赐大藏经。 |
| 四十三年〔1778〕 | 乾隆整修法源寺,并书大雄宝殿之"法海真源"额。理通法师住持拈花寺。 |
| 四十四年〔1779〕 | 雍和宫修建班禅楼、戒台楼迎接六世班禅弘法。 |
| 四十五年〔1780〕 | 理通受封"阐教禅师"。六世班禅抵京,在雍和宫弘法,为僧人授戒、摩顶祝福,年底圆寂于西黄寺。乾隆皇帝在西黄寺建"清净化城塔"藏六世班禅经卷、衣冠。 |
| 五十年〔1785〕 | 为庆祝皇帝八十大寿,在妙应寺举办"千叟宴"。 |
| 五十二年〔1787〕 | 在太后陵墓侧建永福寺。 |
| 五十七年〔1792〕 | 彻悟法师住持觉生寺。乾隆帝在雍和宫确立金瓶掣定达赖喇嘛和班禅大师转世灵童制度。 |
| 六十年〔1795〕 | 重修大悲寺。 |
| 嘉庆五年〔1800〕 | 彻悟法师居京郊怀柔红螺山资福寺,弘扬净土。 |
| 十五年〔1810〕 | 彻悟法师圆寂,得舍利百。 |
| 二十一年〔1816〕 | 重修妙应寺白塔。 |

| | |
|---|---|
| 道光二十五年 [1845] | 静涵大师奉诏住持广济寺。 |
| 同治八年 [1869] | 静涵大师奉诏住持法源寺。 |
| 光绪十二年 [1886] | 印光大师到红螺寺修行四年。 |
| 二十年 [1894] | 重修广化寺。虚云大师到北京。 |
| 二十六年 [1900] | 八国联军被毁灵光寺，屠杀僧俗众人，后寺僧在招塔基座处发现佛牙舍利。 |
| 三十二年 [1906] | 为"官府兴办新政，遍提寺产"，虚云大师与寄禅（敬安）和尚一同赴北京上诉获得支持上谕，赐虚云为"佛慈洪法大师"，又赐"紫衣钵具"、"玉印"、"锡杖如意"、"銮驾全幅"。 |
| 三十四年 [1908] | 道阶法师至京迎接朝廷颁赐的《龙藏》。 |

**民国时期**

| | |
|---|---|
| [1912] | 中华佛教总会成立，设总部于法源寺。八指头陀病逝于法源寺。 |
| [1913] | 法源寺举办释迦牟尼诞生二千九百四十年纪念大法会。 |
| [1914] | 王闿运与京城名流于法源寺赏丁香，开留春宴。 |
| [1918] | 道阶法师发起修编《新续高僧传四集》。十三世达赖喇嘛恢复旧制，先后向雍和宫委派罗桑策殿、贡觉仲尼到雍和宫担任堪布。 |
| [1920] | 道阶法师回法源寺出任住持，编修《新续高僧传》。 |
| [1921] | 太虚大师于广济寺说法，宣讲《法华经》，僧俗集聚，盛况空前。法源寺住持道阶法师开坛传授千佛三坛大戒五十三天，为民国时期第一次传戒，法尊法师于此受戒。《新佛化旬刊》、《佛学月刊》创刊。 |
| [1922] | 戒台寺住持达文大师向社会呼吁，并提请北洋政府 |

| | |
|---|---|
| | 禁止开矿采煤，因而保护了戒台寺。广济寺住持现明创办弘慈佛学院。 |
| [1923] | 佛诞二九五零年，法源寺举行盛大纪念活动。《佛化新青年》创刊。 |
| [1924] | 广济寺创办弘慈佛学院。十三世达赖喇嘛派色拉寺的贡觉仲尼及侍从十人来京，贡觉仲尼任雍和宫住持。 |
| [1925] | 蒙古王公及善信居士募集万金重修妙应寺。九世班禅大师到雍和宫讲经。 |
| [1927] | 玉山法师任广化寺住持，实行禅净双重，寺内有不攀龙附凤、不外出应酬佛事、不私自募捐化缘的"三不"制度。 |
| [1928] | 空也法师在法源寺成立中华佛学院。 |
| [1929] | 蒋介石来北京时，专程到潭柘寺去进香。 |
| [1930] | 太虚大师将"世界佛学苑"迁至柏林寺。法源寺空也法师被革职，并解散佛学院。德玉法师被推举为住持，后经核查空也法师无犯罪行为，未予起诉。 |
| [1932] | 广济寺因佛事失火被焚，后在各界人士的资助下重建。 |
| [1934] | 《北平佛教会月刊》创刊。 |
| [1935] | 道阶法师灵骨抵达北京，举行隆重追悼法会后建塔。 |
| [1936] | 由居士发起，妙应寺举行"千僧斋"敬塔功德法会。道阶法师七旬冥诞之期，道阶法孙梵月特请广济寺退居现明律师在法源寺传授千佛大戒，是民国时期法源寺举行的第二次传戒。 |
| [1939] | 广化寺创办广化佛学院。 |
| [1940] | 灵光寺开办佛教讲习所。 |
| [1941] | 广济寺现明法师示圆寂。《中国佛教学院年刊》创办。《华北宗教年鉴》出版。 |

[1942] 比丘尼开慧和胜雨重建通教寺殿堂，安单接众。

[1943] 佛教大师圆瑛受北平的佛门缁素敦请，来京讲经弘法，驻锡广济寺，讲经两个月。北平汉藏佛学院成立并举行开学典礼。

[1945] 最后一班的第八班《弘慈佛学院同学录》出版。

**建国后**

[1950] 巨赞为广济寺被占用一事上书毛主席得到亲笔批复，广济寺得以收回。

[1951] 应邀来京的十世班禅大师来京，首次到雍和宫礼佛并为僧众讲经、摩顶祝福。

[1952] 来京参加亚洲太平洋区和平会议的斯里兰卡代表团团长马拉塔纳法师等人代表锡金佛教徒向中国佛教界赠献"佛舍利、贝叶经、菩提树"三宝，北京各寺庙的僧尼、居士喇嘛等八百多人在广济寺参加了受礼典礼。

[1953] 中国佛教协会成立，会址设于广济寺，圆瑛法师出任会长。

[1954] 十四世达赖喇嘛和十世班禅到雍和宫讲经说法。

[1955] 中国佛教协会将原供奉在八大处灵光寺的佛牙舍利请到广济寺，并从故宫调拨一座嵌有八百余颗珠宝的七宝金塔，作为供奉佛牙之用。中国政府和佛教协会接受缅甸总理乌努提出的迎请佛牙到缅甸供广大佛徒瞻仰的请求，在缅甸巡行八个月后，于1956年5月重新安放于广济寺。

[1956] 中国佛协会长赵朴初把一千四百多年来中国的柬埔寨高僧陀罗和僧伽婆罗译的九部佛经赠送给参观广济寺的西哈努克亲王。适逢释迦牟尼佛涅槃二千五百周年，中国佛教协会决定以发掘房山石经为纪念大会献礼。4月21日首先开启石经山第三洞，搬出经版编号拓印，全部拓印整理历时三载，于1958年底结

束。喜饶嘉措担任中国佛学院院长并在法源寺举办开学典礼，首届招收学员118人。周恩来总理在中南海紫光阁会见国际佛家僧侣代表团，喜饶嘉措和赵朴初参加会见。内蒙古噶喇藏活佛出任堪布，成为新中国成立后雍和宫的第一任正式堪布。十世班禅大师到雍和宫讲经。

[1957] 应邀来中国访问的斯里兰卡纳罗达法师到中国佛学院讲演。雍和宫举行大愿祈祷法会，跳金刚驱魔神舞。

[1958] 应邀来中国访问的柬埔寨西哈努克佛学院院长胡达法师率领的柬埔寨代表团参观中国佛学院，并赠送柬埔寨文佛教书籍杂志。

[1959] 中国佛学院首届本科班结业。

[1961] 斯里兰卡总理班达拉奈克夫人请求迎奉佛牙舍利，中国佛教协会在广济寺举行恭送佛牙大型法会。

[1962] 中国佛学院新增藏语佛学系并举行开学典礼。为白塔安装了避雷针。亚洲十一个国家和地区佛教徒在法源寺举行法会，追悼越南南方革命殉难的佛教徒。中国佛教协会在广济寺举行纪念鉴真大师圆寂一千二百周年大法会。

[1964] 喜饶嘉措大师主持首都佛教四众弟子在法源寺隆重举办玄奘法师圆寂一千三百周年纪念法会，在京访问的日本西川井文长老等位佛教人士也参加法会。中国佛教界举行佛牙舍利塔开光盛大法会，恭迎佛牙舍利入塔，喜饶嘉措大师主持法会，赵朴初、阿旺嘉措、噶喇藏、巨赞、周叔迦及首都佛教界参加了这一隆重盛典。同时，柬埔寨、锡兰、印度尼西亚、日本、老挝、蒙古、尼泊尔、巴基斯坦及越南等亚洲各国佛教界都应邀派遣代表团前来参加朝奉。

[1965] 中国佛学院研究部、本科学员举行毕业典礼。

| | |
|---|---|
| [1970] | 著名的佛学家、佛教教育家、佛教文化学家周叔迦先生去世，享年七十一岁。 |
| [1972] | 周恩来总理批示修复在"文革"中被毁的广济寺。灵光寺为柬埔寨西哈努克亲王姑母亡故举行荼毗仪式。 |
| [1973] | 中国佛教协会在广济寺恢复工作。 |
| [1974] | 雍和宫为高全寿等十七名僧人落实宗教政策，退还"文革"中被抄的物品。北京居士林在广济寺恢复，正果法师被聘为导师，于每月初一、初八、十五、二十三日为居士林居士讲经说法。源慧、智慧法师为首的香港佛教团一行二十人访问中国佛教协会。中国佛教协会委派临济宗第十一代传人、净慧双修的海圆法师到灵光寺守护佛牙舍利塔。中国佛学院正式复课，法尊出任院长，当年十二月圆寂于广济寺，享年七十九岁。西山灵光寺举行盛大祭拜活动，参拜佛牙舍利。鉴真大师像回国，在北京于法源寺展出。中国佛教图书文物馆在法源寺成立。正果法师担任广济寺方丈，恢复僧众上早晚殿。云居寺建造石经库房以存放辽金石经。雍和宫举行宗喀巴上师供法会。十二月至次年初，正果法师在广济寺主持传授三坛大戒，传印法师担任第一引礼，戒子为中国佛学院新入学的八零级学僧。 |
| [1981] | 中国佛教协会创办发行《法音》杂志。"世界宗教和平会议"名誉主席、日本立正佼成会会长庭野日圹先生一行到法源寺礼佛。十世班禅大师到雍和宫礼佛并嘱咐僧人保护好寺院，好好学习，僧像僧，寺像寺。雍和宫成立藏文经典学习班，举办释迦牟尼千供法会。《法源寺志》出版。 |
| [1982] | 佛协向香港宝莲禅寺赠送清刻《大藏经》，在广济寺举行赠经法会。 |

| [1983] | 日本临济宗相国会纳经代表团一行十九人参访法源寺、中国佛学院。雍和宫举办释迦牟尼千供法会，十世班禅大师和经师霍样活佛、嘉木样活佛参加。|

| [1984] | 泰国曼谷余昌任居士率泰国佛教观光团参拜北京广济寺。斯里兰卡总统贾亚瓦德参访广济寺。正果法师作为佛教界代表登上天安门观礼台出席国庆三十五周年盛典。巨赞法师圆寂。|

| [1985] | 首都佛教界人士向人民英雄纪念碑敬献花圈，追念抗日牺牲将士。世界宗教者和平会议国际理事会在北京召开，各国佛教界代表在广济寺举行祈祷法会，广济寺方丈正果法师主持大会。|

| [1986] | 北京市佛教协会成立了文物组，挖掘、整理和鉴定广化寺的经书、字画、碑拓、法物、瓷器等1716件国家各级文物。|

| [1987] | 暹罗派花园寺两位大长老和佛牙寺总管为首的斯里兰卡佛教代表团应中国佛教协会邀请到京访问。中国佛协创建佛教文化研究所。正果法师圆寂于广济寺，享年七十五岁。|

| [1988] | 第二届中日佛教学术交流会议在北京召开。|

| [1989] | 台湾佛光山星云大师访问广济寺，受到赵朴初会长、明旸法师和传印法师的欢迎。世界佛教协会副会长、台湾佛教协会会长刘世伦女士率"美国洛杉矶——台湾朝山团"到云居寺朝拜，并发愿为重建云居寺募捐（三年后捐了三十万美金）。明真法师在法源寺圆寂，享年八十八岁。广化寺毗卢遮那大铜佛像开光并供奉在大雄宝殿。中国佛学院自1980年恢复教学后的首届研究生毕业。广化寺举行了1949年以来最为隆重的法会——启建礼忏讲经法会。北京佛教界人士济济一堂，祈祷人民安乐，世界和平。|

| [1990] | 首都佛教界人士举行班禅大师圆寂一周年纪念法会。|

| [1991] | 台湾慧空法师、圣严法师、真华法师、李耕耘居士及香港宝莲寺|

| | |
|---|---|
| | 分别组织代表团参访中国佛学院、法源寺。 |
| [1992] | 明学法师荣膺法源寺方丈。 |
| [1993] | 泰国僧王颂得帕耶纳桑文到京访问,赵朴初会长、明旸法师及四众弟子四百多人欢迎。中国佛协成立四十周年。红螺寺发现了际醒祖师舍利塔,找到十三颗舍利和三颗牙齿并供奉于红螺寺。雍和宫举行"弥勒大佛开光庆典"。 |
| [1994] | 世界佛教三大语系的高僧大德在北京广济寺举行盛大庆典,为珍藏泰国两千余年之中华古佛归宗开光。 |
| [1995] | 广济寺举行十世班禅大师灵童转世法会。北京市佛教界在雍和宫举行大法会庆祝第十一世班禅坐床。 |
| [1996] | 中国佛学院建院四十周年院庆。广济寺监院演觉法师住持修复指画《胜果妙音图》。十一世班禅额尔德尼·确吉杰布首次在雍和宫举行佛事活动。 |
| [1997] | 潭柘寺恢复宗教活动。报国寺修复工程竣工。 |
| [1998] | 佛教界举行法会,纪念佛教传入中国两千年,11月22日,从释迦诞生处请来的圣火、圣水及圣树供于灵光寺佛牙塔下。 |
| [1999] | 辽金时期刊刻的一万零八十二片《契丹大藏经》石经版奉安于新落成的石经地宫内,云居寺举办"石经回藏大法会",来自海内外的九十九位高僧大德集会于毗卢殿内。《房山石经研究》出版。云居寺恢复佛教活动。中国佛教协会会长赵朴初去世,享年九十三岁。怡学法师升座广化寺方丈。首都佛教界在雍和宫举行迎请云居寺藏佛祖舍利供奉仪式。 |
| [2001] | 灵光寺举办"中韩日佛教界祈祷世界和平法会"。 |
| [2002] | 北京灵光寺恭送佛牙舍利赴泰瞻礼法会。 |
| [2003] | 一诚会长荣膺法源寺方丈并举行隆重升座仪式。潭柘寺举办一 |

| | |
|---|---|
| | 系列庆典活动，庆祝建寺一六九六周年，潭柘寺创建于西晋永嘉元年（307）的考证结果得到各界认同。灵光寺举办"纪念中国佛教协会成立五十周年祈祷国泰民安世界和平"大法会。 |
| [2004] | 修缮法源寺第一期工程动工。 |
| [2005] | 灵光寺举办"百寺千僧万人救援印度洋海啸遇难祈福消灾法会"。台湾李敖参访法源寺。 |
| [2006] | 北京市门头沟区戒台寺千佛阁复建工程动工。灵光寺举行传授三皈五戒，中国佛教协会常务副会长、北京灵光寺方丈圣辉法师主法。北京市广化寺启建"孝亲报恩、祈福消灾、解冤释结、七七胜会"地藏法会。<br><br>中国佛学院成立五十周年庆祝大会。对勘藏文《大藏经》历时二十年工程结束。 |
| [2007] | 广济寺启建万佛洪名宝忏祈福法会。天宁寺经五年修缮后为长达九公尺的金丝楠木阿弥陀佛举行隆重开光大典。第十次中韩日佛教友好交流会议举行。潭柘寺举行了隆重的建寺一千七百周年庆祝活动。首届汉传佛教讲经交流会在北京召开。戒台寺修复戒坛和千佛阁。中国佛教历史上规模最大、内容最全的汉文大藏经《嘉兴藏》，经过数年发掘整理由民族出版社出版发行。"世界佛教论坛课题研究"座谈会在京举行。广化寺举行韩国奉赠金地藏王菩萨奉安大法会。 |
| [2009] | 发掘出一处由二十五座佛塔组成的塔林，距今约有一千年的历史。云居寺石经山第二藏经洞时隔五十三年后再次开洞。北京大学成立宗教文化研究院。故宫成立藏传佛教文物研究中心。灵光寺的佛牙舍利塔首次对公众开放。佛祖肉身舍利曾重返云居寺，接受公众为期十天的观瞻。 |

[2010] 龙泉寺学诚法师主持举行为西南旱区祈雨法会。佛光山开山宗长星云大师在中国美术馆"一笔字"展并到中国佛教协会访问。云居寺毗卢殿供奉天开塔佛舍利，并举行祈福超度法会。中国佛学院主办首届"法海探源"佛教文化之旅。佛教居士林举办七日诵经法会，为全国受灾地区诵经回向。中国藏语系高级佛学院为第六届藏传佛教高级学衔授衔在西黄寺举行祈祷法会。

— 后记 —

## 遇见永芸法师

遇见永芸法师是在2009年中秋之夜——适合文人相逢的时节。

见永芸法师之前我曾心怀莫大的敬佩和好奇！敬佩的是法师在文化和文学事业上已经做出非凡成就，而当年届五十之时还行脚北京驻读博士的孜孜求学精神；好奇的是我第一次与僧人近距离接触，况且还是一位尼众！

遇见了文人的儒雅与僧人的脱俗气质并俱的永芸法师，我得以阅读她繁忙的工作之余创作的诸多作品，那些弥漫于字里行间的执悟两情牵引着我情不自禁地走近她，并跟随着她一步一步走近佛教，走进众多寺庙……

在探访和追寻北京寺庙历史的过程中，我的心经历了太多的激愤！我一向不愿意细读苦难深重的中国近代史，但没有想到，八国联军的炮火、民国混战的兵燹、"文革"的疯狂变态、唐山大地震的波及等等，这些人祸、天灾竟殃及寺庙，甚至深山古寺也难以幸免，众多珍藏着辉煌历史和无价之宝的千年古刹或毁于一旦，或破败荒凉，无以计数的坛庙寺观从地图上一一抹掉，即使还留有残垣断壁也都雕塑残破、造像毁损，永远失去了自身的价值。

我无法想象当时那些一心向佛、苦净修行的僧众面对这一次又一次的劫难是怎样度过的？穿越烽烟弥漫的惊慌之后那份无奈和悲凉又何以堪？纵然，彻悟的智慧和境界能让他们坦然面对废墟，但度众的悲心大概始终悬着吧？

1949年之后北京市的1200多座佛教寺庙，到目前具有一定规模，保存和修复较完好的寺庙只有不到200座。2008年的北京奥运会曾让古寺庙受惠颇多，八年投入9.3亿元保护文物，如今已有几十处对外开放，遗憾的是其中多是旅游胜地，少有佛教活动场所。

如果一个寺庙丧失了基本的宗教功能，它便很难保存或发展，即使发展壮大，那已经不是寺庙，而仅仅是旅游观光处了。而更令迷茫的现代人慨叹人心不古的是寺庙已经成为某些个人或机构打着宗教旗号敛财的门面，再加以一些伪僧人混迹其间，使信众遭遇了空前的信仰困惑！如此，寺庙已经不是人们心之向往的寺庙了！而这，正是现今时代对寺庙的隐形破坏。

但无论如何，经历了漫长岁月沧桑和风雨洗礼而幸存下来的寺庙，毕竟留下了大量珍贵的文化遗产，不仅有典雅辉煌的建筑、神采奕奕的造像和精湛的宗教艺术品，还有长达几百年、甚至几千年见证了寺庙全部历史如今依然生机勃勃的古树。这一切，为人们考察北京佛教文化的渊源、发展与兴衰，提供了客观的脉络与鲜活的痕迹。

于是，我们试着罗列和梳理出了一些有深远佛教渊源、今天还有佛教活动或佛教氛围、值得我们去追思的佛教文化的寺院。因时间匆忙，我们不能做到更全面和深入，但如果能给有识之士一点点启发，对北京寺院投入更多一份关注，为寺院做更清晰的涤礼，使僧俗两众更多一片终心向归之地，那将是我们无上的感恩！

永芸法师说，不必太过悲观，一切都会好转！

是的！我双手合十祈愿！

岳红

2010年11月19日于北京

参考文献资料

## 中国台湾

《跨世纪的悲欣岁月——走过台湾佛教五十年写真》 释永芸总编，佛光文化出版，1996.7

《洛阳伽蓝记》 杨衒之著 曹红释译，佛光文化出版，1998.2

《印度圣境旅人书》 陈师兰、林许文二，柿子文化，2008.4

《〈洛阳伽蓝记〉的冷笔与热笔》 林文月，台大中文学报第一期，1985.11

《〈洛阳伽蓝记〉之文学研究》 林晋士，佛光山文教基金会，2004.2

《净土上的烽烟——〈洛阳伽蓝记〉》 王文进，时报文化出版，2000.3

《中国佛教史论集》（86、87） 张曼涛主编，现代佛教学术丛刊，大乘文化出版，1978

《中国佛教百科丛书（三）·历史卷》 潘桂明、董群、麻天祥，佛光出版社，1999

《佛教史年表》 释慈怡主编，佛光出版社，1988

## 中国大陆

《北京的佛寺与佛塔》 朱耀廷、崔学谙主编，张连城、孙学雷编著，光明日报出版社，2004.9（北京市教委人文社会科学研究计划项目成果，北京联合大学北京学研究所、应用文理学院、首都博物馆联合完成）

《明代北京佛教寺院修建研究》 何孝荣著，南开大学出版社，2007.12

《北京佛教寺院》 传印主编，宗教文化出版社，2008.7

《中华名寺大观》 罗哲文、柴福善编著，北京机械出版社，2008.8

《北京名寺丛书》 黄春和主编，华文出版社，2001.12

《北京通史》

《帝京景物志略》

各佛教网站

## DVD影碟

《老北京印象》 中央电视台《见证》节目，中国国际电视总公司、新影音像出版社联合出版

《北京记忆》 纪念改革开放30周年大型纪录片，北京电视台、北京京视传媒出品，中国财政经济出版社、北京财经电子影像出版社联合出版

《中国名寺古刹》 中国大系大型文献纪录片，南方文化出品